Matthias Stadelmann

Die Romanovs

Verlag W. Kohlhammer

Umschlagmotiv:
Siegel von Pëtr I. (Staatliches Historisches Museum, Moskau)

Umschlag: Data Images GmbH, Stuttgart
Karten und Genealogien: Peter Palm, Berlin
Gesamtherstellung:
W. Kohlhammer Druckerei GmbH + Co. KG, Stuttgart
Printed in Germany

ISBN 978-3-17-018947-8

Inhalt

Karten

Stammtafeln

I. Einführung

„Mein Adjutant weckte mich beim Morgengrauen. Seine Lippen waren blau. Er reicht mir ein einzelnes, bedrucktes Blatt. Es war das Manifest der Abdankung. Nicki [Kaiser Nikolaj II.] wollte sich nicht von Alexis [Thronfolger Aleksej Nikolaevič] trennen und übergab den Thron an Mischa [Großfürst Michail Aleksandrovič]. Ich setzte mich im Bett auf und las es noch einmal. Nicki musste den Verstand verloren haben. Seit wann verzichtete ein Herrscher wegen Brotmangels und Unruhen in der Hauptstadt auf den Thron? Der Verrat der St. Petersburger Reservemannschaften? Aber er hatte eine Armee von 15 000 000 Mann zur Verfügung! Das Ganze … schien im Jahre 1917 lächerlich. So scheint es auch noch im Jahre 1932." Blickt man auf die über dreihundertjährige Geschichte der Romanovs auf dem russischen Thron, so mag man auch heute die Fassungslosigkeit des Großfürsten Aleksandr Michajlovič, eines Großcousins des letzten russischen Kaisers, nachvollziehen, die jener nicht nur im schicksalsschweren März 1917, sondern noch Jahre danach, im französischen Exil, empfand. Über Nacht war im Zuge einer Hungerrevolte in Petrograd (wie die russische Hauptstadt St. Petersburg seit 1914 hieß) die Herrschaft der Romanovs mit der Abdankung von Kaiser Nikolaj II. sang- und klanglos in sich zusammengesackt. Über Nacht war es vorbei mit Macht und Glanz der uneingeschränkten Selbstherrscher von ganz Russland. Über Nacht war die Autokratie, die die Geschichte des Landes seit Jahrhunderten maßgeblich mitbestimmt hatte, verschwunden. Es ist angesichts der historischen Realitäten müßig, darüber zu spekulieren, ob der Rückzug der Romanovs aus den Staatsgeschäften tatsächlich notwendig war oder ob, wie Aleksandr Michajlovič meinte, es andere Optionen gegeben hätte. Was bleibt, ist der Befund, dass jahrzehntelange politische Versäumnisse in einer kurzen Zeit extremer

Anspannung und Belastung zu solchen Eruptionen in der Hauptstadt führten, die es nicht nur Nikolaj II., sondern auch dem von ihm auserkorenen Nachfolger, seinem Bruder Michail Aleksandrovič, unmöglich erscheinen ließen, den Thron weiterhin einzunehmen.

In einer existentiellen inneren Krise des Landes, verschärft durch die kriegerische Auseinandersetzung mit ausländischen Mächten, verloren die Romanovs den Thron. Zugleich verlor Russland die Monarchie ebenso wie die kurz aufscheinende Perspektive einer bürgerlich-parlamentarischen Entwicklung nach westlichem Muster. Die stolpernden Schritte der ehemaligen liberalen Opposition verloren sich im Lauf des Jahres 1917 im Dickicht aus sozialer Elementargewalt und bolschewistischer Skrupellosigkeit. Wenn man so will, blieb Russland damit etwas Besonderes, vom Rest Europas Geschiedenes: Auf die Autokratie, deren Machtfülle in Europa ihresgleichen suchte, folgte die bolschewistische Räterepublik, die nicht nur kurzfristiges Kuriosum blieb, sondern sich in der 1922/23 gegründeten Sowjetunion verstetigte. Von den selbstherrscherlichen Romanovs zu den basisdemokratisch gedachten Räten: Dieser Übergang konnte nicht fließend sein und bedingte auf wesentlichen Feldern – neben der Staatsform auch gesellschaftliche Stratifizierung, Wirtschaftsweise, Kultur und Religion – einen radikalen Bruch, der das Ende des alten Russland markierte.

In einer existentiellen inneren Krise des Landes, verschärft durch die kriegerische Auseinandersetzung mit ausländischen Mächten, hatten die Romanovs mehr als 3 Jahrhunderte zuvor, im Jahr 1613, den Thron gewonnen. Nach dem Aussterben der Rjurikiden-Dynastie, deren – wohl auf skandinavische Vorfahren zurückgehenden – Angehörige über das ostslavische Reich seit dem 9. Jahrhundert geherrscht und sein Zentrum auf verschlungenen historischen Pfaden von Kiev nach Moskau gebracht hatten, im Jahr 1598 war das Land in einem bürgerkriegsartigen Chaos versunken. Die dynastische Krise hatte soziale Eruptionen und ausländische Interventionen hervorgerufen, eine Phase des allgemeinen Ruins war ausgebrochen. Dass die Wahl eines jungen Abkömmlings aus einflussreichem Bojarengeschlecht zum Zaren im Jahr 1613 das Chaos beenden und erneut eine lang andauernde Herrschaft eines Geschlechtes begründen sollte, war zum damaligen Zeitpunkt vielleicht wünschenswert, aber keinesfalls absehbar. Doch die Romanovs hielten sich – spätestens seit Mitte des 17. Jahrhunderts unhinterfragt – auf dem russischen Thron, führten ihr Reich in die europäische Neuzeit, machten es erst zur osteuropäischen, dann zur gesamteuropäischen Großmacht, die aus der neueren Geschichte des Kontinents nicht wegzudenken ist. Dabei hat es allenfalls engere genealogiegeschichtliche Bedeutung, dass seit der Thronbesteigung von Pëtr III., einem Enkel Pëtrs I. (des „Großen"), im Jahre 1761 genau genommen von der Dynastie Romanov-Holstein-Gottorp zu sprechen wäre.

Unter der Herrschaft der Romanovs und ihrer holsteinischen Erben wurde aus dem ostslawischen Großfürsten- und Zarentum Moskau das Allrussische Kaiserreich. Unter ihrer Herrschaft erweiterte sich das Territorium des alten Moskauer Reiches bis nach Ostsibirien und zum Pazifischen Ozean, bis an die mittelasiatischen Wüsten und über den Kaukasus hinaus, bis nach Finnland, an die Weichsel und ans Schwarze Meer. Unter ihrer Herrschaft wandelte sich das ostslawische Gemeinwesen, das im Lauf der Jahrhunderte längst andere im ostslawischen Raum siedelnde Stämme assimiliert hatte, zu einem Vielvölkerreich der unterschiedlichsten Ethnien und Kulturen. Unter ihrer Herrschaft schließlich stieg das düster-verschlossene, in der Rechtgläubigkeit verhaftete Zarentum zu einer der glanzvollsten europäischen Monarchien auf.

Die Romanovs regierten seit ihrer Thronbesteigung in russischer Tradition als Autokraten, das heißt als uneingeschränkte Selbstherrscher, deren Wirken zwar durch politisch-religiöse Moralvorstellungen, althergebrachte Gewohnheiten und ein grundsätzliches Loyalitätsbedürfnis gegenüber dem Adel als führender Gesellschaftsschicht eingegrenzt war, nicht aber im staatsrechtlichen Sinne durch ständisch-korporative Rechte. Die Großfürsten der Rus' (wie man das ostslavische Staats- und Gemeinwesen vom 9. bis ins 17. Jahrhundert hinein bezeichnete) kannten in ihrer Herrschaft weder Delegierung noch Regionalisierung, weshalb es nicht zur Entstehung von intermediären Gewalten zwischen Herrscher und Volk kam, was einen wesentlichen Unterschied zur mittel- und westeuropäischen Herrschaftsverfassung ausmachte. Die Stellung der ostslavischen Großfürsten war vollkommen personalisiert und keinerlei Beschränkungen unterworfen. Dies führte unter anderem zu der aus europäischer Perspektive geradezu pa-

Karte 1: Russlands Territorium in der Neuzeit

radoxen Situation, dass ihre Nachfolger im 18. Jahrhundert im Interesse einer besseren Regierbarkeit ihres Reiches sich um die Schaffung von ständischen Korporationen bemühen mussten, während ihre weiter westlich regierenden „Kollegen“ in langwierigen Auseinandersetzungen versucht hatten, den Ständen möglichst viele Kompetenzen zu entreißen.

Etwa ab der Mitte des 15. Jahrhunderts bezeichneten sich die orthodoxen russischen Herrscher in Anlehnung an den byzantinischen Kaisertitel immer häufiger als „Zar“ (russ.: car’, abgeleitet von lat. caesar). Seit sich Ivan IV. 1547 als erster der Großfürsten zum Zaren hatte krönen lassen, kann von einem Moskauer Zarentum gesprochen werden, obgleich sich die anderen europäischen Mächte mit der Anerkennung des hohen Titels durchaus Zeit ließen. „Zaren“ blieben die russischen Herrscher bis 1917, im staatsrechtlichen Sinne freilich nur bezogen auf die von Ivan IV. in das Reich inkorporierten tatarischen Zarentümer von Kazan’ und Astrachan’. Mit der Annahme des Titels eines „Allrussischen Kaisers“ (Vserossijskij Imperator) durch Pëtr I. im Jahre 1721, der in folgenden Jahrzehnten auch vom Ausland anerkannt wurde, blieb die Bezeichnung „Zar“ nur im umgangssprachlichen Gebrauch des Volkes (und in Teilen der historischen Literatur) präsent, während auf der offiziellen politischen Ebene nurmehr vom „Imperator“ die Rede war – eine Entwicklung, der dieses Buch durch die Vermeidung des Zarentitels für die Zeit nach 1721 Rechnung trägt.

Die starke selbstherrscherliche Stellung der Romanovs hatte einen ungeheuer großen Einfluss auf die Geschichte ihres Landes zur Folge. Es gibt kaum einen Bereich vor allem der politischen, aber auch der Gesellschafts- und Kulturgeschichte Russlands bis 1917 ohne zumindest mittelbare Beziehung zu den Romanovs. Die Geschichte der Romanovs ist letztlich auch die Geschichte Russlands von 1613 bis 1917, wobei Gleiches auch in der Umkehrung gilt. Das heißt nicht, dass die Geschichten der Romanovs und Russlands deckungsgleich wären, wohl aber, dass sie auf weiten Strecken ohne einander nicht begreifbar sind. Für das vorliegende Buch bedeutet dies, dass eine kombinierte Darstellungsweise aus biographisch-deskriptivem und politisch-analytischem Ansatz gefunden werden musste, die – wo nötig – auch in gebotener Knappheit auf soziale und kulturelle Phänomene eingeht. Lebensbeschreibung und Verortung des autokratischen

Agierens in den politischen Prozessen gehen dabei, gerade im Hinblick auf entscheidende Momente historischen Wandels, eine Synthese ein, die es ermöglichen soll, neben der Dynastiegeschichte auch Grundstrukturen der neuzeitlichen russischen Geschichte zu beleuchten. Auf der Grundlage der geschichtswissenschaftlichen Sekundärliteratur, ausgewählter Quellen sowie eigener Forschungen des Autors beschreibt der Text damit die politisch-dynastische Geschichte der russischen Zaren und Kaiser von der Thronbesteigung der Romanovs 1613 bis zu ihrem Sturz 1917.

Der zur Verfügung stehende Rahmen machte dabei die Konzentration auf entscheidende Grundlinien der Entwicklung und exemplarische Vertiefungen ebenso nötig wie die Auslassung mancher durchaus besprechenswerter Umstände und Details. Weder im biographisch-dynastischen noch im allgemein-politischen Sinne will das Buch Anspruch auf Vollständigkeit erheben. Das betrifft schon die Romanovs selbst: Längst nicht alle Familienangehörigen konnten angesprochen, geschweige denn ausführlich behandelt werden. Der Text konzentriert sich auf diejenigen, die als Herrscher und Herrscherinnen Bedeutung entfalteten, sowie auf wenige weitere Mitglieder des Hauses, zu denen einige Hinweise unabdingbar erschienen. Erst recht war ein selektives Vorgehen bei den innen- wie außenpolitischen Entwicklungen vonnöten. Die Leserinnen und Leser werden manches Datum, manchen Namen, manches Ereignis und manche detaillierte Umstandsbeschreibung vermissen. Trotz aller erforderlichen Auslassungen wurde versucht, eine kohärente, zielgerichtete Einführung in die Geschichte der Romanovs und „ihres" Russlands zu geben, die anregen soll zur weiteren Lektüre und Beschäftigung – Literaturhinweise befinden sich im Anhang – mit ungeheuer spannenden und vielschichtigen Zeiten.

Diese Zeiten sind im vorliegenden Buch – das Thema drängt es geradezu auf – nach Herrschern gegliedert, wobei sieben übergreifende Kapitel jeweils aus der Beschreibung mehrerer Persönlichkeiten, deren Zeit und Wirken sich zu Sinneinheiten bündeln lässt, zusammengesetzt sind. Ein achtes Kapitel ist der finalen Krise der Autokratie im Rahmen des Ersten Weltkriegs sowie – ausblickend – der Revolution gewidmet. Kapitel II behandelt die ersten sieben Jahrzehnte der Romanovs auf dem Thron. Sie standen zunächst im Zeichen der Konsolidierung der moskowitischen

Herrschaft nach der „Zeit der Wirren“. Obwohl es dem jungen, 1613 erwählten Zaren Michail Fëdorovič Romanov wider Erwarten gelang, die Herrschaft seiner Familie auf dem russischen Thron zu festigen, blieben die folgenden Jahrzehnte geprägt von inneren und äußeren Auseinandersetzungen. Sein Sohn und Nachfolger Aleksej Michajlovič konnte sich an den verschiedenen Fronten weitgehend durchsetzen: Er überstand diverse Aufstände und Unruhen, etablierte die Vorrangstellung der zarischen Macht gegenüber der orthodoxen Kirche und bescherte Moskau im Zusammenhang mit dem Niedergang der polnischen Großmacht beträchtliche Gebietserweiterungen. Das Eindringen westeuropäischer Vorstellungen, das bereits unter seiner Herrschaft zögerlich begonnen hatte, setzte sich in der kurzen Regierungsperiode seines kränklichen Sohnes Fëdor Alekseevič fort. Dessen früher Tod verhinderte zunächst die Fortführung der von ihm begonnenen Reformen, die sich in die gemeineuropäische Tendenz absolutistischer Umgestaltung einordnen lassen, und stürzte das Land erneut in eine dynastische Krise.

Zugrunde lag ihr, dass Zar Aleksej Michajlovič zweimal verheiratet gewesen war, zuerst mit Marija I. Miloslavskaja, nach ihrem Tod mit Natal'ja K. Naryškina. Nach dem Ableben seines Sohnes Fëdor aus erster Ehe entbrannte unter den rivalisierenden Familien von Aleksejs Ehefrauen ein heftiger Streit um die Nachfolge auf dem Thron (Kapitel III). Als Prätendenten standen der geistig minderbemittelte Ivan (V.) aus erster und Pëtr (I.) aus zweiter Ehe zur Verfügung. Der eskalierende Streit endete mit einem Kompromiss: Beide Söhne Aleksejs bestiegen 1682 gemeinsam den eigens angefertigten Doppelthron. Die Regentschaft für die minderjährigen Kinder riss freilich Ivans kluge und ehrgeizige Schwester Sof'ja an sich. Ihre weitergehenden Pläne, sich selbst zur Zarin krönen zu lassen, verhinderte 1689 der siebzehnjährige Pëtr, bei dem nicht nur der Wille zur Alleinherrschaft, sondern auch die Entschlossenheit, sein Reich rücksichtslos umzugestalten, zunehmend zu Tage traten. In seiner Regierungszeit machte er Russland zur dominierenden nord- und osteuropäischen Großmacht und führte im Inneren einschneidende Veränderungen durch, die aus dem orthodoxen ostslawischen Zarentum ein europäisches Imperium machen sollten. Stieß der Zar bei seinem Ansinnen auch auf erhebliche gesellschaftliche Widerstände, gelangen ihm doch entscheidende Weichenstellungen für die Geschichte Russlands in der Neuzeit. Die neue aus dem Sumpf gestampfte Hauptstadt St. Petersburg wurde zum steinernen Symbol der neuen Westorientierung, die Annahme des Kaisertitels dokumentierte den Anspruch höchster Gleichrangigkeit in Europa.

Der Tod des dominanten Erneuerers im Jahr 1725 drohte die Autokratie mangels eines geeigneten Nachfolgers erneut in eine Krise zu stürzen (Kapitel IV). Die Herrschaft seiner Gattin Ekaterina I. und seines Enkels Pëtr II. blieben nur Episode, doch als der russische Hochadel versuchte, bei der Wahl von Ivans V. Tochter Anna 1730 als Gegenleistung für ihre Berufung auf den Thron die Macht der Kaiserin einzuschränken, gelang es dieser, sich durchzusetzen. Zwar konnte sich die politische Leistungsfähigkeit der ehemaligen Herzogin von Kurland nicht mit derjenigen Pëtrs messen, sie verstand es jedoch, die selbstherrscherliche Gewalt zu festigen. Ihr Ableben im Jahr 1740, ohne einen Erben für den Thron hinterlassen zu haben, sorgte erneut für politische Unruhe: Anna hatte ihren wenige Monate alten Großneffen als Ivan VI. zu ihrem Nachfolger proklamieren lassen. Nach nur einem Jahr des nominellen Kaisertums wurde das Kleinkind auf dem Thron, dessen Regentschaft seine Mutter Anna Leopol'dovna übernommen hatte, bereits wieder gestürzt: Elizaveta Petrovna, die bislang stets übergangene Tochter Pëtrs I., war auf den Plan getreten und hatte in einer Palastrevolte die Macht an sich gerissen. Bei allen Unterschieden wiesen die Regierungszeiten der Cousinen Anna und Elizaveta doch etliche Gemeinsamkeiten auf: Beiden fehlte ein größeres Interesse für politische Gestaltung, beide verließen sich daher auf einflussreiche und kluge Ratgeber, beide hielten an der unumschränkten Autokratie fest, beide wiesen eine ausgeprägte Neigung zu Glanz, Verschwendung und Luxus auf, unter beiden verbuchte Russland außen- bzw. kriegspolitische Erfolge und unter beiden entwickelte sich das Land – wenn auch zögerlich – wirtschaftlich und kulturell weiter. Und es gab noch eine Gemeinsamkeit: Beide hinterließen keinen Nachfolger. Elizaveta freilich kümmerte sich frühzeitig um die Angelegenheit und bestimmte ihren Neffen, den Herzog von Holstein-Gottorp, zu ihrem Erben, der Ende 1761 als Pëtr III. den Thron bestieg.

Pëtr regierte nur ein halbes Jahr und wurde der Nachwelt zumeist aus der Sicht seiner Gattin, die ihm seit langem nur noch durch abgrundtiefen Hass verbunden war, geschildert (Kapitel V). Lange Zeit galt Pëtr III. demnach als politisch unfähiger, infantiler Idiot, dessen gewaltsamer Sturz quasi eine natürliche Notwendigkeit gewesen sei. Das nähere Hinsehen vermittelt andere Einblicke. Zwar offenbarte der deutsche Fürst wenig Verständnis für die Besonderheiten Russlands, gab sich arrogant und hochfahrend und versuchte rücksichtslos, seine Interessen durchzusetzen. Die politischen Leistungen seiner kurzen Herrschaft sind jedoch beachtlich: Mit Pëtr III. hielt der Aufgeklärte Absolutismus in Russland Einzug. Wie zeitgemäß seine Reformen waren, zeigt schon die Tatsache, dass seine Gattin, die für die Absetzung und Liquidierung Pëtrs verantwortlich zeichnete und als Ekaterina II. den Thron bestieg, seine Politik im Wesentlichen fortsetzte. Ihr war freilich ein anderes Talent nicht nur im Hinblick auf Grundregeln politischen Handelns, sondern auch in punkto Selbstdarstellung zu eigen. Mit dieser beeindruckte sie als aufgeklärte Monarchin ganz Europa, während sie sich zur gleichen Zeit im Inneren wie im Äußeren als machtbewusste Absolutistin par excellence gerierte.

Der Tod ereilte Ekaterina II., bevor sie ihre Pläne, den ungeliebten Sohn aus der Verbindung mit Pëtr III. von der Thronnachfolge auszuschließen, verwirklichen konnte (Kapitel VI). Mit Pavel Petrovič legte der Petersburger Absolutismus sein aufklärerisches Gewand, das in Ekaterinas späten Jahren ohnehin von den Motten der Reaktion zerfressen worden war, ab. Er versuchte auf beinahe groteske Weise das Reglementierungsstreben zu perfektionieren, was ihm die Petersburger Aristokratie mit seiner Ermordung danken sollte. Dass mit der Beseitigung einer ungeliebten Figur nicht so einfach die verankerten Strukturen zu ändern waren, merkte der libertär gesinnte Hochadel schon dadurch, dass Pavels Söhne den autokratischen Absolutismus zu späten Höhepunkten führten, der eine, Aleksandr I., ausgeschmückt mit vielerlei letztlich folgenlosen Reformdiskursen, der andere, Nikolaj I., geradlinig und direkt, ohne jeden Tribut an den emanzipierenden Zeitgeist. Aleksandr I. ging als eine zwitterartige Gestalt in die Geschichtsschreibung ein: Einerseits zeigte er sich von den modischen Ideen politischer Liberalisierung fasziniert, andererseits blieb er überzeugter Autokrat.

Dass die Regierung seines Nachfolgers und Bruders, Nikolajs I., als Epoche der Reaktion in die Geschichte eingehen konnte, hing nicht zuletzt mit den dramatischen Umständen seiner Thronbesteigung zusammen: Aleksandr I. hatte keinen Erben hinterlassen, sein nächstältester Bruder Konstantin hatte in einer geheim gehaltenen Erklärung auf den Thron verzichtet, Nikolaj zögerte. Eine Gruppe jüngerer adeliger Verschwörer versuchte daraufhin im Dezember (russ. „dekabr'") 1826, die Situation gegen die Autokratie und für eine Demokratisierung auszunutzen. Nikolaj I. schlug den dilettantisch organisierten Dekabristenaufstand nieder und führte fast 30 Jahre ein autoritäres Regiment. „Gendarm Europas" nannte man ihn, der jeglichen revolutionären oder nur reformerischen Bewegungen in Russland und Europa keine Chance gab. Das „nikolaitische System" galt als ein letzter Gipfelpunkt der personalistischen Autokratie alten Stils. Der noch vor Nikolajs Tod ausgebrochene Krimkrieg jedoch, der auf eigenem Land zum Fiasko geriet, öffnete Nikolajs Sohn und Nachfolger, Aleksandr II., ebenso wie aufgeklärten Teilen der Gesellschaft, die Augen.

Gemeinsam mit seinem Bruder Konstantin machte sich Aleksandr daran, das marode Reich zu sanieren (Kapitel VII). In der Ära der „Großen Reformen" wurden unter anderem die leibeigenen Bauern befreit, die lokale Selbstverwaltung neu organisiert, durchgreifende Justiz- und Militärreformen initiiert und das Bildungswesen ausgebaut. Entscheidenden Anteil an der Durchsetzung des Reformgeistes gegen erbitterte Widerstände aus dem Adel hatte nicht zuletzt der Bruder des Zaren, Großfürst Konstantin Nikolaevič. Der reformerische Elan der neuen Generation traf freilich auf doppelten Widerstand: einerseits aus dem konservativen Establishment, andererseits aus einer sich formierenden illegalen, gewaltbereiten Opposition heraus. Während Ersterem die Veränderungen zu weit gingen, fühlte sich Letztere durch das offensichtliche Zurückweichen der Autokratie dazu animiert, aufs Ganze zu gehen und nach maximalistischen Zielen zu streben. Aleksandr II. war die Geister, deren Erscheinen nicht zuletzt die Politik seiner Regierung erleichtert hatte, nicht mehr los geworden – und es waren unversöhnliche Geister, die sich längst nicht mit dem zufrieden gaben, was ihnen die Autokratie an ihrer Ansicht nach kleinen Gaben anbot. Aleksandr II. bezahlte, als er Pläne verfolgte, seinem Reich eine Verfassung zu geben, den revolutionären Fanatismus mit seinem Leben, Russland mit dem Abstoppen des vielversprechenden Reformprozesses.

Aleksandrs II. Sohn und Enkel versuchten sich in einer Restauration der überkommenen Autokratie (Kapitel VIII). Zwar konnten weder Aleksandr III. noch Nikolaj II. das Rad nennenswert hinter die Errungenschaften der Reformära zurückdrehen, doch sie blockierten weitere Umgestaltungen, die der sich verändernden Gesellschaft hätten Rechnung tragen können. Die fundamentalen Zusammenhänge zwischen der geförderten Industrialisierung und dem daraus entstehenden sozialen Wandel war keiner der beiden, bestenfalls mit mittelmäßigen politischen Fähigkeiten ausgestatteten Kaiser imstande zu verstehen, von der Notwendigkeit, die neuen Unterschichten wie die alten, selbstbewusster gewordenen Ober- und Mittelschichten auf adäquate Weise an der Regierung zu beteiligen, ganz zu schweigen.

Die kaiserliche Hilflosigkeit trat nach Aleksandrs III. recht frühem Tod 1894 unter seinem Sohn Nikolaj II. noch deutlicher zu Tage. Geleitet von rückwärtsgewandten Vorstellungen einer nicht hinterfragten, gottgegebenen Autokratie hatte dieser keine adäquaten Antworten auf die großen politischen und gesellschaftlichen Herausforderungen des beginnenden 20. Jahrhunderts parat. Vor ihrem Hintergrund erfuhr die Monarchie im Spannungsfeld von inszenierter Großartigkeit, widerwillig gegebenen Zugeständnissen und den gleichzeitigen Versuchen ihrer Aushebelung eine fatale Diskreditierung in weiten Bevölkerungskreisen. Nikolaj II. hatte Sinn und Nutzen seines im Zuge der Revolution von 1905/06 erzwungenen Nachgebens ebenso wenig erkannt wie die Tatsache, dass er seiner Gesellschaft unter den schweren Bedingungen des Weltkrieges noch weiter hätte entgegen kommen müssen, um sich und den Romanovs die Loyalität der Bevölkerung zu sichern (Kapitel IX). Als er im Februar 1917 dazu bereit war, war es zu spät. Um die Dynastie zu retten, hätte man tatsächlich nur die eingangs von Großfürst Aleksandr Michajlovič indirekt empfohlene Strategie versuchen können – den St. Petersburger Aufstand mit loyalen Truppen niederzuschießen. Dass weder der Kaiser noch seine nächste Verwandtschaft dazu bereit waren, könnte der patriotischen Herausforderung des Krieges geschuldet gewesen sein. Nikolajs zu anderer Zeit gemachte Andeutungen, es gehe ihm um Russland und nicht um seine eigene Herrschaft, schien er so gesehen im Februar/März 1917 in die Tat umgesetzt zu haben. Dass sein Vaterland schließlich unter die Herrschaft einer anfänglich kleinen, gewaltbereiten Verschwörerclique geraten würde, die ihn und seine Familie eiskalt hinmordeten und die in den folgenden Jahren, längst als aufgeblähte Staatspartei bürokratischen Typs, ihre skrupellose Gewaltkultur zu einer Grundcharakteristik des neuen Regimes machte, hatte sich der letzte Kaiser – wie viele andere auch – wohl nicht vorstellen können.

Mit der unversöhnlichen Haltung der bolschewistischen Ideologie gegenüber der Autokratie und ihren Vertretern hing es zusammen, dass die sowjetrussische Geschichtsschreibung die Romanovs vornehmlich im negativen Sinne sah. Auch wenn einzelne Gestalten aufgrund besonderer wahrgenommener Leistungen im Sinne der Progressivität milder betrachtet wurden, galten die Romanovs doch in erster Linie als Unterdrücker der russischen Volksmassen, als Zyniker der Macht, die sie gnadenlos zu ihrem eigenen Vorteil benutzten. Einzelne hochqualifizierte Arbeiten sowjetischer Historiker zu verschiedenen innenpolitischen Themen des Zarenreiches änderten an jener pauschalen Gesamteinschätzung wenig. Im Übrigen zählte es zu den Grundprinzipien der materialistisch fundierten sowjetischen Geschichtswissenschaft, historische Epochen nicht nach Persönlichkeiten oder politischen Konstellationen, sondern nach Marxschen sozioökonomischen Stadien zu gliedern, was ebenfalls die Leugnung einer individuellen Geschichtsmächtigkeit der Romanovs bedingte.

Doch auch im Westen standen die russischen Zaren und Kaiser längere Zeit nicht in der Gunst der Historiker. Die dominante Orientierung der westlichen Geschichtswissenschaft in Richtung struktur- und sozialgeschichtlicher Fragestellungen verhinderte eine intensivere Auseinandersetzung mit den Romanovs, von wenigen fundierten (und etlichen populärwissenschaftlichen) Publikationen einmal abgesehen. Zu sehr galt nach dem Zweiten Weltkrieg die personalisierende Konzentration auf die Handlungen großer Männer (und Frauen) als altmodisch und autoritätsgläubig, als dass Diskussionen über die Bedeutung individueller Persönlichkeiten im Wandel der Geschichte das historische Fach hätten prägen können. Erst in jüngerer Zeit sind Menschen in ihrem Wollen und Handeln – und damit auch die Romanovs – wieder verstärkt in das Blickfeld der Historiker gerückt – eine Tendenz, die sowohl im Osten als auch im Westen zu beobachten ist. Während dafür in Russland der Wunsch ausschlaggebend ist, sich der lange verteufelten vorrevolutionären Vergangenheit wieder anzunähern – sei es aus geschichtswissenschaftlichem, sei es aus identitätssuchendem, sei es aus romantisierend-belletristischem Interesse –, zeichnet dafür in Westeuropa und den USA die seit den 1990er Jahren sich verstetigende Einsicht in die Defizite einer entpersonalisierten Strukturgeschichte verantwortlich.

So sind die Herrscher des Zarenreiches – wie die Vertreter anderer europäischer Dynastien auch – in ihren Biographien, in ihren politischen Leistungen, in ihren Bedeutungen für die Geschichte des Landes wieder Thema der Historiker geworden, wovon neuere Veröffentlichungen in stattlicher Anzahl und zum Teil auch Wiederauflagen älterer Titel zeugen. Die Publikationen zur Geschichte der Romanovs besitzen dabei (wie könnte es anders sein?) in Russland wie im Westen oft ganz unterschiedliche Qualität und Zugänge. Während die westsprachliche Literatur insgesamt trotz des erneuerten Interesses quantitativ überschaubar bleibt, hat der schnelllebige russische Büchermarkt eine wahre Flut von Darstellungen zu den Romanovs hervorgebracht. Ein beachtlicher Teil davon orientiert sich an einer breiten Leserschaft und ist gleichermaßen oberflächlich wie unkritisch gehalten, obgleich sich mancher kluge Gedanke und bislang unbekannte Informationen (zum Teil leider ohne Nachweis) mitunter auch in den allzu populären Beschreibungen finden lassen. Ins Literaturverzeichnis haben die in den Augen des Verfassers wichtigsten, nach Möglichkeit neueren Titel zu den Romanovs sowie weiterführende Hinweise zur Geschichte Russlands in den besprochenen Zeiträumen Eingang gefunden. Zur besseren Übersicht enthält der Anhang mehrere Stammtafeln der Romanov-Dynastie sowie eine Auflistung der einzelnen Regierungszeiten. Die Daten sind, sofern nicht anders vermerkt, sämtlich nach dem in Russland von 1700 bis 1918 gültigen julianischen Kalender angegeben. Für die Umrechnung in den in Europa seit 1582 gebräuchlichen gregorianischen Kalender sind den Daten im 18. Jahrhundert 11 Tage hinzuzufügen, im 19. Jahrhundert 12 Tage, im 20. Jahrhundert 13 Tage. Die Schreibweise russischer Namen und Orte folgt, von wenigen eingedeutschten Ausnahmen abgesehen, der wissenschaftlich korrekten Transliteration, Aussprachehinweise befinden sich ebenfalls im Anhang.

II. Eine neue Dynastie und der Anbruch der Neuzeit in Russland: Die Romanovs im 17. Jahrhundert (1613–1682)

1. Die Romanovs erlangen den Thron: Michail Fëdorovič und der Mönch Filaret

Am 2. März 1613 brach eine ungewöhnliche Gesandtschaft aus Moskau in Richtung der über 200 km entfernt liegenden Stadt Jaroslavl' auf. Das Ziel der langen und beschwerlichen Reise dieser Delegation aus hohen Geistlichen, Adeligen und Kosaken war es, einen sechzehnjährigen Jüngling zu finden, der sich dem Vernehmen nach mit seiner Mutter irgendwo nordöstlich von Moskau aufhalten sollte. Für ihn hatte man eine wichtige Botschaft im Gepäck: Wenige Tage zuvor, am 21. Februar, war er von einer in Moskau tagenden „Versammlung" (russ. sobor, von der Historiographie des 19. Jahrhunderts auch „Zemskij sobor", Landesversammlung, genannt) zum Zaren gewählt worden. Der Aufenthaltsort des Jungen, das Ipat'ev-Kloster bei Kostroma an der Volga, war bald ausfindig gemacht, und am 14. März traf die Gesandtschaft an ihrem Ziel ein, um dem überraschten Michail Fëdorovič aus dem Geschlecht Romanov die große Neuigkeit zu verkünden.

Dass Michail – ebenso wie seine Mutter – zunächst eher negativ reagierte, dürfte nicht nur an ritueller Bescheidenheit gelegen haben. Das Amt des Zaren in jenen Zeiten zu übernehmen kam einer Art „Himmelfahrtskommando" gleich. Das russische Land lag am Boden, verwüstet und ausgeblutet durch einen mehrjährigen Bürgerkrieg und ausländische Interventionen. Seit dem Tod des letzten, aufgrund seines Geisteszustandes regierungsunfähigen Rjurikiden, Fëdor Ivanovič (Sohn Ivans IV., des „Schrecklichen"), im Jahre 1598, hatten die Zaren – oder zumindest Persönlichkeiten, die den Titel beanspruchten – in rascher Folge gewechselt: Boris Fëdorovič Godunov, dem eine Dynastieetablierung über seinen Sohn Fëdor Borisovič nicht gelang; ein erster falscher „Dmitrij Ivanovič“, der als vorgeblicher Sohn Ivans IV. 1605 den Thron bestieg; Vasilij Ivanovič Šujskij, der 1610 mit Gewalt vom Thron getrieben wurde; ein zweiter falscher „Dmitrij Ivanovič“, der jenem Šujskij das Leben schwer machte; schließlich gar ausländische Prätendenten für den russischen Thron.

Der Kampf um die zarische Macht war jedoch nur ein Charakteristikum jener verheerenden „Zeit der Wirren“ (russ. smuta), wie die Historiographie die Jahre von 1598 bis 1613 bezeichnet hat. Parallel dazu und verknüpft damit vollzogen sich soziale Verwerfungen ungeheueren Ausmaßes: Aufständische Bauern, rebellierende Kosaken, aufbegehrende Kleinadelige, machthungrige Bojaren und eine endlose Masse leidender Menschen rechtfertigen das Wort des amerikanischen Historikers Dunning von „Russlands erstem Bürgerkrieg“, der das Land verwüstete, die Wirtschaft zum Erliegen brachte und die Gesellschaft verrohen ließ. 1610 sah es noch danach aus, dass das innerrussische dynastische Dilemma und – so stand zu hoffen – die entstandene soziale Krise durch einen Polen auf dem Thron, namentlich den Kronprinzen Władysław, beseitigt werden würde. Der unvermutet erwachende Ehrgeiz des Vaters, König Zygmunts (Sigismund) III., den Moskauer Thron selbst zu besteigen, machte jedoch die von führenden Bojaren ausgehandelte Perspektive zunichte. Zygmunt gelangte nicht als Herrscher nach Moskau, sondern zog sich in seiner kompromisslosen Haltung den vereinten Zorn weiter Teile der russischen Bevölkerung zu. Längst war der Bürgerkrieg zu einem russisch-polnischen Krieg geworden, der die zerstrittenen gesellschaftlichen Gruppen des Zarentums in einem patriotischen, stark von der orthodoxen Kirche unterstützten Aufschwung einte.

Nachdem die russischen Armeeaufgebote im Oktober 1612 zwar nicht Russland, aber doch Moskau von den polnischen Eroberern befreit hatten, stellte sich erneut die Frage, wer das Land künftig regieren sollte. Das Ziel der Wiederherstellung der autokratischen Herrschaft stand dabei außer Zweifel, heftig diskutiert wurde jedoch über den geeigneten Kandidaten. Dass sich die zur Wahl einberufene Landesversammlung schließlich für den jungen Michail Romanov entschied, hatte mehrere Gründe. Mit am wichtigsten war, im Sinne des damaligen Legitimitätsverständnisses, dass die Romanovs mit den ausgestorbenen Rjurikiden verwandt, genauer: verschwägert, waren. Michails Großtante, Anastasija Romanovna Zachar'ina-Jur'eva, war die erste Ehefrau Ivans IV. gewesen, ihr Bruder – Nikita Romanovič Zachar'in-Jur'ev, Michails Großvater – ist als Stammvater der Romanovs in die Geschichte eingegangen. Wie wichtig derlei Vorstellungen dynastischer Kontinuität waren, zeigte im Nachhinein der Umstand, dass sich Zar Michail als Enkel Ivans IV. bezeichnete, obgleich er „nur" sein Großneffe war.

Hinzu kam, dass die Romanovs vor den Wirren zu Russlands bedeutendsten Bojarengeschlechtern gezählt und einen guten Ruf, ja geradezu eine Berufung zur Herrschaft vorzuweisen hatten. So hatte Michails Großvater nach Ivans IV. Tod zunächst den Regentschaftsrat für den minderbemittelten Zaren Fëdor Ivanovič geleitet; Michails Vater, Fëdor Nikitič Romanov, war gar – so wollte es die Legende – vom sterbenden Zaren Fëdor zu seinem Nachfolger bestimmt worden, bevor ihn Boris Godunov verdrängte und schließlich als Mönch ins Klosterexil abschob. Immer wieder hat die Geschichtsschreibung darauf hingewiesen, dass bei der Entscheidung für Michail Fëdorovič sein Vater, der als Mönch den Namen Filaret angenommen hatte, „mitgewählt" wurde. Hätte er nicht 1601 jeder weltlichen Laufbahn entsagen müssen, wäre wohl Fëdor Nikitič Romanov – und nicht sein Sohn – ein aussichtsreicher Kandidat für den Thron gewesen. Zur Verfügung hätte Fëdor/Filaret im Jahre 1613 jedoch ohnehin nicht gestanden, da er seit 1610 als „lebender Märtyrer" in polnischer Gefangenschaft saß. Sein bedauernswertes Schicksal stärkte freilich nur die moralische Autorität des Sohnes, dem darüber hinaus zugute kam, dass alle anderen ernsthaften Kandidaten in der Landesversammlung nicht mehrheitsfähig waren. Entweder fehlte der Bezug zu den Rjurikiden oder überhaupt die rechte Anciennität der Familie; einer wurde für zu alt befunden, ein anderer überzeugte zwar die Kosaken, nicht aber den Adel; wieder ein anderer befand sich in polnischer Gefangenschaft.

So blieb Michail Fëdorovič Romanov als ein durch die Familie qualifizierter Kandidat, der schon aufgrund seines Alters selbst nicht polarisierend hervorgetreten sein konnte und auch daher unter den divergierenden Wahlbeteiligten konsensfähig war. Dass ein unerfahrener, durch eine Landesversammlung neu gewählter Herrscher von sechzehn Jahren auch eine gewisse Beeinflussbarkeit versprach, mag es gerade den Bojaren als hochadeliger politischer Elite leicht gemacht haben, für ihn zu stimmen. Allerdings gibt es keinerlei Hinweise auf Versuche der Bojaren, dem neuen Zaren – etwa nach polnischem Vorbild – gewisse einschränkende Konditionen im Sinne einer Wahlkapitulation aufzuerlegen; im Gegenteil, es war angesichts der Umstände wohl eher Michail, der Bedingungen stellen konnte.

Natürlich wusste auch der Auserwählte um seine Unerfahrenheit, vor allem aber um die Größe und Schwere der Aufgabe, die in der Berufung zum Herrscher in einer Zeit allgemeinen Ruins lag. Eine problemlose Regierung war angesichts der andauernden Unruhe, in der sich das Land seit Jahren befand, nicht zu erwarten; die Etablierung einer Dynastie über Jahrzehnte gleich gar nicht. Trotz solcher Sorgen nahm Michail die Verantwortung auf sich und begab sich schließlich auf die nicht ungefährliche Reise durch das aufgewühlte Land nach Moskau, wo er im Mai unter großer Anteilnahme der Bevölkerung eintraf und am 11. Juli 1613 zum Zaren gekrönt wurde. Die Stadt selbst war in jenen Tagen in ihren Verwüstungen ein Sinnbild des ganzen Landes, eilends musste noch der Kreml für den neuen Herrscher restauriert werden.

Die wichtigste Aufgabe des neuen Zaren bestand in der dringend notwendigen Befriedung des Landes nach innen und außen, eine große Herausforderung, die durch die leeren Staatskassen nicht erleichtert wurde. Der Geschichtsschreibung erschien Michail angesichts solcher fataler Umstände bisweilen als unsicherer, ja überforderter Herrscher. Doch gerade weil er unsicher war, agierte er klug, ernsthaft und umsichtig. So verzichtete er nach seiner Thronbesteigung auf größere personelle Revirements unter den Würdenträgern sowie auf „Abrechnungen" mit Personen, die in der Zeit der Wirren ihre Sympathien entgegengesetzten Lagern geschenkt hatten. Dies schloss freilich nicht aus, dass der Zar – wie allgemein üblich – Persönlichkeiten, die seiner Familie nahe standen, mit besonders wichtigen Rollen betraute und solche Günstlinge, ebenso wie seine Mutter, beachtlichen politischen Einfluss ausübten. Dennoch war in Michails ersten Regierungsjahren die Neigung zu einer groß angelegten Konsenspolitik unverkennbar.

In diesen Kontext gehörte auch die häufige Einberufung von Landesversammlungen aus Bojaren, Klein- bzw. Dienstadel, Vertretern der Städte und der Geistlichkeit, die bis 1622 nahezu ununterbrochen tagten. Auch wenn diesen in der Regel bereits gefällte Entscheidungen vorgelegt wurden und von einer „Mitregierung“ nicht gesprochen werden kann, so war dem Zaren doch ihre Zustimmung ein Anliegen, da somit die allgemeine Autorität der Regierungsbeschlüsse gesteigert werden konnte. Auch die aus etwa 30 bis 40 Mitgliedern zusammengesetzte Bojarenduma spielte für Michail eine wichtige Rolle, obgleich sie zunehmend an Bedeutung gegenüber einer „Engeren Duma“ (russ. Bližnjaja duma) verlor, in der kardinale Themen vorab behandelt wurden. Michail schien seine Funktion im politischen Prozess sehr ernst zu nehmen, er war nicht nur auf den Versammlungen anwesend, sondern trat auch persönlich mit Reden auf. Im Sinne seiner Konsenspolitik sind auch die Zugeständnisse an den Kleinadel zu sehen, der unter der Zeit der Wirren stark gelitten hatte und dem nun alle seit 1605 entflohenen Bauern wieder zugeführt werden sollten. Dies war umso wichtiger, als der Heeresbeitrag des Dienstadels dringend erforderlich war, die leeren Kassen aber nur begrenzte finanzielle Mittel hergaben. So dienten auch Anleihen bei der wohlhabenden Kaufmannsfamilie Stroganov sowie Sondersteuern bzw. Steuererhöhungen oder auch die Einkünfte durch gesteigerten Alkoholverkauf im Staatsmonopol in erster Linie der Finanzierung einer schlagkräftigen Streitmacht, die in mehrerlei Hinsicht dringend benötigt wurde.

Nach wie vor trieben Räuberbanden und Aufwiegler allenthalben ihr Unwesen, noch verunsicherten aufrührerische Kosaken die neue Herrschaft. Die Bedrohung personifizierte sich in dem Kosakenführer Ivan M. Zaruckij, der mit seiner Gefolgschaft bereits in den Bürgerkriegswirren durch seine Unterstützung des Bauernaufstandes unter Ivan I. Bolotnikov sowie des zweiten Pseudodemetrius für beträchtliche Unruhe gesorgt hatte. Nach dem Tod jenes zweiten falschen Dmitrij verfolgte Zaruckij in enger Verbindung mit Marina Mnišek, der Frau beider Pseudodemetrien, und ihrem kleinen Sohn Ivan seine eigenen politischen Pläne. Zwar hatte sich Zaruckij inzwischen nach Süden abgesetzt und dort ein regional begrenztes Gewaltregime errichtet, als ehrgeiziger und charismatischer Führer seiner zu allem bereiten Kosaken bedeutete er aber immer noch eine nicht zu unterschätzende Gefahr, zumal er begann, sich selbst als angeblich überlebender Dmitrij auszugeben. Die Moskauer Regierung startete regelrechte Propagandamaßnahmen: Im ganzen Land wurde die

Herrschaft des neuen, rechtmäßigen Zaren verkündet und Stimmung gegen die Aufrührer gemacht. Der Aufwand zeigte Wirkung. Etliche Anhänger des Kosaken fielen von Zaruckij ab und noch 1614 gelang es Michails Truppen, seiner habhaft zu werden, woraufhin er in Moskau zusammen mit dem vierjährigen Sohn der Mnišek auf grausamste Weise hingerichtet wurde. Im Umgang mit Zaruckijs Gefolgsleuten zeigte sich freilich wieder Michails Konsenspolitik, indem sie begnadigt und in den zarischen Dienst aufgenommen wurden, was zur dringend erforderlichen Stabilisierung der Lage nur beitragen konnte.

Zaruckijs Horde war freilich nur einer von mehreren marodierenden Kosakenhaufen, die es in den folgenden Jahren zu pazifizieren galt. Parallel dazu mussten Regelungen mit den noch im russischen Land stehenden ausländischen Mächten gefunden werden. Neben den Polen im Westen waren dies im Norden die Schweden, die man 1609 selbst gegen Polen zu Hilfe gerufen hatte und die nun eigenen expansiven Visionen nachhingen. Nach hartnäckigen militärischen Auseinandersetzungen konnte im Jahr 1617 unter englischer Vermittlung der Friede von Stolbovo geschlossen werden, der Moskau zwar die Ostseeküste und 20000 Rubel kostete, dafür aber die Stadt Novgorod zurückgab und die Anerkennung Michails zur Folge hatte. Mit Polen gestaltete sich der Umgang schwieriger. Nach wie vor hielt das polnische Königshaus territoriale und Thronansprüche aufrecht und versuchte mit militärischen Mitteln, diese durchzusetzen. Allerdings erschöpften sich auch die polnischen Kräfte, so dass 1618 der Waffenstillstand von Deulino die Kampfhandlungen beendete, freilich die westrussischen Gebiete unter polnischer Herrschaft beließ, dafür aber den Weg freimachte für die Rückkehr der russischen Gefangenen aus der Zeit der Wirren.

Unter den Rückkehrern, die im Juni 1619 in Moskau eintrafen, befand sich auch Michails Vater Filaret. Seine Ankunft in der Heimat sollte die politische Landschaft deutlich verändern. War es schon für die traditionelle russische Senioratskultur ein Problem, dass der Sohn als Zar im Rang über dem Vater stand, so verstärkte die aktive, ehrgeizige Persönlichkeit Filarets noch die Problematik. Man suchte nach Lösungen und fand sie auf institutioneller Ebene in der Ernennung Filarets zum Patriarchen (ein Amt, das er bereits kurzzeitig im Gefolge des zweiten Pseudodemetrius inne gehabt hatte und das seit 1612 nicht besetzt war) und in symbolischer Hinsicht in der Verleihung des zarischen Titels „Großer Herrscher“ auch an den Vater. In der politischen Praxis bildete sich eine Art Doppelherrschaft von Vater und Sohn aus. Zwar bestand an Michails Amt und Würde keinerlei Zweifel, tatsächlich aber scheint Filaret nicht nur als oberster geistlicher Würdenträger das Heft in die Hand genommen zu haben.

Zwar dürfte die 1619 erfolgte Einberufung einer Landesversammlung zur inneren Lage noch auf Michails kollektiv orientierte Politik zurückgehen, dennoch war in den Entscheidungen von nun an die Handschrift Filarets erkennbar. Der etwa 60 Jahre alte Patriarch trat deutlich härter auf als sein zurückhaltender Sohn. Als erstes bekamen dies etliche einflussreich gewordene Personen zu spüren. Als Familienoberhaupt nahm sich Filaret seinen Clan ebenso vor wie andere Günstlinge des Hofes, auf zahlreichen Posten erfolgten personelle Revirements bis hin zu Verbannungen missliebig Gewordener. Die entscheidenden Probleme der Regierung waren freilich gleich geblieben: Der chronisch leeren Kassen versuchte man durch eine intensivierte, in Teilen freilich inkonsequente Steuerpolitik Herr zu werden. Notgedrungen inkonsequent blieb auch die Sozialpolitik im weiteren Sinne, da die Regierung im Hinblick auf die wirtschaftliche und gesellschaftliche Konsolidierung sowohl die Interessen des Kleinadels als auch diejenigen (entgegengesetzten) der Bauernschaft nicht außer Acht lassen durfte. So befriedigte man zwar den Dienstadel durch den Beginn der Angleichung der Dienstgüter an die Erbgüter, konnte jedoch nicht umhin, auch den Bauern durch eine eingeschränkte Legalisierung ihrer Flucht nach bestimmten Fristen entgegenzukommen. Auf administrativem Gebiet wurde das bestehende Ämtersystem (russ. prikazy) weiter ausgebaut, das freilich in seiner Unübersichtlichkeit und Inkonsequenz auch eine Belastung darstellte.

Auch im persönlichen Leben Michails machte sich die Rückkehr des Vaters bemerkbar. Schon im Jahre 1616 war der Zar auf Freiersfüßen gewandelt. Für die Romanovs war die Verheiratung Michails, vor allem aber die Zeugung eines Nachfolgers von außerordentlicher Relevanz. Zu einer Hochzeit mit der Auserwählten, Marija I. Chlopova, kam es jedoch nicht, da das Mädchen – schon bei Hofe untergebracht – plötzlich von einer rätselhaften Krankheit befallen wurde. Ihr und ihrer Familie wurde vorgeworfen, ihren Gesundheitszustand bewusst verheimlicht zu haben, die Verbannung in die Provinz war die Folge. Nach seiner Rückkehr brachte Filaret das Thema der Verheiratung erneut auf die Tagesordnung. Nachdem seine Pläne, eine holsteinische oder brandenburgische Prinzessin für den Sohn zu gewinnen, nicht zuletzt an Glaubensfragen gescheitert waren, ließ Filaret den Fall Chlopova neu aufrollen. Es stellte sich heraus, dass die Braut einer Intrige der Gebrüder Saltykov zum Opfer gefallen war; die hochstehenden Günstlinge des Zaren hatten offensichtlich den Chlopovs ihren abzusehenden Einfluss bei Hofe geneidet. Obwohl unschuldig, war die Chlopova durch die Affäre diskreditiert, so dass Michail im September 1624 Marija V. Dolgorukaja zur Frau nahm. Das Eheglück währte nur kurz, nicht einmal vier Monate später wurde der junge Zar zum Witwer. Der Verdacht lag nahe, dass erneut „nachgeholfen" worden war; aufgeklärt wurde das tragische Ereignis jedoch nie. 1626 folgte der nächste Anlauf. Aus 60 adeligen Mädchen wählte Michail Evdokija L. Strešneva aus; dass die Braut diesmal aus einer gänzlich unbedeutenden Familie stammte, hat man auf die Absicht zurückgeführt, erneuten Neid und Hass zu vermeiden. Evdokija sollte ihrem Mann 10 Kinder schenken; dass sechs davon früh verstarben, war aus dynastiepolitischer Sicht zu verschmerzen, solange der 1629 geborene Aleksej, der erste männliche Nachkomme Michails, gesund blieb.

Schien damit die Thronfolge im Inneren gesichert, so drohte der Romanov-Herrschaft noch Ungemach von äußerer Seite. Seit Deulino hatte der polnische König seine Ansprüche auf den Moskauer Thron nicht aufgegeben. Da 1633 die Frist des Waffenstillstands enden sollte, waren erneute Verwicklungen mit dem Nachbarn zu erwarten. Doch auch Moskau hatte seine Rechnungen mit Polen offen. Seit seiner Rückkehr aus fast neunjähriger Gefangenschaft sann Filaret auf Rache, dies umso mehr, als sich nach wie vor bedeutende westrussische Gebiete in der Hand des Feindes befanden. 1632 schien ein günstiger Zeitpunkt, um dem Nachbarn zuvorzukommen und die Angelegenheit im eigenen Sinne zu bereinigen: König Zygmunt III. war im April verstorben; Polen befand sich im Kontext des Dreißigjährigen Krieges unter schwerem Druck der Großmacht Schweden; Moskau hatte in der Zwischenzeit seine Armee umorganisiert und die Kompetenz ausländischer Offiziere erworben. So entschied man, im April 1632 loszuschlagen. Doch trotz der scheinbar günstigen

Voraussetzungen geriet der Feldzug zum Fehlschlag: Nicht nur, dass die Rückeroberung der westrussischen Stadt Smolensk scheiterte, der russische Oberbefehlshaber Aleksej S. Šein musste vor den polnischen Truppen auf ganzer Linie kapitulieren. Immerhin errang Moskau in der Niederlage einen wichtigen diplomatischen Erfolg: Zygmunts Sohn Władysław, inzwischen zum polnischen König gewählt, verzichtete im nun „auf ewig" abgeschlossenen Frieden an der Poljanovka 1634 auf seine Ansprüche auf den russischen Thron.

Filaret freilich erfuhr von dieser Entwicklung nicht mehr, während des Smolensker Krieges war er im Oktober 1633 gestorben. Mit seinem Tod änderte sich die politische Kultur in Moskau abermals hin zu Michails eher konsiliarisch angelegter Herrschaftsausübung: Erneut wurden – wenn auch deutlich seltener als nach der Thronbesteigung – Landesversammlungen einberufen, die Bedeutung der „Engeren Duma" stieg wieder, den Angehörigen einzelner Bojarengeschlechter gelang es wieder, großen Einfluss am Hof und, etwa durch Ämterkumulation, in der Regierung zu erlangen. Allerdings darf die Entfaltung einer Günstlingswirtschaft in jener Zeit nicht zu voreiligen Schlüssen verleiten: Ein ausgeprägtes Klientelwesen war seit jeher und noch lange danach ein grundlegendes Charakteristikum der zarischen Selbstherrschaft, deren fehlender ständisch-korporativer bzw. später konstitutioneller Unterbau ebenso wie das unübersichtliche Verwaltungssystem andere, personal ausgerichtete politische Gestaltungsmechanismen erforderlich machte. Dass weder Filaret noch Michail und die ihn umgebenden Clans die inneren Probleme des Landes gelöst hatten, zeigten die kollektiven Bittschriften, mittels derer unzufriedene Bevölkerungskreise, vor allem der Dienstadel, dem Herrscher Beschwerden und Forderungen zu Ohren brachten; im Mittelpunkt standen dabei die Dienstverpflichtungen sowie das Problem der flüchtigen Bauern. Michail reagierte auf für ihn typische Weise: Er kam dem Adel, dessen Wohlergehen für den Herrscher schon aus politisch-strukturellen Gründen Priorität haben musste, entgegen, ohne jedoch den gegen die Bauern gerichteten Forderungen vollständig nachzugeben.

Von Vorsicht und Zurückhaltung ließ sich der Zar auch – in Abstimmung mit einer Landesversammlung – leiten, als ihn Kosaken, die 1637 selbstständig die osmanische Festung Azov erobert hatten, 1641 aufforderten, an ihrer Seite gegen den Sultan zu ziehen. Michail schreckte grundsätzlich vor einem erneuten Krieg zurück, stattdessen verfolgte er in seinen letzten Lebensjahren eine ganz andere Strategie im Moskauer Außenverhältnis. 1642 begannen Verhandlungen mit Dänemark über eine Heirat des Prinzen Waldemar mit der Zarentochter Irina. Trotz heftiger Differenzen über die Religionsfrage reiste der Däne 1644 tatsächlich nach Moskau, um dort allerdings festzustellen, dass Moskau sich in keiner Weise mehr an die im Vorfeld gemachten Zusagen hinsichtlich seiner Glaubensfreiheit gebunden fühlte. Michails Plan der dynastischen Bündnispolitik scheiterte auf der ganzen Linie: Waldemar blieb seinem lutheranischen Glauben treu und reiste in der zweiten Jahreshälfte 1645 unverheiratet wieder ab. Michail freilich nahm seinen Gram über die misslungene Verbindung mit ins Grab: Am 13. Juli 1645 war der erste Romanov auf dem Thron gestorben.

Russland war, das macht die Episode mit dem Dänen Waldemar beispielhaft deutlich, in der ersten Hälfte des 17. Jahrhunderts ein kulturell und religiös vom übrigen Europa abgeschlossenes Land. Noch gingen die Annäherungen an den Westen über Handelsverträge, die Anwerbung militärischer und kaufmännisch-unternehmerischer Spezialisten und dünne diplomatische Kontakte nicht weit hinaus. Die orthodoxe Gläubigkeit bildete ein Bollwerk gegen westliche Einflüsse, und auch innerhalb der rechtgläubigen Kirche hatten Reformer bis in die 1640er Jahre hinein kaum Chancen auf die Umsetzung ihrer Ideen. So wird man die grundsätzliche Isoliertheit des Moskauer Reichs trotz punktueller europäischer Bezüge als eine der Charakteristiken der ersten Jahrhunderthälfte festhalten müssen. Doch vielleicht bedurfte es nach der Katastrophe zu Beginn des Jahrhunderts gerade einer konservativen Konsolidierung, um dem Land wieder festeren Boden unter den Füßen zu geben, bevor in den folgenden Jahrzehnten Phänomene der europäischen Neuzeit nach Russland eindringen sollten. Obwohl die von den Romanovs angestrebte politische und gesellschaftliche Stabilisierung nach der Smuta in vielen Punkten nur oberflächlich gelang und wesentliche Probleme im Inneren wie im Außenverhältnis ungelöst blieben, lieferte Michails 32-jährige Herrschaft den entscheidenden Beitrag zur Etablierung einer neuen Dynastie. Es ist dies angesichts der eingangs skizzierten Vorgeschichte keine geringe politische Leistung Michails, der uns nicht nur als zögerliche, unsichere, von den

Einflüssen und Meinungen anderer abhängige Persönlichkeit entgegentritt, sondern auch als kluger, umsichtiger, auf Versöhnung bedachter Herrscher. Zur Überwindung von Moskaus existentieller Krise hat Michails konsensorientierte Zurückhaltung kaum weniger beigetragen als der rigide Politikstil seines Vaters Filaret.

2. Soziale Unruhe, der rechte Glaube und die Erweiterung des Reiches: Aleksej Michajlovič

Wie sein Vater Michail bestieg auch Aleksej Michajlovič am 13. Juli 1645 als sechzehnjähriger Jüngling den Moskauer Thron. Von dieser äußerlichen Parallelität abgesehen, waren die Umstände von Aleksejs Herrschaftsübernahme gänzlich andere. Am Ende von Michails über 30-jähriger Regierung bestanden – trotz zahlreicher (letztlich bedeutungsloser) falscher Thronprätendenten, die zu verschiedenen Zeiten aufgetreten waren – in Moskau wenig Zweifel, dass ihm sein Sohn, der seit früher Kindheit zum Thronfolger erzogen worden war, im Amt nachfolgen würde. Dennoch scheint eine Art von Landesversammlung als Symbol des gesellschaftlichen Konsenses den neuen Zaren bestätigt zu haben.

Der junge Aleksej kümmerte sich zunächst offensichtlich wenig um die Politik und überließ die Regierungsgeschäfte im Wesentlichen seinem Erzieher Boris I. Morozov und dessen Vertrauensleuten, die die Moskauer Ämter- und Günstlingslandschaft zu beherrschen begannen. Die neue Regierung hatte die ungelösten Probleme der alten geerbt, so dass Morozov sogleich zu einschneidenden Maßnahmen griff: Um die Staatskasse aufzufüllen, kürzte er den Beamten die Gehälter und führte eine hohe Salzsteuer ein, die den Preis für das von allen so dringend benötigte Nahrungs- und Konservierungsmittel drastisch erhöhte. Die fiskalische Rechnung ging freilich nicht auf: Der Salzverkauf ging zurück, während die Unzufriedenheit der Bevölkerung wuchs. Ende 1647 entschied man sich, die Salzsteuer wieder aufzuheben, dafür jedoch die im Gegenzug abgeschafften Strelitzen- (Schützen-) und Fuhrgelder nicht nur wieder einzuführen, sondern sogleich für die vergangenen ausgefallenen

Jahre mit einzutreiben. Die neuen exorbitanten Belastungen verärgerten die Steuerzahler ebenso wie der sprunghaft ansteigende Reichtum des korrupten Morozov und seines Clans. Bald sollte ein Tropfen genügen, um das Fass des Zorns zum Überlaufen zu bringen.

In existentieller Not bestand für die Bevölkerung die letzte Hoffnung in der direkten, petitierenden Hinwendung an den Zaren, auf dessen „Güte" man traditionell vertraute. Als Aleksej Michajlovič Anfang Juni 1648 von der Feier des Pfingstfestes aus dem Troice-Sergiev-Kloster nach Moskau zurückkehrte, zogen ihm Gruppen entgegen, um Bittschriften zu überreichen. Die Umgebung des Zaren wusste jedoch dieses Ansinnen zu verhindern; man jagte die Bittsteller auseinander und verhaftete einige von ihnen. Diese Willkür heizte die Stimmung weiter an, Teile der Strelitzenregimenter solidarisierten sich gar mit dem Volk, welches begann, seiner Empörung durch Verwüstungen bojarischer Anwesen Luft zu machen. Der Moskauer Aufstand nahm schließlich solch gefährliche Dimensionen an, dass der junge Zar reagieren musste, mit Beschwichtigungen war es spätestens dann nicht mehr getan, als das Volk in den Kreml bis vor die zarische Residenz gedrungen war. Man forderte die Auslieferung derjenigen Amtsleiter, die man wegen ihrer Korrumpiertheit für das eigene Elend und für das unangemessene Vorgehen gegen die Bittsteller verantwortlich machte. Landesamtsleiter Leontij S. Pleščeev und Artillerieamtsleiter Pëtr T. Trachaniotov waren nicht mehr zu retten – nach ihrer Auslieferung wurden sie vom Mob gelyncht. Gleiches Schicksal hatten die Aufständischen auch dem „Hauptschuldigen" Morozov zugedacht, doch Aleksejs tränenüberströmtes Flehen für seinen ehemaligen Erzieher und jetzigen Schwager (der den Zaren wohl nicht zuletzt deswegen zur Heirat mit Marija I. Miloslavskaja gedrängt hatte, da sie eine jüngere Schwester im heiratsfähigen Alter besaß) rettete diesem das Leben in der Verbannung fern von Moskau.

Der Eindruck jener Ereignisse auf den noch jungen Zaren darf nicht unterschätzt werden. Angesichts des Chaos in Moskau, angesichts der revoltierenden Massen gegen die Vertreter der zarischen Gewalt, angesichts der Hilflosigkeit derselben schienen Reminiszenzen an die Zeit der Wirren wach zu werden. Aleksej musste den Forderungen der Unzufriedenen, die sich bei näherem Hinsehen längst nicht nur in den Unterschichten fanden, entgegenkommen. Die Folge waren Personalrevirements und Zugeständnisse in Form von Gehaltserhöhungen und Schenkungen bis hin zum Alkoholausschank. Der Zar gab auch den Rufen nach einer erneuten Landesversammlung nach, die sich grundlegenden Fragen der Landes- und Gesellschaftsorganisation widmen sollte. Noch im Juni 1648 trat eine provisorische Versammlung zusammen, die sich auf die Einberufung einer groß angelegten Landesversammlung einige Monate später einigte, auf welcher unter anderem ein neues, umfassendes Gesetzbuch beschlossen werden sollte. Zu diesem Zweck wurde zeitgleich eine Kodifizierungskommission unter Fürst Nikita I. Odoevskij eingerichtet, deren Aufgabe es war, eine entsprechende Vorlage zu erarbeiten.

Im September trat die große Landesversammlung aus hauptstädtischem und Provinzadel, Beamten, Vertretern der Geistlichkeit sowie der Stadtbewohner in Moskau zusammen, um im Januar 1649 das neue Gesetzbuch zu beschließen. Das „Uloženie" stellte eine umfangreiche Kodifikation bisheriger Rechts- und Gesetzestexte, des Gewohnheitsrechtes, zahlreicher lange vorgetragener Petitionsanliegen sowie einiger Anleihen aus benachbarten Ländern dar und sollte dem politischen, gesellschaftlichen und geistlichen Leben des Landes eine neue, verlässliche Grundlage bieten, die nicht zuletzt Ereignisse wie die Moskauer Unruhen für die Zukunft ausschließen sollte. Neben der Kodifizierungsleistung hinsichtlich des diffusen Gesetzeswesens und weiteren Eingriffen in die Gesellschaftsorganisation lag eine der wichtigsten Bestimmungen in der Bindung der Bauern an ihre Scholle sowie der Städter an ihren Steuerpflichtverband. Die Verjährungsfristen für die Flucht der Bauern von ihrem Herrn wurden aufgehoben. Damit markierte das Uloženie letztlich die endgültige Festsetzung der bäuerlichen Leibeigenschaft (dass man von einer Leibeigenschaft streng genommen erst später, nach weiteren rechtlichen Veränderungen hinsichtlich der adeligen Besitzverhältnisse unter Pëtr I. sprechen kann, soll hier unberücksichtigt bleiben; es ändert nichts am faktischen Resultat der vollständigen Festschreibung bäuerlicher Abhängigkeit). Neben Bauern und Städtern zählte auch die Kirche nach den Bestimmungen des Uloženie zu den Verlierern, so wurde die Möglichkeit des Gütererwerbs durch die Geistlichkeit abgeschafft, wenngleich bisher erworbene Güter nicht eingezogen wurden. Zwar wurde im Uloženie längst nicht allen Erwartungen der Dienstadeligen entsprochen, dennoch gingen sie gestärkt aus den neuen Regelungen hervor. Gestärkt konnte sich freilich ebenso die Selbstherrschaft fühlen, das neue Gesetzeswerk demonstrierte auch, dass der Zar das Heft politischen und rechtlichen Handelns in der Hand behalten hatte.

Doch trotz der vielen Seiten des Uloženie, das in seinen Grundlagen bis ins 19. Jahrhundert hinein in Kraft blieb, stand die soziopolitische Realität des Moskauer Reiches nach wie vor auf einem anderen Blatt. Dass die Bauernflucht weiter anhielt (und zum Teil, wenn die Bauern in den ungesicherten Süden zogen und dort für eine kolonisatorische Konsolidierung der Reichsgrenzen sorgten, von der Regierung toleriert wurde), ist dabei nur ein Aspekt. Auch sonst steckte im Land noch großes Unruhepotential, wie an den wiederkehrenden Aufständen in Aleksejs Regierungszeit abzulesen ist. Im Jahr 1650 brachen – gespeist von ökonomischer Not in Verbindung mit den im Friedensvertrag von Stolbovo erzwungenen Zugeständnissen an Schweden – Unruhen in den im Norden gelegenen Städten Novgorod und Pskov aus, die trotz gewisser Zugeständnisse niedergeschlagen wurden. In Moskau kochte der Volkszorn wieder 1662, als erneute Versuche, die Staatskasse zu füllen, die Regierung zur Umstellung von Silber- auf Kupfermünzen veranlasste. Zu den Unregelmäßigkeiten und Ungerechtigkeiten bei dieser Art von „Währungsreform" gesellten sich intensivierte Steuereintreibungen und -erhöhungen; abermals versuchten die sich „geprellt" vorkommenden Stadtbewohner (nicht nur aus den Unterschichten, sondern auch Soldaten und mittlere Dienstleute), vom Zaren persönlich Zugeständnisse zu erhalten, abermals wurde der Aufstand niedergerungen, am Ende standen Hinrichtungen und Verbannungen. Pekuniäre Gründe waren auch ausschlaggebend für eine Erhebung der Baškiren im gleichen Jahr, mit der sich die Regierung im Osten des Reiches herumschlagen musste.

Größere Dimensionen erreichte der Aufstand des Don-Kosaken Stepan („Stenka") T. Razin, der mit seinen Horden das Land von 1670 bis 1671 in Atem hielt. Razin entstammte der Führungsschicht der am Don siedelnden Kosaken. Unter seinem Befehl starteten die Kosaken 1667 einen ihrer bekannten Raubzüge im südlichen Grenzland des Reiches. Dass die groß dimensionierte, aber dennoch regional begrenzte Raub- und Plünderaktion ab 1670 zu einem politisch bedrohlichen Aufstand von Unzufriedenen wurde, hatte seinen Grund nicht zuletzt in der Ausweitung der sozialen Basis von Razins Anhängerschaft. Zu den Kosaken gesellten sich entlaufene Bauern, die sich trotz – oder gerade wegen – der bindenden Bestimmungen des Uloženie davon gemacht hatten; demobilisierte (Bauern-) Soldaten, die nach dem Ende des (unten behandelten) polnisch-russischen Krieges nicht in die bäuerliche Untertänigkeit zurückkehren wollten; Altgläubige, die nach der Durchsetzung der (ebenfalls noch zu besprechenden) Nikonschen Kirchenreformen in Fundamentalopposition zur Regierung gerieten; Angehörige der nichtrussischen Fremdvölker des Reiches; Bauern und Stadtbewohner, die nicht zuletzt von Razins agitatorischen Bemühungen gegen die adeligen „Verräter" angesprochen wurden. Das politische „Programm" des Aufstandes richtete sich keineswegs gegen den „guten" Zaren, sondern beschränkte sich auf eine diffuse Ablehnung der bestehenden Herrschaft durch privilegierte Schichten sowie der Leibeigenschaft, verbunden mit Equalitäts- und Gerechtigkeitspostulaten. Diese Konstellation genügte zwar, um eine riesige Sammlungsbewegung der Unzufriedenen entstehen zu lassen, trug aber zugleich in ihrer anarchischen Uneinheitlichkeit den Keim des Zerfalls in sich. Nachdem Razin und seine Mitstreiter weite Teile der Wolga- und Dongebiete verheert hatten, gelang es den Regierungstruppen, deren Loyalität Garant des zarischen Sieges war, seit Oktober 1670 die Aufständischen immer mehr zurückzudrängen. Im folgenden Jahr konnte die Revolte beendet werden; Razin, dessen man durch Verrat seiner eigenen Klientel habhaft geworden war, wurde nach Moskau gebracht, dort – unter persönlicher Beteiligung des Zaren – verhört und hingerichtet. Es folgte ein grausames Strafgericht über die aufständischen Horden, das die bereits vorher in die Tausende reichende Opferbilanz der ganzen Aktion nochmals drastisch erhöhte.

Angesichts der Unruhe im eigenen Land, die die Herrschaft von Aleksej Michajlovič seit den frühesten Jahren begleitete, vermag es kaum zu überraschen, dass der Zar den seit 1648 nahezu jährlich erfolgenden Angeboten der „ukrainischen" Kosaken, in deren Auseinandersetzungen mit dem polnischen Königreich als Schutzmacht zu ihren Gunsten einzugreifen, eher zögerlich gegenüberstand. Weite Teile des heutigen ukrainischen, in der damaligen Terminologie meist „kleinrussisch" benannten Territoriums befanden sich im 17. Jahrhundert unter der Herrschaft

Polens. Das politisch dominierende Segment der Bevölkerung stellten die Kosaken dar, von denen ein Teil in regulären Diensten des polnischen Königs stand, ein anderer Teil dagegen das freie Kosakentum des Grenzlandes am Dnepr bildete. Diverse Faktoren hatten seit langem die Unzufriedenheit der Kosaken geschürt, insbesondere die Willkür polnischer Magnaten im Umgang mit Land und Leuten, der Druck des Katholizismus auf die orthodoxe Bevölkerung sowie die zahlenmäßige Reduzierung der „registrierten“ Kosaken im polnischen Dienst.

Im Jahr 1648 brach aus dem unmittelbaren Anlass einer persönlichen Tragödie des Registerkosaken Bogdan M. Chmel'nickij (ukrainisch: Bohdan M. Chmel'nyc'kyj) ein Aufstand gegen die polnische Krone los. Trotz eines Waffenstillstandes 1649 und eines Friedensvertrages 1651 war der Konflikt keineswegs gelöst und die Kosaken nach wie vor auf der Suche nach einem starken Bündnispartner. Aufgrund der ethnischen, kulturellen und religiösen Nähe schien das Moskauer Zarentum hierfür geradezu ideal geeignet. Die Wende in Aleksejs abweisender Haltung, für die neben den ungelösten eigenen sozialen Problemen auch der Respekt vor dem Gegner Polen verantwortlich gezeichnet hatte, vollzog sich 1653, vermutlich unter starkem Einfluss des Moskauer Patriarchen Nikon, dem das Schicksal der orthodoxen Glaubensbrüder wohl ebenso am Herzen lag wie die Festigung und Ausweitung der Moskauer Kirchenherrschaft. So berief sich Aleksej auch auf den rechten Glauben, als er 1653 einer Landesversammlung seinen Entschluss verkündete, Chmel'nickij zu unterstützen.

Die resultierende Vereinbarung von Perejaslav (1654) zwischen den ukrainischen Kosaken und dem Moskauer Zaren gab von ihrer Entstehung an Anlass zu heftigen Diskussionen. Handelte es sich um ein Bündnis gleichberechtigter Partner (so die ukrainische Interpretation) oder um die Unterordnung der Kosaken unter die Herrschaft des Zaren (so die russische Sichtweise)? Es liegt der Schluss nahe, dass schon die Beteiligten ganz unterschiedliche Vorstellungen mit der Übereinkunft verbanden: Den Kosaken, die den Eid auf den Zaren leisteten, lag in erster Linie an militärischer Soforthilfe gegen Polen; Aleksej Michajlovič, der keinen Eid leistete, sondern durch seine Gesandten einen Gnadenbrief mitbringen ließ, war an der Wiedergewinnung der als westrussisch verstandenen Gebiete aus polnischer Herrschaft interessiert. Betrachtet man die Situation von Perejaslav frei von nationalen Emotionen, kommt man kaum umhin festzustellen, dass die beiden Partner keineswegs gleichrangig, „auf Augenhöhe“, agierten. Für Aleksej Michajlovič jedenfalls bedeutete die Vereinbarung nicht nur die Inkorporierung des ukrainischen Kosaken in seine Herrschaft (gegen Bestätigung gewisser Autonomien), sondern auch den Beginn erneuter kriegerischer Auseinandersetzungen Russlands mit Polen. Während die Kosaken im Süden kämpften, schlug Moskau weiter nördlich los – in jenen Gebieten, die man schon im Smolensker Krieg gute 20 Jahre zuvor für sich reklamiert hatte.

Trotz schneller Erfolge sollte sich der Krieg gegen Polen noch über ein Jahrzehnt hinziehen – bei wechselndem Kampfglück, das im Laufe der Jahre immer mehr Polen zuneigte, und bei einer sprunghaft unberechenbaren Bündnispolitik der Kosaken. Für Moskau war es ein Erfolg, dass es dem im Inneren zerstrittenen polnischen Gegner im Jahre 1667 den Waffenstillstand von Andrusovo abschwatzen konnte, dessen Bedingungen kaum mehr den militärischen Verhältnissen entsprachen: Polen verzichtete auf die westrussischen Gebiete um Smolensk, während die „Ukraine“ längs des Dnepr geteilt wurde: Das linksufrige Territorium einschließlich der alten Stadt Kiev unterstand von nun an dem Zaren, die rechtsufrigen Gebiete dem polnischen König. Wenn damit auch Maximalziele nicht erreicht wurden (wie auch Diskussionen über eine mögliche Übernahme des polnischen Throns durch den Zaren scheiterten), so war es Aleksej Michajlovič doch gelungen, nicht nur das Smolensker Gebiet endlich wieder zu erlangen, sondern auch das Reich im Süden im altrussischen Sinne beträchtlich auszudehnen. Weniger erfolgreich verliefen die 1656 begonnenen kriegerischen Auseinandersetzungen mit dem zweiten großen Gegner im osteuropäischen Raum: Der Friedensvertrag von Kardis (1661) bestätigte die Bestimmung von Stolbovo (1617) und damit den Verbleib der „baltischen“ Gebiete und der Ostseeküste bei Schweden.

Trotzdem war das Selbstbewusstsein Moskaus und gerade auch Aleksejs mit den militärisch-territorialpolitischen Kämpfen im osteuropäischen Raum erheblich gewachsen. Im Inneren sollte dies insbesondere die Kirche mit ihrem Patriarchen Nikon zu spüren bekommen. Dessen Beziehungen zu Aleksej waren sehr eng: Dem jungen, unerfahrenen, von der Dramatik der Ereignisse ein-

Karte 2: Das europäische Russland und seine westlichen Nachbarn im 17. Jahrhundert

geschüchterten Zaren war der über 20 Jahre Ältere ein kluger, väterlicher Freund; dem ehrgeizigen, überdurchschnittlich begabten Kleriker diente die Nähe zum Zaren auch als Grundlage einer beachtlichen Karriere, die den vormaligen Mönch und Priester 1645 zum Abt, 1649 zum Metropoliten von Novgorod und 1652 schließlich zum Patriarchen werden ließ. Als Oberhaupt der russischen Kirche setzte sich Nikon an die Spitze der bereits seit längerem vorsichtig agierenden Reformbestrebungen, deren Anliegen die Korrektur des liturgischen Ritus im griechischen, d.h. im als original wahrgenommenen Sinne war. Von 1653 an erließ Nikon, dessen despotischer Führungsstil ebenso bekannt war wie sein gutes Verhältnis zum Zaren, Reformverordnungen, die die russische liturgische Praxis von eingeschliffenen „Verfälschungen" reinigen sollte: Die Maßnahmen reichten, um nur Beispiele zu geben, von der Reduzierung der Verneigungen über das mit drei (nicht mehr mit zwei) Fingern geschlagene Kreuz bis hin zur russischen Schreibweise des Namens „Jesus". Hintergrund der hektisch einsetzenden Reformen war nicht zuletzt die Wiederherstellung der liturgischen Einheit mit dem durch die Übereinkunft von Perejaslav in den Moskauer Einflussbereich gelangten Kiev, das sich in orthodox-theologischen Fragen nicht nur näher am griechischen Vorbild befand, sondern auch als im fortgeschrittenen Sinne führend galt.

Dass sich das Verhältnis Aleksejs zu Nikon Ende der Fünfzigerjahre abzukühlen begann, lag nicht an dessen Reformen, die des Zaren Unterstützung genossen. Der Grund lag darin, dass mit Aleksejs gestiegenem Selbstbewusstsein seine Bereitschaft rapide sank, sich dem willensstarken Patriarchen, der seinerseits ein immer selbstherrlicheres Verhalten an den Tag legte, unterzuordnen. Hinter dem persönlichen Konflikt stand die generelle Frage der Suprematie der geistlichen oder der weltlichen Macht, eine Frage, auf die beide Kontrahenten jeweils unterschiedliche Antworten wussten. In diesem Sinne waren einige Bestimmungen des Uloženie, die eindeutig einen Überlegenheitsanspruch der weltlichen Macht markierten, Nikon ebenso ein Dorn im Auge wie die Einrichtung eines weltlichen „Klosteramtes" (monastyrskij prikaz) zur Verwaltung der geistlichen Güter. Verschiedene aus Neid und Eitelkeit, Missgunst und Feindschaft geborene Intrigen taten ihr Übriges, um Zaren und Patriarchen einander zu entfremden. Spätestens seit 1658 trat der Konflikt offen zu Tage und zog sich mit verschiedenen Aufsehen erregenden Aktionen (Fernbleiben Aleksejs von bestimmten Feierlichkeiten, protestierender Rückzug Nikons in ein Kloster, Streichung von Nikons Namen aus den Gebeten, Absetzungsversuch 1660) bis Ende 1666 hin, als es mit Hilfe der – vom Zaren finanziell abhängigen – orientalischen Patriarchen von Antiochien und Alexandrien einer Synode gelang, Nikons Absetzung durchzudrücken. Dass im Anschluss ein harmonisierender Aufbruch im Sinne einer Zuordnung beider Gewalten zu ihrer jeweils eigenen Sphäre gestartet wurde, konnte freilich nichts daran ändern, dass die weltliche, zarische Macht in Russland die Oberhand gewonnen hatte.

Noch folgenreicher als der persönliche Konflikt von Zar und Patriarch gestalteten sich aber die Auswirkungen der Nikonschen Kirchenreformen. Die Regräzisierungen der Liturgie trafen vielerorts – bei „einfachen" Gläubigen, aber auch in der Hierarchie – auf erbitterten Widerstand und Verweigerungshaltungen. Beachtliche Teile des orthodoxen Klerus und des Kirchenvolkes lehnten es ab, die befohlenen Reformen zu praktizieren. Dass die Kirchenleitung dennoch – auch nach Nikons Fall – an dessen Beschlüssen festhielt, dürfte neben dem Aspekt der Vereinheitlichung mit Kiev wohl auch dem Bewusstsein für ein starkes, einheitliches Auftreten der orthodoxen Welt gegenüber dem Katholizismus geschuldet gewesen sein. Was man damit in Kauf nahm, war freilich nichts anderes als die innere Spaltung der russischen Kirche, genauer: die Abspaltung der „Altgläubigen" (im Russischen: „raskol'niki", Abspalter). Neben dem kirchlichen Konflikt handelte man sich damit auch beträchtliches soziales Unruhepotential ein, wovon nicht nur der Zulauf vieler Altgläubiger zu Stenka Razin zeugte, sondern etwa auch die über acht Jahre andauernde Revolte der Mönche des Soloveckij-Klosters im hohen Norden, deren Niederschlagung neben einem Strafgericht auch die Weiterverbreitung der altgläubigen Richtung durch Flüchtlinge zur Folge hatte. Das Problem des Altgläubigentums sollte den russischen Staat noch Jahrhunderte lang beschäftigen.

Die Konflikte, die Aleksej mit Nikon persönlich und um das Verhältnis von Kirche und staatlich-zarischer Macht ausfocht, sollen nicht darüber hinwegtäuschen, dass der Zar der Religion und Kirche persönlich zutiefst ergeben war. Von keinem anderen Zaren wird berichtet, dass er den religiösen Obliegenheiten eines wahrhaften orthodoxen Christen so genau und inbrünstig nachgekommen ist: Gebete, Gottesdienste, Beichten, Prozessionen und Pilgermärsche sowie strenges Fasten (das der Zar freilich in der fastenfreien Zeit mehr als ausglich) gehörten unabänderlich zu Aleksejs Lebensgestaltung. Nicht nur tiefe Religiosität und Frömmigkeit, sondern auch aus ihr gespeiste, vielfach berichtete Milde und Güte des Zaren waren dafür verantwortlich, dass man ihm das Attribut „tišajšij", der „höchst Sanfte", verlieh. Zur Milde gesellte sich freilich auch Strenge, die ebenfalls seit altersher zur Idealvorstellung eines guten und gerechten Herrschers zählte. In den Augen vieler Zeitgenossen war Aleksej Michajlovič diesem Ideal näher als jeder andere Zar. Für die zahlreichen enthusiastischen Äußerungen der Beobachter dürfte freilich auch das äußere Erscheinungsbild Aleksejs von Bedeutung gewesen sein: Von nicht geringem Wuchs, von kräftiger Gestalt (die freilich gegen Ende seines Lebens solche Ausmaße annahm, dass er nicht mehr auf dem Pferd sitzen und nur noch mit Mühe gehen konnte), mit einem würdevollen Bart, gekleidet in prunkvolle Gewänder trat Aleksej der Bevölkerung und ausländischen Gesandten entgegen. Seine „öffentlichen" Auftritte waren stets der Würde des Anlasses entsprechend wohl inszeniert und von einem ausladenden feierlichen Zeremoniell begleitet, insbesondere auch an den zahlreichen kirchlichen Festtagen.

Dass Aleksej Michajlovič der Geschichtsschreibung als *der* große Vertreter des altrussischen Zarentums gilt, hat durchaus seine Berechtigung. Nur *eine* Seite seines Wesens erfasst dagegen die Einordnung Aleksejs als nach innen gekehrt, zurückhaltend, in wesentlichen Fragen von anderen beeinflusst, ja von ihnen abhängig. Sicher, in den Anfangsjahren führte Morozov das Regiment, auf ihn folgte Nikon als dominierende, einflussreiche Persönlichkeit in der Umgebung des Zaren, in späteren Jahren drückten Afanasij L. Ordin-Naščokin und Artamon S. Matveev insbesondere der Außenpolitik ihren Stempel auf. Doch abgesehen davon, dass kein Alleinherrscher wirklich „alleine" regierte, darf auch nicht übersehen werden, dass Aleksej es mit den Jahren verstand, immer resoluter aufzutreten, auch gegenüber höchsten Würdenträgern. Schon die Zeitgenossen bemerkten den Unterschied zwischen seiner Regierungspraxis und der – stark auf das Konsilium setzenden – seines Vaters Michail. Während die Landesversammlungen wie auch die Bojarenduma geradezu marginalisiert wurden, stärkte Aleksej die herrscherliche Zentralgewalt, wofür die Schaffung des Amtes geheimer Angelegenheiten (Prikaz tajnych del) mit einer persönlich auf den Monarchen zugeschnittenen umfassenden politischen Kompetenz nur ein Beispiel ist. Dass Aleksej längst nicht nur kontemplativer Herrscher war, sondern spätestens seit Mitte der fünfziger Jahre, trotz der Beibehaltung von Delegierungen, tagtäglich aktiv ins politische Geschäft eingriff, geht aus den Quellen klar hervor.

Ein besonderes Anliegen Aleksejs bestand in der rechtzeitigen Erklärung seines Sohnes Aleksej Alekseevič zum Thronfolger. Es war nur einer von mehreren familiären Schicksalsschlägen, als dieser im Jahr 1670 mit nicht einmal 16 Lebensjahren verstarb. Ein Jahr zuvor waren nicht nur die Kinder Simeon und Evdokija, sondern auch Aleksejs Frau Marija verstorben. Das Ableben der frommen, zurückhaltenden Zarin stürzte ihren Gatten in tiefe Trauer und hatte für Russland nicht zu übersehende Folgen. Nicht nur, dass Aleksej nach Marijas Tod Freiraum für kulturelle Unternehmungen (westliches Theater, Musik) bekam, die die strenge, konservative Frau offensichtlich nicht am Hof geduldet hatte; nein, als noch bedeutsamer sollte sich im Nachhinein erweisen, dass der Zar im Jahr 1671 mit Natal'ja K. Naryškina einen zweiten ehelichen Bund einging. Der trauernde Zar blühte mit seiner jungen, im aufgeschlossenen Haus des Außenamtschefs Matveev erzogenen Frau wieder auf, und ganz besonders freute er sich über die Geburt eines weiteren Sohnes 1672, der auf den Namen Pëtr getauft wurde. An der Thronfolge änderte dies freilich zunächst nichts. Die Vermutungen, Aleksej habe aufgrund physischer (Fëdor) und psychischer (Ivan) Gebrechen seiner beiden aus erster Ehe überlebenden Söhne seit Pëtrs Geburt diesen als seinen wahrscheinlichen Erben gesehen, bleiben spekulativ. Anfang 1674 jedenfalls wurde sein ältester lebender Sohn, der 13-jährige Fëdor Alekseevič dem Volk als Nachfolger erklärt und zwei Jahre später sollte er nach dem eher überraschenden Tod des erst 46-jährigen Aleksej auch den Zarenthron besteigen.

Der Geschichtswissenschaft gilt Aleksej Michajlovič nicht nur als Idealtyp, sondern auch als letzter Vertreter des altrussischen, streng rechtgläubigen, konservativ-abgeschlossenen Moskauer Zarentums. Doch trotz seiner eindeutigen Zuordnung zum alten Russland bereitete schon der „höchst Sanfte“ in seiner Regierungszeit, wenn auch nicht wissentlich und willentlich, mit wichtigen Entscheidungen dem kommenden Einzug der Neuzeit den Boden: Im Konflikt mit Patriarch Nikon demonstrierte der Staat – bei allen konsensstiftenden Verlautbarungen – eindeutig seinen Anspruch auf Suprematie gegenüber der Kirche; die Festschreibung der Leibeigenschaft markierte – trotz aller der Lebensrealitäten vor- und nachher geschuldeten Relativierungen – einen deutlichen Einschnitt im sozialen Gefüge und sollte bis in die zweite Hälfte des 19. Jahrhunderts Bestand haben. Die Wiedergewinnung der westrussischen Gebiete sowie die Erlangung der Oberhoheit über Teile der Ukraine schließlich bildeten nicht nur den Auftakt neuzeitlicher russisch-imperialer Politik, sondern markierten – angelehnt an die Worte Klaus Zernacks – den Weg von einer „Entmoskovitisierung“ hin zu einer „Russifizierung“ des Selbstverständnisses: Aus dem Moskauer Zaren war der „Selbstherrscher von ganz Groß-, Klein- und Weißrussland“, aus der Moskauer Rus’ die pluralisierte Form „Rossija“ geworden.

3. Auf dem Weg in die Neuzeit: Fëdor Alekseevič

Für die Moskauer Bevölkerung war es nichts Ungewöhnliches, dass Fëdor Alekseevič am 30. Januar 1676 seinem Vater als Jüngling auf dem Thron folgte; schließlich hatten sowohl Aleksej als auch Michail den Thron als Sechzehnjährige bestiegen. Dennoch lagen die Umstände anders, was weniger mit Fëdors noch jugendlicherem Alter von nur 14 Jahren zu tun hatte. Wichtig war vielmehr, dass – zum einen – der neue Zar zwar jung, aber auch schwer krank war, zum anderen, dass er einen aus seines Vaters zweiter Ehe mit Natal’ja Naryškina resultierenden, freilich nicht einmal vier Jahre zählenden Halbbruder hatte, der sich nicht nur bester Gesundheit, sondern auch einer überaus ehrgeizigen Verwandtschaft erfreute. Trotz dieser Konstellation stand die Thronbesteigung Fëdors nicht ernsthaft zur Disposition; Pläne des einflussreichen, den Naryškins nahe stehenden Leiters des Außenamtes, Matveev, der Mutter Pëtrs zu einer Art Mitregentschaft zu verhelfen, waren nicht durchsetzbar. Längst war die schwelende Rivalität der beiden mit Aleksej Michajlovič verschwägerten Familien, der Miloslavskijs und Naryškins, offen aufgebrochen. Das Blatt hatte sich mit dem Herrschaftsantritt von

Marija Miloslavskajas Sohn Fëdor erneut zu Gunsten der Miloslavskijs gewendet, während sich ihre Konkurrenten, die mit Aleksejs zweiter Ehe in Hof und Ämter eingezogen waren, auf dem absteigenden Ast wiederfanden. Die Folge waren Ämterrevirements und Umstrukturierungen des politischen Einflusses. Zwar konnte sich Matveev vorerst noch im Außenamt behaupten, diverse Intrigen führten jedoch im Sommer desselben Jahres zu Sturz und Verbannung des führenden Staatsmannes, verschiedene Mitglieder des Naryškin-Clans traf dasselbe Schicksal. Die Sippe der Miloslavskijs hatte sich – gemeinsam mit der schon am Hof Aleksejs einflussreichen Bojarenfamilie Chitrovo – durchgesetzt.

Dass der junge Zar all die Streitereien um Macht und Einfluss offensichtlich eher teilnahmslos betrachtet hat, ist schon aufgrund seines Alters wenig verwunderlich, noch befand Fëdor sich im Prozess seiner Persönlichkeitsbildung. So war die erste, passive Phase seiner Regierung bis 1679 geprägt von den Machenschaften der Miloslavskijs und Chitrovos sowie anderer mächtiger Bojaren wie Jurij A. Dolgorukij oder Jakov N. Odoevskij. Man teilte die einflussreichen und gewinnbringenden Ämter untereinander auf, erging sich in Vetternwirtschaft und Bereicherungen und löste „störende", da die Politik kontrollierende Institutionen aus Aleksejs Zeit, wie das Amt Geheimer Angelegenheiten (Prikaz tajnych del) und das Rechnungsamt (Ščetnyj prikaz) einfach auf. Auch Patriarch Ioakim fühlte sich im Aufwind, schaltete innerkirchliche Gegner aus und setzte die Auflösung des staatlichen Klosteramts (Monastyrskij prikaz) durch.

Fëdor fehlte es an Erfahrung, an eigenen politischen Vertrauensleuten und wohl auch an konkreten Vorstellungen, um selbst auf nennenswerte Weise in die Führung der Staatsgeschäfte eingreifen zu können. Dennoch ließ er die Zeit nicht ungenutzt verstreichen. Fëdor Alekseevič kann als einer der bestgebildeten russischen Monarchen der frühen Neuzeit gelten. Schon früh erhielt er durch fähige Erzieher wie den Außenamtsmitarbeiter Panfil Beljaninov, dessen Behörde ein intellektuelles Politikzentrum mit Aufgeschlossenheit gegenüber dem Ausland darstellte, sowie insbesondere den aus dem Weißrussischen stammenden, an der im ostslawischen Raum führenden Kiever Akademie ausgebildeten Mönch Simeon Polockij eine hervorragende Bildung in den Bereichen Religion, Poetik, Rhetorik, aber auch in den Sprachen Griechisch und Polnisch. Noch als Zar war Fëdor jung genug, um sich von Simeon Polockij beeinflussen zu lassen; dass sich Fëdor wie kein anderer Zar der polnisch-lateinischen Kultur zuwandte, ist im Wesentlichen auf das Wirken des gelehrten, dem orthodoxen Establishment verhassten Mönchs zurückzuführen. Fëdor zeigte großes Interesse an Büchern und Bildung; er gründete eine stattliche Bibliothek in den drei Sprachen, derer er mächtig war; er sammelte Noten, schrieb selbst Kirchengesänge und sang während des Gottesdienstes im Chor; er ließ eine eigene Druckerei am Hof einrichten (Verchnjaja tipografija), die an der patriarchischen Zensur vorbei agierte; er interessierte sich für Kunst und Architektur, was später seinen Niederschlag in zahlreichen Rekonstruktionen und Neubauten von Kirchen und Palästen finden sollte. Dass Fëdor ein eher nach innen gekehrtes, kulturellen und geistigen Werten gewidmetes Leben führte, lag wohl auch an seiner Erkrankung, die die Quellen als Skorbut identifizieren lassen und die ihn oft bettlägerig, zumindest aber gehunfähig machte.

Fëdor war körperlich krank und schwach, aber geistig wollend. Bald sollte sich zeigen, dass seine Ambitionen über das Intellektuell-Kontemplative weit hinausgingen. Der erste Schritt zu einer politisch gestaltenden Rolle war die Ausbildung eines eigenen, von den beherrschenden Clans unabhängigen Beraterkreises im Stile einer „Engeren Duma". Hier vereinigten sich jüngere Höflinge aus Fëdors persönlicher Umgebung: Ivan M. Jazykov, die Brüder Aleksej T. und Michail T. Lichačëv sowie Fürst Vasilij V. Golicyn, den freilich von den vorher genannten seine hochadelige Abstammung und sein Reichtum unterschied. Auch der Einfluss Polockijs wird in diesem Kreis nicht zu unterschätzen sein. Vereint waren Fëdors Getreue durch ihre Bildung, ihre Aufgeschlossenheit gegenüber Neuerungen, ihr Interesse an der westlichen Kultur und ihre geschickte Zurückhaltung beim Streben nach wichtigen Staatsämtern; ihre Macht lag in der persönlichen Nähe zu Zar und Hof.

Unter dem Einfluss seiner Vertrauten wandelte sich allmählich Fëdors Haltung gegenüber seiner eigenen Sippe, den Miloslavskijs, deren Gier und Machtanspruch ihn zunehmend belästigten. Zum Eklat kam es 1680, als Fëdor auf Freiersfüßen wandelte. Angesichts Fëdors schlechten Gesundheitszustandes einerseits und des im Hintergrund heranwachsenden Naryškina-Sohnes Pëtr andererseits war es nur verständlich, dass die Miloslavskijs an einer baldigen Heirat des Zaren größtes Interesse hatten, lag doch in der Zeugung eines Thronfolgers die Hoffnung auf längerfristigen Machterhalt des Clans begründet. Nach den Vorstellungen der Miloslavskijs sollte die Braut aus der eigenen Klientel gewählt werden. Fëdor jedoch hatte seine eigenen Pläne, keineswegs uneigennützig gefördert durch seinen Favoritenkreis. Als Ivan M. Miloslavskij versuchte, Fëdors Auserwählte, Agaf'ja S. Grušeckaja schlecht zu reden, verlor er die Gunst des Zaren und seinen Einfluss auf die politische Gestaltung. Fëdor heiratete Agaf'ja, deren polnische Familienwurzeln gut zu Fëdors Interessen passten, doch das Glück währte nicht lange: Im Juli 1681 verstarb die Zarin im Wochenbett, der kleine Il'ja folgte ihr schon eine Woche später nach.

Mit seiner Heirat, die auch als ein Erfolg der neuen Günstlinge gelten konnte, hatte sich Fëdor von der Bojaren- bzw. Clanherrschaft emanzipiert. Es begann die zweite Phase seiner Regierungszeit, die trotz ihrer Kürze von bemerkenswerten Entwicklungen gekennzeichnet war. Für die folgenden Reformprojekte waren neben Fëdors Bildung sowie seiner und seiner Getreuen Aufgeschlossenheit gegenüber „modernen" Tendenzen politischer Gestaltung auch konkrete Erfahrungen aus der Außen- bzw. Kriegspolitik verantwortlich. Seit dem Waffenstillstand mit Polen von Andrusovo im Jahr 1667 mit der Teilung der ukrainischen Lande längs des Dnepr befand sich das Moskauer Reich in unmittelbarer Nachbarschaft zu dem unter osmanischer Oberhoheit stehenden Krim-Chanat. Das südwestlich gelegene Gebiet der Zaporoger Kosaken sorgte aufgrund der osmanischen Ansprüche auf das Territorium sowie der Unberechenbarkeit der „freien" Kosaken für zusätzliches Unsicherheitspotential. Versuche, der zunehmenden expansiven Aggressivität des Sultans durch ein Bündnis mit Polen und Österreich zu begegnen, scheiterten, so dass Moskau im Krieg gegen die Türken seit 1677 alleine dastand. Die vom Ehrgeiz des Kosakenführers Pëtr (ukr.: Petro) D. Dorošenko nur vorangetriebenen Pläne der Osmanen zur Errichtung eines wiedervereinten ukrainischen Vasallenstaates ließen sie gemeinsam mit den Krimtartaren gegen Russland losschlagen. Der für beide Seiten verlustreiche, aufwendige und mit wechselndem Erfolg im Dneprgebiet geführte Krieg endete 1681 mit der Bestätigung des Status quo im Frieden von Bachčisaraj, der den Russen gegen jährliche Zahlungen die Dnepr-Grenze beließ und am Unterlauf des Flusses eine kosakische Pufferzone vorsah, auf die Russland keinen Anspruch erheben sollte. Die Konsequenzen der Auseinandersetzungen lagen nicht nur in der Verschiebung des kriegspolitischen Fokus nach Südwesten, von Polen auf das Osmanische Reich, sondern auch in ersten Rückwirkungen auf die Politik im Inneren.

Auch wenn Fëdor, schon aus gesundheitlichen Gründen, nicht selbst am Feldzug teilnahm, so waren er und seine Berater doch in der Lage, ihre Lehren aus den Ereignissen zu ziehen. So hatten sich Schwächen in der veralteten Heereskonzeption und im Fehlen klarer, einheitlicher Befehlsstrukturen gezeigt, während sich die nach europäischem Vorbild aufgestellten Truppen „neuer Ordnung" bewährt hatten. Unter dem frischen Eindruck der Ereignisse, aber auch der keineswegs langfristig gesicherten Situation (mit Polen bestand nach wie vor nur ein Waffenstillstand, der Friede mit den Osmanen war nur auf zwanzig Jahre abgeschlossen worden) galten die ersten Schritte von Fëdors Reformtätigkeit dem Militär. So arbeitete man einerseits auf das – noch nicht vollständig verwirklichbare – Ziel hin, die alte Aufgebotsarmee abzuschaffen und durch ein einheitliches stehendes Heer neuen Typs zu ersetzen. Zur besseren Rekrutierung und Organisation wurde das Land in neun Militärbezirke aufgeteilt, eine administrative Neuerung, die Vorläuferfunktion für spätere Neustrukturierungen der allgemeinen regionalen Verwaltung haben sollte. Darüber hinaus sollte die Zusammenfassung der auf verschiedenste Ämter aufgeteilten militärpolitischen Kompetenzen auf nur noch drei spezialisierte Fachressorts, deren Leitung mit Michail Ju. Dolgorukij eine Person auf sich vereinigte, die Effizienz der Heeresadministration erhöhen.

Das Streben nach Konzentration der Kräfte und Vereinheitlichung der Kompetenzen führte zu einer Reduzierung der Zahl der Zentralämter (Prikazy) in der Staatsverwaltung sowie zur Schaffung eines neuesten obersten Organs, der Ausführenden Goldenen Kammer (Raspravnaja zolotaja palata) im Jahr 1680, die sich hohen Rechtsstreitigkeiten, die selbst in der Bojarenduma nicht geklärt werden konnten, widmete und im Falle der Abwesenheit des Zaren die Regierung übernehmen sollte. Von ähnlichen machtkonzentrierenden Prinzipien ließ man sich bei der Stärkung der Kompetenzen der Voevoden, der obersten lokalen Verwaltungsbeamten, leiten. Einheitlichkeit, Genauigkeit und Effektivität waren auch die Leitlinien bei einer verschiedene frühere

Ansätze zum Abschluss bringenden Steuerreform, die schon allein wegen der ständig wachsenden Militärausgaben vonnöten war. Die neue Besteuerung der Höfe anstelle, wie bisher, von Landeinheiten, steigerte die Exaktheit und den Ertrag ebenso wie die Vereinfachung und Zusammenlegung verschiedener direkter Steuern. Neben der Einkunftsmaximierung fügt sich ebenfalls das zu beobachtende Rationalisierungsstreben in den politischen Geist der Zeit ein. In einem ähnlichen fiskalischen Zusammenhang stand die Abschaffung von Zollprivilegien der Kirche und weltlicher Grundherren.

Mit diesen Veränderungen in Heer und Verwaltung war Fëdors Gestaltungseifer freilich erst erwacht. Im Herbst 1681 legte der engere Beraterkreis ein aus vier Punkten bestehendes Projekt zur Reform der staatlichen und kirchlichen Administration des Reiches vor. Es umfasste die Einrichtung zweier neuer, allen bisherigen Institutionen übergeordneter Organe, eines judikativen und eines exekutiven Gremiums, was eindeutig auf eine Entmachtung der althergebrachten Bojarenduma hinauslaufen sollte. Einen Eingriff in traditionelle politische Einflussverhältnisse stellte auch die vorgesehene Ehrentabelle (Stepen' česti) dar, welche die bisherige, äußerst komplizierte, in ihren Konsequenzen bereits die Staatsgeschäfte behindernde Rangplatzordnung in der Regulierung der Würdigkeit einzelner Familien ablösen sollte. Des Weiteren sollten im Reich zwölf Statthalterschaften und auf kirchlicher Ebene 12 Metropolien mit 70 Erzbistümern und Bistümern eingerichtet werden. Eine vollständige Realisierung des Projekts hätte ohne Zweifel die Stärkung der zarischen Macht gegenüber den Bojaren wie auch der Kirche bedeutet. Es verwundert daher nicht, dass sowohl die Adelselite wie auch der Patriarch dem Vorhaben entschiedenen Widerstand entgegensetzten. Die Tatsache, dass es den traditionellen Machtfaktoren gelangt, das Reformpaket in wesentlichen Punkten zu desavouieren, zeigt deutlich die Bedingtheit auch der autokratischen Politik im Kontext gewachsener Einflussstrukturen. Doch Fëdor gab nicht auf, er nahm persönlich starken Anteil an den politischen Verhandlungsprozessen in der Bojarenduma und im geistlichen Pendant, in der Geheiligten Versammlung (Osvjaščennyj sobor), und setzte immerhin im November 1681 die Bildung eines der vorgesehenen obersten Organe, der Verantwortlichen Kammer (Otvetnaja palata), sowie im Januar 1682 die Abschaffung der Rangplatzordnung durch, in deren Zuge sogleich die alten Rangbücher in einem symbolischen Akt dem Feuer übergeben wurden. Die anderen Punkte des Projekts mussten freilich vorerst zurückgestellt werden, zu groß waren die Widerstände gegen rationalisierende, Althergebrachtes aufgebende Neuerungen.

Trotz der nur bruchstückhaften Verwirklichung des Reformvorhabens wird Fëdors Streben zu einer Modernisierung des Moskauer Reichs deutlich. Die intensive Rezeption aktueller europäischer Vorstellungen durch den gebildeten Zaren und seinen Beraterkreis zeigte sich nicht zuletzt in Fëdors Bezug auf die Förderung des „allgemeinen Wohls“, eines zentralen Bestandteiles der absolutistischen politischen Theorie jener Zeit. In diesem Kontext der Bemühung um eine utilitaristische Rationalisierung im Interesse des Staates und damit seiner Gesellschaft gehören auch das Interesse des Zaren an der Einführung technischer Neuerungen und Manufakturen, an der Verbreitung insbesondere technischer Bildung, an neuen Stadt- und Bauordnungen, an der Einrichtung von Feuerwehren, Armenhäusern und Kinderheimen. Die Absicht, in Moskau eine slavisch-griechisch-lateinische Hochschule zu eröffnen (realisiert 1687), geht auch auf Fëdors Intentionen zurück. Auf den Westen verwiesen ebenfalls neue Kleidungsvorschriften für den Hof, die sich ebenso an europäischen Vorbildern orientierten wie neue Haartrachten oder ungewohnte Speisen. Erste Ansätze absolutistischen Regulierungsstrebens zeigten sich in Anordnungen etwa für Ausfahrten (z.B. detaillierte Festlegungen über die den jeweiligen gesellschaftlichen Rängen zustehenden Kutschen und Gespanne) oder zum Verhalten bei Treffen auf der Straße. Es steht außer Zweifel, dass Fëdor bei einer längeren Regierungszeit seine Bemühungen um Rationalisierung im Sinne einer damals in den europäischen Ländern modernen „guten Ordnung“ weiter ausgedehnt und intensiviert hätte. Dass er offensichtlich plante, den geschassten Matveev als fähigen, westorientierten Staatsmann aus der Verbannung zurück nach Moskau zu holen, ist nur ein weiterer Beleg für die politische Emanzipation des inzwischen Zwanzigjährigen, für seine gestalterische Ambitioniertheit, aber wohl auch für seine Milde und Güte, von denen die Quellen – nicht nur in Zusammenhang mit Abmilderungen bei grausamen Strafpraktiken – berichten.

Noch eine andere Persönlichkeit wollte Fëdor aus der Verbannung zurückholen, wofür er auch eine heftige Auseinandersetzungen mit dem Patriarchen Ioakim nicht scheute: 1681 erließ er die Anordnung zur Aufhebung der Verbannung des ehemaligen, von seinem Vater erst bewunderten, dann in die Wüste geschickten Patriarchen Nikon. Der Greis starb freilich auf dem Weg nach Moskau. Als Ioakim und die Geheiligte Versammlung ein der Würde eines ehemaligen Patriarchen entsprechendes Begräbnis ablehnten, setzte sich der Zar beim (ranghöchsten) Patriarchen von Konstantinopel mit Erfolg für sein Vorhaben ein. Da der wütende Ioakim und andere Mitglieder des kirchlichen Establishments an den Funeralien nicht teilnehmen wollten, ließ Fëdor den Novgoroder Metropoliten Kornilij die Totenmesse zelebrieren, in welcher der Zar nicht nur durch persönliche Anwesenheit, sondern auch durch seine Mitwirkung im Chor glänzte.

Doch dem geistigen Elan des jungen Zaren stand eine sich permanent verschlechternde Gesundheit gegenüber. Zwar heiratete Fëdor im Februar 1682 zum zweiten Mal, wobei er sich erneut über die Vorstellungen seiner Miloslavskijschen Verwandtschaft hinwegsetzte und anstelle der von ihr favorisierten Praskov'ja F. Saltykova (sie wurde später die Gemahlin seines Bruders Ivan) Marfa M. Apraksina, deren Familie mit Fëdors Günstling Jazykov befreundet war, zur Frau nahm. Doch schon die Tatsache, dass der Zar im Sitzen heiratete, machte deutlich, wie schlecht es um ihn stand. Fëdors Hoffnungen, mit Marfa einen Thronfolger zu zeugen, dessen Existenz den im Falle seines Ablebens zu erwartenden erneuten Auseinandersetzungen zwischen den Miloslavskijs und Naryškins um die Nachfolge den Wind aus den Segeln hätte nehmen können, erfüllten sich nicht mehr. Während Fëdors Zustand immer schlechter wurde, begannen seine Favoriten, die durch ihren Aufstieg längst den Groll der Miloslavskijs auf sich gezogen hatten, bereits sich den Naryškins und dem kleinen Pëtr, für den Fëdor – nach allem, was wir wissen – dieselbe Zuneigung hegte wie für seine anderen Geschwister, anzunähern. Als der junge Zar am 27. April starb, hätte der Zeitpunkt nicht ungünstiger sein können: In dynastischer Hinsicht hinterließ er keinen Nachfolger, die alten Rivalitäten am Hof mussten zwangsläufig wieder aufbrechen. Sein Land hatte er Bekanntschaft schließen lassen mit europäischen Ideen der Zeit, doch seine Modernisierungsvorhaben standen noch ganz am Anfang, hatten sich noch keine breitere Basis in der Elite des Zarentums schaffen können, stattdessen aber Unbehagen und Widerstand angefacht, wozu auch ein unter den Moskauer Strelitzenregimentern ausgebrochener Aufruhr zählte.

Hinterließ Fëdors politische Gestaltung für die Zeitgenossen in ihren ersten Neuorientierungen nicht zuletzt Verwirrung und Verstörtheit, markiert seine kurze Regierungszeit für uns heutige Betrachter den Beginn von Russlands Eintritt in die Neuzeit. Sicher, Fëdor verband vieles mit den Traditionen seines Vaters Aleksej, allem voran seine tiefe Religiosität, seine Neigung zur Kontemplation, sein Ideal eines gütigen und sanften Wesens – sprach er doch von sich selbst, wohl in Anlehnung an seinen Vater, den „höchst Sanften", als „ego tichost'", „seine Sanftheit". Dennoch ließ ihn sein Bildungshorizont andere Wege suchen und beschreiten als die seines Vaters. Wenn auch sein „absolutistisches", rationalisierendes Ordnungsstreben und seine Faszination für die polnisch-lateinische Welt von persönlichen wie zeitstrukturellen Umständen eingeschränkt wurden, muss Fëdors Herrschaft doch als richtungweisend für kommende Veränderungen Russlands gelten. Die in der russischen Historiographie des 19. Jahrhunderts geäußerten Vermutungen, bei einem längeren Leben Fëdors wäre, bildlich gesprochen, Russlands entscheidende Begegnung mit dem Westen nicht in Amsterdam, sondern in Rom erfolgt, bleiben zwar spekulativ, entbehren jedoch nicht der Nachvollziehbarkeit. So aber sollte es einem anderen vorbehalten bleiben, Russlands „Fenster zum Westen" zu öffnen; dass aber in der trennenden Wand zum europäischen Ausland, um im Bild zu bleiben, bereits ein Fenster eingelassen war, ist kein geringes Verdienst des Fëdor Alekseevič.

III. Vom Moskauer Zarentum zum Russischen Kaiserreich: Pëtr I. und seine Zeit (1682–1725)

1. Die blutigen Ereignisse von 1682 und die doppelte Thronbesteigung

Der Tod des Fëdor Alekseevič so kurz nach seiner zweiten Eheschließung kam überraschend, aber in der Gesamtkonstellation doch keineswegs unerwartet. Angesichts des bedenklichen Gesundheitszustandes des jungen Zaren bei gleichzeitiger Kinderlosigkeit ist es nachvollziehbar, dass führende Persönlichkeiten in Staat und Hof seit längerem Überlegungen für die Zeit „danach" angestellt hatten. Wie schon angedeutet, hatten beide für die Nachfolge infrage kommenden Brüder Fëdors ein Manko. Der ältere, Ivan, befand sich zwar mit seinen 15 Lebensjahren in etwa jenem Alter, in dem seine drei Vorgänger den Thron bestiegen hatten, er litt jedoch an körperlichen Gebrechen, konnte kaum sehen, schlecht gehen und galt als geistig minderbemittelt. Der jüngere, Pëtr, war kerngesund, zählte aber erst neun Jahre. Dass die Brüder aus verschiedenen Ehen Aleksej Michajlovičs stammten, verkomplizierte die Situation, weder die Miloslavskijs noch die Naryškins wollten auf die mit der Nähe zum Thron verbundene Würde und Macht verzichten. Verbindliche Regelungen zur Nachfolgefrage gab es nicht: Es ließ sich sowohl für den Nachkommen aus Aleksejs erster Ehe argumentieren (im Sinne der Anciennität) als auch für den Nachkommen aus der zweiten Ehe (da die Witwe noch am Leben war), die Krönung eines Schwachsinnigen war ebenso denkbar wie die Bevorzugung des Zweitältesten.

Zunächst schien es, dass die pragmatischere Lösung ihre Durchsetzung finden würde: Hatten sich schon Fëdors Vertraute in den letzten Monaten den Naryškins zugewandt, so verfolgten auch Patriarch Ioakim und die politische Elite diese Richtung: Noch am 27. April sprach sich die Bojarenduma für Pëtr als künftigen Zaren aus, eine spontane Akklamation durch das Volk vor dem Kreml sollte dieser Entscheidung Legitimität verleihen, Pëtrs Mutter Natal'ja während der Minderjährigkeit des Zaren die Regentschaft zufallen. Doch es kam anders. Gut zwei Wochen nach Fëdors Tod stürmte eine aufgebrachte Strelitzenmeute den Kreml, massakrierte an drei aufeinander folgenden Tagen einen Teil der Naryškinschen Anhängerschaft und setzte schließlich Ende Mai eine Doppelherrschaft von Ivan und Pëtr durch. Die Fäden der politischen Macht nahm die Schwester der beiden, Sof'ja Alekseevna (Tochter der Miloslavskaja) in die Hand. Hinter dieser Entwicklung hat die Geschichtsschreibung – der Logik der Ereignisse durchaus entsprechend – Sof'ja und ihre Miloslavskij-Sippe vermutet: Um den mit einer Naryškin-Herrschaft drohenden Sturz in die Bedeutungslosigkeit zu verhindern, habe Sof'ja die Strelitzen gegen die Naryškins aufgehetzt und somit ihre und ihrer Familie Teilhabe an der Macht gesichert. Diese Darstellung ist einleuchtend – und erfasst die tatsächlichen Umstände doch nur zum Teil. Zwar konnten die Miloslavskijs die nach Fëdors Tod eingetretene Entwicklung keinesfalls gutheißen, die Vorstellung eines von vornherein geplanten Vorgehens im beschriebenen Sinne lässt sich durch Quellen jedoch nicht belegen. Vieles spricht dafür, dass die Ereignisse vielmehr eine Eigendynamik entfalteten, die alle Beteiligten zunächst überraschen und überfordern musste.

Tatsächlich hatte es unter den Strelitzen noch zu Fëdors Lebzeiten gebrodelt. Die einstige Elitetruppe, deren Angehörige sich als eine Art „eigener Stand" beachtlicher Privilegien (Handels- und Brennerlaubnis, Unterkunft in eigenen Häusern) erfreuten, hatte erheblich an Prestige verloren: Gegenüber den neuen, nach ausländischem Muster gebildeten Truppen wirkten sie altmodisch; sinkende Gehälter gingen mit einem Gewerbeverbot seit 1667 und einer schlechten, ausnützenden Behandlung durch die Vorgesetzten, die ihre Untergebenen zwangsweise für private Dienste rekrutierten, einher. Ein hoher Altgläubigenanteil in den Regimentern sorgte für zusätzliches Unzufriedenheitspotential. Unmittelbare Anlässe zur Revolte fanden die Strelitzen seit Februar 1682 im Zurückhalten von Gehältern, in Zwangsdiensten sowie strengen Disziplierungsmaßnahmen seitens ihrer Vorgesetzten. Die durch die Thronvakanz plötzlich entstandene Unsicherheit trachteten die Strelitzen in ihrem Interesse zu nutzen. Am 29. April forderten mehrere Regimenter von den neuen Machthabern im Kreml die Zahlung der ausstehenden Gehälter und die Bestrafung der korrupten Vorgesetzten. Obwohl die Regierung den Anliegen nachkam, beruhigten sich die Strelitzen nicht. Diverse Gerüchte und Ängste schwirrten durch Moskau, der traditionelle Glaube an die gerechte Herrschaft eines „guten Zaren" ließ die Konstellation eines Neunjährigen auf dem Thron, für den andere, weniger Gerechte, regieren würden, als unvorteilhaft erscheinen. In ihrem naiven Monarchismus verstanden die Strelitzen im Übrigen nicht, weshalb der ältere Zarenbruder übergangen worden war. Die offensichtliche Behinderung Ivans war dabei kein Argument, da die orthodoxe Religion schwachsinnigen Gemütern als „heiligen Narren" höhere Einsichten zu Gott und der Welt zuschrieb. So empfanden die Strelitzen nicht allzu viel Sympathie für die sich bereits bei Hofe „einnistenden" Naryškins, eine Haltung, die sich durch offensichtliches Fehlverhalten einiger Familienangehöriger noch verstärkte. So hätte am Tage von Fëdors Begräbnis bei den Naryškins nicht Trauer über den Verlust, sondern Freude über die neuen Perspektiven geherrscht; Natal'jas Bruder, der kurz zuvor entgegen jedem Herkommen mit nur 23 Jahren zum Bojaren ernannt worden war, soll gar Ivan verlacht und selbst spaßeshalber auf dem Thron Platz genommen haben. Dass mit den Naryškins auch der aus der Verbannung zurückgekehrte Matveev, seinerzeit der Zauberei bezichtigt, wieder in Ämter und Würden kommen sollte, heizte die Stimmung nur weiter an. Dabei spielt es für die Erklärung der Geschehnisse in einer Zeit, in der man auch absurdesten Gerüchten Bedeutung zumaß, keine Rolle, dass die Grenze zwischen Fiktion und Realität bei diesen Berichten weder für die Zeitgenossen noch für die Historiker genau zu bestimmen ist.

Pikantestes Produkt der Gerüchteküche war die ausgerechnet am 15. Mai, dem Tag, an dem 91 Jahre zuvor der Carevič Dmitrij Ivanovič unter rätselhaften Umständen, womöglich durch Mörderhand im Auftrag Boris Godunovs, ums Leben gekommen war, ventilierte „Nachricht", die Naryškins hätten Ivan Alekseevič ermordet. Ob das Gerücht tatsächlich von den Miloslavskijs gestreut wurde, lässt sich nicht belegen. Dass Sof'ja selbst dahinter steckte, ist wohl ebenso unwahrscheinlich, wie die Berichte über ihr angebliches gegen die Naryškins gerichtetes agitierendes Auftreten am Rande von Fëdors Begräbnisfeierlichkeiten. Bei allem Eigeninteresse scheint sie in dieser Phase eher selbst von den Ereignissen getrieben, zudem kam ihr als Zarentochter in keiner Weise die Rolle einer politischen Stimmungsmacherin zu. Überliefert ist dagegen die Reaktion der Strelitzen auf das Gerücht: Sie stürmten den Kreml und forderten, Ivan zu sehen. Als sich daraufhin Natal'ja Naryškina mit Ivan, Pëtr, Sof'ja und einigen Bojaren zeigte, hätte sich die Situation beruhigen können. Das rüde Auftreten des Leiters des Strelitzenamtes, M.Ju. Dolgorukij, gegenüber den Revoltierenden ließ die Radikalen unter ihnen jedoch die Oberhand gewinnen. Dolgorukij und Matveev wurden an Ort und Stelle hingemetzelt, weitere prominente Opfer, deren Namen angeblich bereits im Vorfeld auf einer ominösen Liste festgehalten worden waren, folgten. Diverse Würdenträger wurden aufgespießt, in Stücke gerissen, zerhackt oder auf sonstige barbarische Weise zu Tode gebracht, wobei ihre „Schuld" in einem lange zurückliegenden Fehlverhalten gegenüber den Strelitzen ebenso liegen konnte wie schlicht in der Zugehörigkeit zur Naryškin-Familie. Auch Fëdors Ärzte wurden ermordet, da man sie verdächtigte, den Hingeschiedenen vergiftet zu haben. Die Situation war in jenen drei Tagen so sehr außer Kontrolle geraten, dass Natal'ja Naryškina schließlich auch ihren Bruder Ivan dem mordenden Mob ausliefern musste.

Die Liquidierung zahlreicher Funktionsträger machte die unmittelbare Neubesetzung verschiedener Ämter erforderlich, wobei die Miloslavskijs gegenüber den Naryškin-Anhängern wieder an Boden gut machen konnten. Zugleich schlug jetzt die große Stunde des bojarischen Strelitzenführers Ivan A. Chovanskij. Als neuem Leiter des Strelitzenamtes kam ihm im weiteren Gang der Ereignisse eine Schlüsselrolle zu. Am 23. Mai forderte er im Namen der Strelitzen die doppelte Thronbesteigung von Ivan und Pëtr, wobei wieder eine spontan inszenierte Akklamation für die entsprechende Legitimität sorgte. Ivan sollte im Rang der „erste" Zar sein, Pëtr sich später auf Verhandlungen mit dem Ausland sowie auf die Kriegsführung konzentrieren. Drei Tage später wurde diese Konstruktion per Eid besiegelt, am 25. Juni wurden die beiden Zaren gekrönt, nachdem eigens ein Doppelthron sowie Kopien der Reichsinsignien für Pëtr angefertigt worden waren. Sof'ja nahm nicht an der Zeremonie teil; dass sie sich nicht über die protokollarischen Traditionen hinwegsetzen konnte, ist ein weiterer Hinweis darauf, dass ihre Rolle in den Geschehnissen keineswegs allbeherrschend war. Dennoch war auch ihr Einfluss in der Maria-Entschlafens-Kathedrale geradezu persönlich präsent: Eine führende Funktion in den Feierlichkeiten nahm Fëdors Vertrauter Vasilij Golicyn ein, der der Zarenschwester wohl seit 1681 sehr nahe stand, wenn auch der Intimitätsgrad der Beziehung aus den Quellen nur vermutet werden kann.

Trotz gewisser Einschränkungen steht fest, dass Sof'ja seit den Maiereignissen immer öfter in politische Erscheinung trat. In einem geschlechtsgeschichtlichen Novum wurde sie anstelle ihres in dieser Hinsicht weitgehend artikulationsunfähigen Bruders Ivan als energischste und gebildetste seiner Schwestern zur entscheidenden Figur der Miloslavskij-Partei. Dennoch ist die Vorstellung, dass die Strelitzen Sof'ja drängten, für die beiden jugendlichen Zaren als Regentin zu fungieren, wohl eine nachträgliche Konstruktion. Die Quellen geben keinen Hinweis auf eine formale Ernennung zur Regentin, es wäre in der gegebenen Situation auch nicht sinnfällig gewesen: Ivan brauchte in seinem Alter ohnehin keinen Vormund und für Pëtr wäre seine Mutter Natal'ja die aus der Tradition heraus legitime Kandidatin gewesen. Auch trat Sof'ja auf absehbare Zeit nicht als unterzeichnende Person in den zarischen Verfügungen auf, so dass für diese Zeit allenfalls von einer inoffiziellen de-facto Regentschaft der Zarenschwester gesprochen werden kann, die sie als nächste Verwandte des „rangersten", zur Regierung freilich nicht fähigen Zaren ausübte.

Hierzu waren beträchtliches Geschick und Durchsetzungsvermögen erforderlich. Nachdem Sof'ja Anteil daran erworben hatte, die Miloslavskij-Sippe an der Macht zu halten, warteten neue Herausforderungen. Die Strelitzen waren aus den Auseinandersetzungen gestärkt hervorgegangen. Zunächst musste der Hof dem wiedererstandenen Machtfaktor entgegenkommen, wozu nicht nur größere Geldzahlungen an die Strelitzen zählten, sondern auch die Errichtung einer geforderten Gedenksäule auf dem Roten Platz, die ihnen für ihre Bluttaten explizit Dankbarkeit ausdrücken sollte. Im Laufe des Sommers begannen Chovanskij, dem man gar Ambitionen auf Einheiratung in das Romanov-Geschlecht nachsagte, und die Strelitzen in ihrem gestiegenen Selbstbewusstsein, Sof'ja und dem Hof zunehmend auf die Nerven zu gehen. Forderungen nach weiteren materiellen Verbesserungen, nach mehr politischem Einfluss und nach administrativen Veränderungen bis hin zur Sistierung der Nikonschen Kirchenreformen führten zu einer raschen Distanzierung der neuen Regierung von den Strelitzen.

Am Hof verfolgte man dabei die Strategie, Chovanskij im ganz wörtlichen Sinne in Moskau zu isolieren, indem man zu längeren Aufenthalten in den Moskau umgebenden Residenzen und Klöstern aufbrach. Zugleich verschärfte sich der Ton gegenüber Chovanskijs Strelitzenherrschaft. Im September 1682 hatte man sich offensichtlich zum entschiedenen Durchgreifen entschlossen. Eine anonyme, wahrscheinlich von der Regierung selbst fabrizierte Denunziation bezichtigte Chovanskij und seinen Sohn der Planung eines Staatsstreichs sowie der Ermordung der Zaren, Sof'jas und weiterer Würdenträger und diente im Nachhinein dazu, Chovanskijs Liquidierung zu rechtfertigen. Anfang September wurde der ahnungslose Strelitzenführer unter dem Vorwand, der Sohn des ukrainischen Hetmans (Kosakenführers) sei gebührend zu empfangen, nach Vozdviženskoe außerhalb von Moskau bestellt, mit den Vorwürfen konfrontiert und zusammen mit seinem Sohn am 17. September an Ort und Stelle hingerichtet.

Mit Chovanskijs Ausschaltung hatte sich Sof'jas Regierung nicht nur eines ambitionierten Störenfriedes entledigt, sondern auch ein drastisches Exempel statuiert, das bei den Strelitzen offensichtlich seine Wirkung hinterließ. Ängste vor einer erneuten aufständischen Zusammenrottung waren unbegründet, im Gegenteil: Die Strelitzen baten um das zarische Wohlwollen, das ihnen großzügigerweise auch gewährt wurde, freilich nicht ohne sie in elf zu beschwörenden Konditionen wieder vollständig der Autorität der Regierung zu unterwerfen. Mit dem – auf ausdrückliche Petition eines der Regimenter erfolgten – Abbau der erwähnten Säule auf dem Roten Platz und der triumphalen Rückkehr des Hofes nach Moskau Anfang November endete die Erhebung der Strelitzen. Zugleich endete die chaotische Übergangsphase nach Fëdors Tod. Mit der Domestizierung der Strelitzen hatte Sof'ja ihre Position als de-facto Regentin gefestigt, was seinen sichtbaren Ausdruck in der Nennung ihres Namens neben denen ihrer Brüder auf den Verfügungen zur Beendigung der „Chovanščina“ fand.

2. Der Regentin Sof'ja Alekseevnas Anspruch und Scheitern

Im Herbst 1682 hatte Sof'ja Alekseevna eine Position erreicht, von der sie ein halbes Jahr zuvor nicht einmal träumen konnte. Bis dato hatten Frauen politischen Einfluss selten und nur unter stark einschränkenden Bedingungen geltend machen können: zeitlich beschränkt als Mutter eines minderjährigen Zaren und nur sehr mittelbar als Ehefrau des Zaren oder als Zarenwitwe. Sof'jas Aufstieg als Zarenschwester war singulär: Auch wenn sie keine staatsrechtliche Legitimation besaß, besteht kein Zweifel, dass sie das Reich regierte. Freilich war diese Konstellation keineswegs unumstritten, noch aus dem Jahr 1682 sind Berichte über Rivalitäten bei Hofe, insbesondere zwischen Sof'ja und Pëtrs Mutter Natal'ja überliefert. Der hohe Adel neigte in seiner Mehrzahl offensichtlich der petrinischen Seite zu, versuchte aber aus einer gewissen Unsicherheit über die weiteren Entwicklungen heraus eindeutige Festlegungen zu vermeiden. Freilich war auch den Bojaren – und nicht nur den ausländischen Gesandten, die sich erlauben konnten, ihre Eindrücke recht frei niederzuschreiben – klar, dass Ivan definitiv nicht regierungsfähig war. Mochte man seine Teilnahms- und Regungslosigkeit bei offiziellen Anlässen auch als eine dem Amt angemessene ruhige Würde deuten, so bot er doch ein Bild der Hilflosigkeit, die umso stärker hervortrat, als sein Bruder vor Lebendigkeit nur so sprühte. Pëtr und seine Familie machten sich freilich am Hof zunehmend rar; zwar kann von einer „Abschiebung" der Naryškins in die Vorstadtresidenzen keine Rede sein, doch wurde der Kreml vornehmlich zur Stätte Ivans und seiner Schwester.

Während Ivan repräsentierte, machte die Schwester Politik. Zur Seite stand ihr dabei vor allem Fürst Vasilij Golicyn, jener in seiner Bildung und Westorientierung ungewöhnliche Vertreter des Hochadels, der bereits im engsten Kreis des Zaren Fëdor Karriere gemacht hatte, und nun zum führenden Mann im Staat wurde. Dabei spielt letztlich keine Rolle, ob Golicyn „nur" Sof'jas politischer Weggefährte oder auch ihr Liebhaber war. Persönlichen Beziehungen verdankte er seinen Aufstieg – wie im zarischen Russland üblich – in jedem Fall. Zum zweiten Mann in Sof'jas Regime avancierte Fëdor L. Šaklovityj, der nach Chovanskijs Liquidierung zum Leiter des Strelitzenamtes befördert wurde, dessen tatsächlicher Einfluss jedoch weit über sein Ressort hinausging. Dass sich auch um ihn Gerüchte über eine intime Beziehung zu Sof'ja ranken, dürfte mehr etwas mit der neuen, ungewöhnlichen Situation einer unverheirateten Frau an der Spitze des Reiches zu tun haben als mit der Realität. Weniger Bedeutung wird dagegen Sof'jas Verwandtem Ivan M. Miloslavskij zugeschrieben – mit der Etablierung von Sof'jas Regentschaft hatte der Sippenälteste „ausgedient". Darüber hinaus haben jüngere russische Studien die besondere Bedeutung betont, welche die Bojarenduma während Sof'jas Regentschaft zum letzten Mal erlangen konnte; angesichts der unter Legitimitätsaspekten eher problematischen Position der Regentin ist dies ein durchaus einleuchtender Befund.

Damit mag auch zusammenhängen, dass die Politik der neuen Regierung zwar im Grundsätzlichen an die Zeit Fëdors anknüpfte, jedoch gerade im Inneren nicht von großem reformerischem Elan geprägt war. Im Vordergrund musste die Bemühung um Stabilisierung der Herrschaft stehen. In diesen Kontext reiht sich etwa das Entgegenkommen gegenüber dem Dienstadel ein: Die Tendenz der Angleichung der Dienst- an die Erbgüter wurde fortgesetzt, die Rechte der Adeligen über ihre Leibeigenen ausgebaut und der Kampf gegen die Bauernflucht intensiviert. Die viel zitierten Ausführungen des in polnischen Diensten tätigen Franzosen Foy de la Neuville über Golicyns angebliche aufgeklärt-reformerische Vorstellungen, die nicht nur Bildungsintensivierung und Religionsfreiheit, sondern auch eine Bauernbefreiung mit eingeschlossen haben sollen, müssen dem nicht notgedrungen widersprechen. Man kann vermuten, dass Golicyns Pläne, sofern es sich bei ihnen nicht nur um visionäre Konversationserscheinungen zur Beeindruckung des Auslandes handelte, wohl eher die Staatsbauern betrafen und – unter dem Vorzeichen einer grundsätzlichen Effektivisierung – die Ersetzung von Frondiensten durch Geldzahlungen vorsah. Dass die Regierung an wirtschaftlicher Leistungssteigerung interessiert war, gehörte zu den neuen Grundzügen in Russlands proto-absolutistischer Herrschaft des späten 17. Jahrhunderts, in diesem Sinne wurden Handel und Kommunikation mit dem Ausland ebenso gefördert wie der bescheidene Ausbau von Manufakturen in ausländischer Regie. Ähnliche Motive traten in der Fortsetzung von Fëdors Steuerpolitik zu Tage – die Erstellung eines Katasters sollte größere Exaktheit bei der Bemessung der Höfesteuer gewährleisten. Auch auf dem Gebiet der Justiz fasste man gewisse Verbesserungen hinsichtlich der Prozessabläufe sowie einige weitere – sich freilich bescheiden ausnehmende – Abmilderungen der Strafpraxis ins Auge. Insgesamt verlangsamte sich im Vergleich zu Fëdor Alekseevičs letzten Lebensjahren der Umgestaltungseifer deutlich, auch wenn die ebenfalls im Simeonschen Geist erzogene Sof'ja und der kultiviert-aufgeschlossene Golicyn Fëdors tastende Hinwendung zum Westen wohl durchaus fortzusetzen gedachten. Das merkwürdige Paar an der Staatsspitze musste freilich mehr Rücksicht auf Widerstände seitens konservativer Eliten nehmen als ein aus eigenem dynastischem Recht heraus regierender Zar.

Widerstände ganz anderer Art fürchtete die neue Regierung auf religiösem Gebiet. Der Umstand, dass nicht nur viele der aufständischen Strelitzen Altgläubige waren (die unter anderem in einem theologischen Disput im Juli 1682 die Zaren Aleksej und Fëdor aufgrund deren Bejahung der Nikonschen Reformen als Häretiker beschimpft hatten), sondern das „Abspaltertum" in den 1680er Jahren auch immer größeren Zulauf erhielt, ließ die Regierung zu drastischen Maßnahmen greifen. Altgläubige sollten aufgespürt und zum Abschwören gezwungen werden, notfalls sollten die Knute und andere Folterungen dabei helfen. Wer sich verweigerte, hatte mit der Verbrennung auf dem Scheiterhaufen zu rechnen. Im Ergebnis erlitten Tausende, zum Teil aus eigener, vorauseilender Entscheidung einen grausigen Tod: Um die eigenen Seelen vor der Verdammnis zu retten, ging man lieber ins Feuer, als dem alten, „wahren" Glauben zu entsagen.

Auf der anderen Seite zeigte sich das Entgegenkommen gegenüber der lateinischen Welt in der Ansiedlung zweier Jesuiten und der Zulassung einer katholischen Gemeinde im Jahr 1684 – eine Entwicklung, die nicht zuletzt in Zusammenhang mit dem Eintritt Russlands in die katholische Front gegen das Osmanische Reich zu sehen ist. Der jeder Aufgeschlossenheit abholde, geradezu xenophobische Patriarch Ioakim tobte. Ohnehin sah er Sof'ja und Golicyn mit ihren lateinischen Sympathien nahe an der Häresie. In den theologischen Auseinandersetzungen der Zeit waren – neben dem Altgläubigenproblem, bei dem es freilich aus Sicht der Orthodoxie wenig zu diskutieren gab – der Streit zwischen „lateinischer" und „griechischer" Richtung sowie das Vordringen progressiver Tendenzen aus der ukrainischen kirchlichen Sphäre, die 1685 mit der Unterordnung der neu geschaffenen Kiever Metropolie unter das Moskauer Patriarchat noch näher an Moskau herangerückt war, die entscheidenden Themen. Sof'jas geistige Beziehung zu ihrem 1680 verstorbenen Lehrer Simeon Polockij sowie ihre Protektion für dessen Schüler Sil'vestr (Medvedev), der mit seinen dem Katholizismus angenäherten Auffassungen vom Zeitpunkt der Wandlung von Brot und Wein in Fleisch und Blut Jesu Christi das orthodoxe Establishment provozierte, entfremdeten den Patriarchen nur noch weiter. Sof'ja befand sich in einer Zwickmühle: Einerseits wusste sie um die Gefahr einer sich verstetigenden Opposition des mächtigen Patriarchen, andererseits verbaten ihre außen-, kriegs-, aber auch wirtschaftspolitischen Zielsetzungen ein vollständiges Nachgeben gegenüber den Klagen der kirchlichen Hierarchie über die zu großen Zugeständnisse an den verfluchten Westen. Das partielle Entgegenkommen der Regierung in diesbezüglichen strittigen Fragen – punktuelle Rigidität gegenüber Ausländern, Personalpolitik und Lehrinhalte in der 1687 eröffneten Moskauer Akademie, auch die peinliche Befolgung des orthodoxen Ritus bei Hofe – konnte Ioakim nicht besänftigen. Dass er im Moment der Zuspitzung als einer der ersten Würdenträger von Sof'ja abfiel, war nach dieser von Misstrauen und Abneigung geprägten Vorgeschichte nur folgerichtig.

Gerade das religiöse Terrain macht deutlich, wie eng die Außenpolitik mit den heiklen Konstellationen im Inneren verknüpft war. Etliche Probleme waren im Außenverhältnis zum Teil seit Jahrzehnten offen geblieben: Die Frage nach einer Verständigung mit Schweden bzw. mit Polen sowie – als neuer Brennpunkt der russischen Kriegspolitik – das Verhalten gegenüber dem Osmanischen Reich. Schon in die Gestaltung der Bündnispolitik im Ostseeraum spielten innere Rivalitäten hinein. Die Naryškins versuchten mit allen zur Verfügung stehenden Mitteln, Sof'jas und Golicyns Bemühungen um ein Zusammengehen mit Schweden zu torpedieren. Letztere fanden ihre Motivation in der gesamteuropäischen Bündniskonstellation: Schweden hatte sich von seinem alten Partner Frankreich ab-, der dänische Rivale diesem dagegen zugewandt. Da Frankreich wichtiger europäischer Verbündeter des Osmanischen Reiches war, lag aus Sicht der gegen die Pforte orientierten Russischen Regierung eine Verständigung mit Schweden nahe.

Die Naryškin-Partei war, wohl nicht zuletzt unter dem Einfluss des Patriarchen, generell gegen eine antiosmanische Koalition mit den katholischen Mächten Polen und Österreich eingestellt, weshalb wiederum die Gegnerschaft zum osmanischen Verbündeten Frankreich für sie kein schlagendes Argument im Verhältnis zu Schweden darstellte. In der Hoffnung, dänische und französische Unterstützung für Pëtr im internen Machtkampf zu erhalten, intrigierte sie hinter den Kulissen gegen die schwedisch-russische Annäherung, freilich ohne Erfolg. Die Niederlage der Türken vor Wien 1683 bestärkte die Regierung nur in ihrem Ansinnen, mit den siegreichen Mächten gegen das Osmanische Reich gemeinsame Sache zu machen, was für den Ostseeraum wiederum Schweden als Partner begünstigte. Der Vertragsschluss mit Schweden im Jahr 1684 wurde nicht nur durch die Zurückweisung der Naryškinschen Störmanöver zum innenpolitischen Erfolg für Sof'ja, sondern auch durch Golicyns Durchsetzung von Sof'jas persönlicher Teilnahme an den Verhandlungen mit der schwedischen Delegation.

Im selben Jahr trafen auch die polnischen und kaiserlichen Unterhändler in Moskau ein. Dass sich die Verhandlungen lange hinzogen, lag diesmal nicht an den Naryškins, die ihren aktiven Widerstand gegen Sof'jas polenfreundliche Politik inzwischen aufgegeben hatten, sondern an polnisch-russischen Konfliktlinien. Nach wie vor galt zwischen den beiden ehemaligen Kriegsgegnern nur der Waffenstillstand von Andrusovo und Polen wollte sich nur allzu ungern mit der „ewigen" Festschreibung der Dnepr-Grenze sowie dem Verlust Kievs abfinden. Die erwähnten Zugeständnisse an den Katholizismus, eine „freundschaftliche" Geldzuwendung an Polen, vor allem aber der polnische Bedarf nach einem Verbündeten gegen die osmanischen Ansprüche ließen die Verhandlungspartner schließlich doch zu einer Einigung kommen, dem „Ewigen Frieden" vom 26. April 1686.

Es war der größte außen- wie innenpolitische Erfolg der Regentin, als sie den Frieden als „Selbstherrscherin" (samoderžica) unterzeichnen konnte. Doch das Glück war nur von kurzer Dauer. Im Rahmen der 1687 und 1689 unternommenen russischen Feldzüge gegen das mit den Osmanen verbündete Krimchanat brachten die polnisch-russischen Vereinbarungen nichts, sieht man von gegenseitigen Misstrauensbekundungen und Vorwürfen unterlassener Hilfeleistung ab. Beide Feldzüge zeitigten außer Kosten und

Opfern keinerlei Resultate, beschädigten jedoch den Ruf des Oberkommandierenden Golicyn und Sof'jas schwer. 1687 musste die russische Armee nach langem, entbehrungsreichem Marsch kampf- und ergebnislos umkehren, da die Steppe in Brand gesetzt worden war, 1689 erreicht man zwar die tatarischen Festungen, musste jedoch aufgrund ernster Versorgungs- und Nachschubprobleme schon nach kleinen Scharmützeln den Rückzug antreten. Hatte man 1687 noch versucht, dem antipolnisch gesonnenen, der Naryškin-Haltung nahe stehenden ukrainischen Hetman Ivan S. Samojlovič die Schuld an der Misere zu geben, blieb für 1689 nur die reine Lüge. Obwohl der Feldzug diesmal nicht nur ergebnislos, sondern auch verlustreich verlaufen war, ließ Sof'ja Golicyn in Moskau als triumphierenden Kriegshelden empfangen. Für die Naryškins, deren bojarische Anhänger in den Feldzügen mehrheitlich den Stab des unglücklichen Golicyn bestückt hatten, war die Lage klar: Golicyn war ein Versager, die Polen unsichere Kantonisten und Sof'ja am Ende ihres Lateins.

Doch das Fiasko der beiden Krimfeldzüge war nur ein, wenn auch brisantes Moment, das Sof'ja unter gewaltigen Druck setzte. Für ihre Position noch problematischer war die schlichte Tatsache, dass sich die Zeit nicht anhalten ließ und Pëtr sich Jahr für Jahr dem Mannesalter näherte, in dem er keine Regentschaft mehr benötigen würde. Für Sof'ja war dies seit ihrer Übernahme der Regierung das Schlüsselproblem: Wie man es auch drehte und wendete, die kommende Volljährigkeit des „zweiten Zaren" drohte der Machtausübung der Regentin ein Ende zu setzen. Dennoch versuchte Sof'ja gegenzusteuern. Schlagendstes Argument für den Machterhalt des Miloslavskijschen Zweiges der Romanovs schien die Zeugung eines Thronfolgers durch Ivan zu sein. Im Januar 1684 organisierte man die Hochzeit des Zaren mit Praskov'ja F. Saltykova, die ursprünglich von den Miloslavskijs schon als Fëdors Gemahlin ausersehen worden war. Im selben Jahr sorgte ein angeblich von Ivan Miloslavskij in Auftrag gegebener Mordversuch an Pëtr für Aufsehen. Sollte es sich so zugetragen haben, wäre die Motivation leicht zu durchschauen: Nach einer möglichen Ausschaltung Pëtrs hätte Sof'ja zumindest bis zur Volljährigkeit eines möglichen Sohnes Ivans regieren können. Doch nicht nur der Anschlag scheiterte, auch der an Ivan herangetragene Kinderwunsch ging zunächst nicht in Erfüllung – und als Praskov'ja von 1689 an in rascher Folge fünf Kinder gebar, war es nicht nur zu spät, sondern ohnehin kein männlicher Sprössling darunter.

Wollte sie an der Macht bleiben, musste Sof'ja andere Wege finden. In diesem Zusammenhang gewann die seit 1684 zu beobachtende Stärkung der repräsentativen Position Sof'jas an Bedeutung, die 1686 im Auftreten als „Selbstherrscherin" gipfelte. Schon kursierten Gerüchte über eine beabsichtigte Krönung Sof'jas, was durch die Abbildung der Regentin mit den Reichsinsignien und die Prägung von Münzen mit ihrem Konterfei nur verstärkt wurde. Offensichtlich war jedoch die Unterstützung für ein solches umstürzendes Projekt nicht groß genug, weshalb Sof'ja und Golicyn seit etwa 1688 begannen, auf die Naryškin-Seite zuzugehen, indem sie Pëtr und seine Klientel stärker in die politischen Prozesse zu integrieren versuchten. Die Naryškins wussten jedoch um ihre Trumpfkarte von Pëtrs Volljährigkeit, die durch die Heirat des Zaren mit Evdokija F. Lopuchina im Januar 1689 eindrucksvolle Bestätigung erfuhr.

Pëtr war zum Mann geworden – und er hatte seine Jugend außerhalb von Moskau keineswegs nutzlos verstreichen lassen. Zwar hatte er in der Obhut seiner Mutter Natal'ja, deren kultureller Horizont sich nicht mit demjenigen Sof'jas und Golicyns messen konnte, nur eine mittelmäßige, traditionell ausgerichtete Bildung erfahren, doch der neugierige Junge suchte in der Umgebung der Vorstadtresidenzen seine eigenen Erkenntnisse. Schon als Kind an den für das Alter üblichen Umgang mit Spielzeugsoldaten gewohnt, übertrug er mit seinen Kameraden, die neben Adelskindern auch – ungewöhnlich für einen Zarensohn – Kinder von Gemeinen und Ausländern umfassten, das Kriegsspiel in die Realität. Mit großem Engagement wurden Spielregimenter aufgestellt und Manöver bzw. „Schlachten" durchgeführt. Die spielerischen Anfänge weiteten sich im Lauf der Zeit in ihrer Dimension und Ernsthaftigkeit immer mehr aus, so dass Pëtr Ende der achtziger Jahre bereits über kleine, eigene Regimenter in Miniaturkasernen nahe seiner persönlichen „Hauptstadt" Preobraženskoe verfügte. Über das Interesse an der militärischen Praxis kam Pëtr in Kontakt mit in russischen Diensten befindlichen ausländischen Söldnern, von deren Erfahrung und Ansichten er stets zu lernen bereit war.

Überhaupt fiel Pëtrs Neigung auf, die Dinge „von der Pike auf" zu lernen, was nicht nur seine ganz reguläre Teilnahme am gespielten militärischen Alltag betraf, sondern auch die erwachende Leidenschaft für Technik und Handwerk. Neben der Aneignung traditioneller praktischer Fertigkeiten interessierte sich Pëtr auch für anspruchsvollere Errungenschaften der Zeit, so ließ er sich aus dem Ausland einen Sextanten mitbringen, in dessen komplizierte Benutzung er sich durch den Holländer Franz Timmermann ebenso einführen ließ wie in Mathematik und Fortifikationslehre. Ein weiterer Holländer, Carsten Brant, machte den Zarensohn mit der Kunst des Segelns vertraut – ein für Russland eher ungewöhnliches Interesse, das nach der Entdeckung eines alten Segelboots in der Sommerresidenz Izmajlovo erwacht war. Insgesamt entsprach die Lebenswelt des jungen Pëtr nur wenig den traditionellen Erwartungen an eine Zarenjugend; sie brachte jedoch nicht nur den späteren unkonventionellen Brachialerneuerer hervor, sondern verlieh ihm schon am Ende der achtziger Jahre ein ganz eigenes Gegengewicht zu Sof'jas Hof im Kreml.

Bedenkt man die militärisch-technische Leidenschaft und Gewissenhaftigkeit Pëtrs, so verwundert es nicht, dass der inzwischen Siebzehnjährige seine eigenen Ansichten zu Golicyns „Erfolgen" im Feld hatte. Doch nicht nur der verlogene Siegesempfang sorgte für Spannungen im Verhältnis zwischen Pëtr und Sof'ja: Die unverhohlenen weitergehenden Ambitionen der Regentin trugen ebenso zur Vergiftung der Atmosphäre bei. Freilich lässt sich nur vermuten, dass der bis dato in erster Linie mit seinen eigenen Vorlieben beschäftigte Zar sein 1689 zu beobachtendes neues Interesse an Regierung und Politik unter maßgeblichem Einfluss seiner Mutter Natal'ja und der Naryškin-Klientel ausbildete. Im Juli kam es offensichtlich zu einem von der Naryškin-Seite gesuchten Eklat, als Pëtr am Fest der Ikone der Gottesmutter von Kazan' die zarische Prozession aus Protest gegen Sof'jas nicht dem Herkommen entsprechender Anwesenheit vorzeitig verließ. Die großzügigen Belohnungen für den heimkehrenden Golicyn boten Pëtr wenige Tage später eine weitere Gelegenheit, seinen Unmut zu zeigen. Die Situation hatte sich zugespitzt, diverse Gerüchte kursierten in Moskau, allerorten wurde über kommende dramatische Ereignisse spekuliert.

Diese ließen nicht lange auf sich warten, am 7. August wurde die letzte Runde in Sof'jas Kampf um ihre Position eingeläutet. In der Atmosphäre allgemeiner Anspannung erreichten Pëtr in

Preobraženskoe Nachrichten über eine angebliche Strelitzenkonzentration auf Sof'jas Geheiß, die für ihren Halbbruder nichts Gutes bedeuten konnte. Pëtr kam, wohl nicht ohne Erinnerung an die Taten der Strelitzen im Jahr 1682, schnell zu der Überzeugung, dass Sof'ja plane, ihn auszuschalten, und floh Hals über Kopf in das Dreifaltigkeitskloster außerhalb von Moskau. Bald darauf trafen dort Pëtrs Mutter, seine Ehefrau Evdokija sowie seine Spielregimenter und ein ihm ergebenes Strelitzenregiment ein. Inwieweit tatsächlich Pëtrs Leben in Gefahr war, inwieweit es sich nur um gezielte Panikmache an einer großen Konfrontation interessierter (Naryškin-)Kreise handelte, lässt sich nicht klar bestimmen, für den Verlauf der Geschehnisse spielte es ohnehin keine Rolle. Sof'ja jedenfalls verrichtete für einige Tage „business as usual", aus Hofkreisen verlautete, die Strelitzen seien zusammengezogen worden, um Sof'ja auf einer Prozession zu einem Kloster zu begleiten. Die finale Konfrontation war jedoch nicht mehr aufzuhalten. Am 16. August ließ Pëtr den in Moskau befindlichen Strelitzen befehlen, sich bei ihm einzufinden, was Sof'ja den Soldaten unter Todesandrohung verbat. Spätestens von da an war sich Sof'ja der prekären Lage vollauf bewusst. Sie versuchte die Situation durch die Entsendung erst zweier Vertrauter, dann des Patriarchen ins Dreifaltigkeitskloster zu entschärfen. Ioakim freilich, der der Regentin mehr als skeptisch gegenüberstand und mit einer Regierung Pëtrs die Hoffnung auf Realisierung seiner konservativen Vorstellungen verknüpfte, zog es vor, gleich im Kloster zu bleiben.

Pëtrs Position hatte dadurch eine ungemeine Stärkung erfahren: Ende August verweigerte er Sof'ja, die in Richtung des Dreifaltigkeitsklosters aufgebrochen war, ein Treffen zur Aussprache. Anfang September sandte er weitergehende Befehle nach Moskau: Der „Verbrecher" Šaklovityj, in dem er den Drahtzieher der Verschwörung vermutete, sei – ebenso wie der Mönch Sil'vestr und die Sof'ja ergebenen Strelitzen – an ihn auszuliefern; an die ausländischen Offiziere erging die Anweisung, sich bei Pëtr einzufinden; seinen Bruder Ivan bat Pëtr, sich ihm ebenfalls anzuschließen. Sof'ja versuchte, sich und Šaklovityj in einer couragierten Ansprache vor den Strelitzen zu verteidigen. Sie strich ihre Verdienste um das Vaterland heraus und betonte, dass an den Verdächtigungen seitens ihres Halbbruders nichts Wahres sei. Doch Sof'jas Fall war nicht mehr aufzuhalten, längst hatte sich die

Waagschale durch den Patriarchen, die Mehrheit der Bojaren, die ausländischen Söldner und immer mehr Strelitzen zugunsten Pëtrs geneigt. Die Auslieferung Šaklovitys am 7. September kam einer Kapitulation gleich. Auch Vasilij Golicyn musste zum Dreifaltigkeitskloster ziehen, wo ihm Pëtr freilich ein persönliches Treffen verweigerte und ihm stattdessen seine Verfehlungen verlesen ließ. Dass er und sein Sohn mit der Verbannung davonkamen, wird wohl auf die Fürsprache seines Vetters Boris A. Golicyn, eines engen Vertrauten Pëtrs, zurückzuführen sein. Šaklovityj dagegen war keine Gnade vergönnt. Nachdem man durch Folter aus ihm das Geständnis eines Mordkomplotts gegen Pëtr herausgepresst hatte, wurde er hingerichtet.

Obwohl die peinlichen Verhöre keinen Hinweis auf eine direkte Involviertheit Sof'jas in das reale oder fiktive Komplott ergeben hatten, war auch das Schicksal der Regentin damit besiegelt. Man konstatierte, dass sie die Macht zum Schaden des Volkes an sich gerissen und von nun an jeder politischen Präsenz zu entsagen habe: Auf Pëtrs Geheiß musste sie sich in eine Art Hausarrest in das Neujungfrauenkloster begeben, eine Säuberung des Hof- und Regierungsapparates von ihren Anhängern vollzog sich in unmittelbarem zeitlichem Zusammenhang. Befürchtungen, Pëtr und seine Klientel könnten sich bei dieser Gelegenheit auch über Ivan hinwegsetzen, blieben unbegründet. Der jüngere begegnete dem älteren Bruder nicht nur in jenen Tagen der Zuspitzung, sondern auch darüber hinaus, bis zu Ivans Tod im Jahre 1696, mit Respekt und Zuneigung. Abgesehen davon, dass sich an Ivans nomineller Legitimität jeder Zweifel verbat, stellte der bedauernswerte Zar auch für die Ambitionen der Naryškin-Klientel keinerlei Bedrohung dar.

Mit Sof'jas Sturz endete ein für Russland ungewöhnliches Intermezzo. Nie zuvor hatte eine Frau so unmittelbar das Moskauer Zarentum regiert. Für das Scheitern ihrer Ambitionen waren mehrere Umstände verantwortlich – allen voran die fehlende Legitimität, die verzwickte dynastische Konstellation und die machtpolitischen Ränkespiele, daneben die Misserfolge im Krieg, nicht zuletzt auch die problematische Stellung als unverheiratete Zarentochter und Frau. Fragt man – neben dem Eigenwert im historistischen Sinne – nach den mittel- und längerfristigen Bedeutungen ihrer Herrschaft für die russische Geschichte, so drängen sich zwei Überlegungen auf: Zum einen eröffnete ihre Regentschaft Pëtr nolens volens die Option des für einen Zarensohn völlig unkonventionellen Heranswachsens außerhalb des Kreml, was in dessen epochaler Regierungszeit bemerkenswerte Folgen zeitigen sollte. Zum anderen hatte Sof'ja im Grundsätzlichen vorgeführt, dass eine Frau in Russland die Regierung übernehmen konnte. Auch diese Tatsache sollte für die Geschichte der Romanovs im 18. Jahrhundert bedeutsam werden.

3. Von Moskau nach St. Petersburg: Pëtr I. Alekseevič

Betrachtet man die Ereignisse um den Sturz der Regentin Sof'ja aus der Perspektive der unmittelbar folgenden Jahre, so wird deutlich, wer die treibenden Kräfte hinter Pëtrs entschiedenem und kompromisslosem Auftreten im Konflikt mit der Halbschwester waren: Seine Mutter Natal'ja, der Naryškin-Clan und dessen ambitionierte Parteigänger. Während de facto Natal'ja mit ihr ergebenen Bojaren die Führung der politischen Geschäfte übernahm, zog sich ihr Sohn nach Sof'jas Ausschaltung wieder aus diesen zurück, um sich weiter seinen speziellen militärisch-technischen Leidenschaften zu widmen. Die im Kreml getroffenen Entscheidungen schienen Pëtr nicht besonders zu interessieren, weder die unvermeidlichen Ämterrevirements noch die sich abzeichnende konservative Wende. So ließ der junge Zar, mit dessen Herrschaft Patriarch Ioakim in, wie sich zeigen sollte, fataler Fehleinschätzung die Erwartung einer Rückkehr zu den alten Zuständen vor Fëdor Alekseevič verband, die xenophobischen Aktivitäten gegen das Lateinische und Ausländische geschehen, ohne sich freilich selbst in irgendeiner Form an den kulturellen Restaurierungsbemühungen zu beteiligen.

Im Gegenteil: Pëtr verbrachte immer mehr Zeit mit den von den Konservativen misstrauisch beäugten Ausländern, besuchte gar selbst deren Siedlung außerhalb des Zentrums und ließ sich für diverse „unrussische Unsitten" begeistern wie etwa Kneipenbesuche, Biertrinken, Genuss ausländischer Speisen, Tabakrauch und nicht zuletzt das Flirten mit dem anderen Geschlecht. In einer der Kaschemmen machte der Zar wohl auch die Bekanntschaft der Wirtstochter Anna Mons, die bald darauf seine Geliebte wurde. Zwar war Pëtr 1691 schon zweifacher Vater, seine Ehe mit Evdokija konnte jedoch früh als zerrüttet gelten. Pëtr interessierte sich für seine Frau ebenso wenig wie für den Kreml, stattdessen ging er auf in den Kontakten mit seinen „Regimentskameraden“ unterschiedlichster Provenienz und den Ausländern, von denen der Schotte Patrick Gordon und der Schweizer Franz Lefort, beides aufgestiegene Karrieresöldner, zu engsten Vertrauten wurden, als kameradschaftliche Vaterfigur der eine, als gleichgesinnter Lebensabenteurer der andere. Mit ihnen und anderen setzte Pëtr das Sammeln von Erfahrungen, die jedem Herkommen zarischer Tradition widersprachen, fort. Großen Eindruck hinterließen dabei unter anderem Reisen nach Archangel'sk 1693/94, wo Pëtr im Hafen am Weißen Meer zum ersten Mal die See und „richtige“ Schiffe zu Gesicht bekam – man sah hier den Beginn von Pëtrs Visionen einer künftigen Seemacht Russland. In der Sichtweise des Historikers Anisimov entfaltete die Faszination des Zaren für die Seefahrt jedoch noch weitergehende Bedeutung, stand sie doch symbolhaft für die auf Wissen und technischer Perfektion beruhende Überwindung dumpfer Widerstände durch den Menschen, ein Anliegen, dem sich Pëtr auf vielen Feldern verschreiben sollte.

Vom konkreten gewinnbringenden Nutzen einer Kriegsflotte konnte sich der Zar bald darauf überzeugen. Schon seit Anfang der 1690er Jahre stand eine erneute kriegerische Auseinandersetzung mit den Osmanen im Raum: Man hatte die Schwarzmeerküste als territoriales Expansionsziel in den Blick genommen, zudem waren die ewigen tatarischen Überfälle im Süden des Reiches ohnehin ein Dorn im Auge, darüber hinaus die Erinnerung an Golicyns verlustreiche und erfolglose Versuche ein Stachel im Fleisch. Für die – sowieso weitgehend ergebnislosen – diplomatischen Bemühungen des Außenamtes um eine Koalition interessierte sich Pëtr nicht, seine Stunde schlug 1695, als er nach dem frühen Tod seiner Mutter Natal'ja im Jahr zuvor die volle Regierungsverantwortung übernommen hatte. Nun endlich konnte er seine Regimenter aus der – im Zuge gigantischer, realistischer Manöver – schon sehr ernst gewordenen spielerischen Sphäre in die wirkliche Kriegspraxis schicken. Im Januar ließ der Zar mobil machen. Ziel seines Feldzugs war die osmanische Festung Azov an der Mündung des Don, deren Einnahme den Weg zum Schwarzen Meer öffnen sollte. Zwar scheiterte die erste Belagerung, doch dank ausländischer Belagerungsfachleute sowie des Einsatzes einer in Voronež am Oberlauf des Don aus dem Boden gestampften Flotte war der zweite Anlauf 1696 von Erfolg gekrönt.

In Pëtrs Augen hatten sich die Flotte, aber auch Expertenwissen und Hartnäckigkeit bewährt, auf dieser Grundlage konnten weiterreichende Ziele angegangen werden. Nicht zuletzt um die dafür notwendigen Kontakte mit anderen europäischen Herrschern zu knüpfen, brach der Zar 1697 zu einer denkwürdigen Reise nach Europa auf. Zum ersten Mal verließ ein russischer Herrscher das eigene Territorium, die Tatsache war so ungeheuerlich, dass sie in Russland geheim gehalten werden sollte. Doch nicht nur deswegen reiste der Zar in einem merkwürdigen, da den Anlaufstationen durchaus bekannt gegebenen Incognito als „Brigadier" Pëtr Michajlov. In der halb spielerischen, halb ernsten Annahme einer falschen, weit unter dem eigenen Stand liegenden Identität zeigte sich einerseits Pëtrs lebenslange Neigung zu Verstellung und Rollentausch, andererseits stand sie für die Absicht des Zaren, sich auf dieser Reise „frei" bewegen und ungewöhnliche Dinge tun zu können. Zugleich zeigte sich der Zar freilich aufs Äußerste empört, wenn seine Gastgeber den Rollentausch allzu ernst nahmen und den hohen Gast in einfacher Aufmachung nicht gebührend empfingen, so geschehen gleich zu Beginn im schwedisch beherrschten Riga, als man ihn nicht den Hafen inspizieren ließ und die Reisegesellschaft allgemein recht streng behandelte.

Die „Große Gesandtschaft" aus 250 Personen, zu der neben Pëtrs Vertrauten und Gefolge auch zahlreiche junge adelige Russen gehörten, die zum Studium im Ausland abkommandiert worden waren, reiste weiter an den kurländischen Hof nach Mitau, wo sich der Zar bei Vergnügungen wie ein „Bacchus" aufgeführt haben soll, und nach Preußen, wo der brandenburgische Kurfürst deutlich mehr Geschick bewies als die Schweden, als er den russischen Zaren „in Moskau" hochleben ließ. Über Berlin, Potsdam und Hannover gelangte man im August 1697 nach Holland. Spätestens hier manifestierte sich ein weiterer Zweck der zarischen Reise: Pëtr wollte nicht nur diplomatische Kontakte knüpfen, Bündnisse schmieden und seine Neugier auf europäische Höfe und Gepflogenheiten befriedigen, sondern er wollte auch lernen.

Über vier Monate ließ sich der bescheiden einquartierte Zar durch Werftstudien, Segelübungen und Handwerkskünste anregen, machte er Bekanntschaft mit kulturellen und zivilisatorischen Errungenschaften des Westens, bewunderte die westeuropäische Stadt in Architektur und Verwaltung. Das Seefahrerland Holland hatte es Pëtr angetan, und auch in England, der nächsten Station, interessierte er sich vorwiegend für die Welt der Schiffe, sehr zum Leidwesen seines königlichen Gastgebers. Daneben empfing der Zar Eindrücke von Parlament, Regierung und Verwaltung, von der Rolle des Adels im englischen Königreich, von der anglikanischen Kirche. Er kaufte auf, was er kriegen konnte, ob Tabak, Navigationsinstrumente, Bücher oder dunkelhäutige Sklaven.

Unter dem Aspekt der Neuerkenntnis war der Ertrag der Reise beachtlich, übrigens auch in umgekehrter Sichtweise. Zwar mochte das ungehobelte Benehmen der Russen an den galanten europäischen Höfen so manches, auf den Berichten der in Russland tätigen Gesandten fußende Vorurteil von der russischen Kulturlosigkeit bestätigen, dennoch entsprach dieser junge, neugierige, lernbereite, in seiner impulsiven Unbefangenheit sicher auf seine Weise charmante Zar, der keine Berührungsängste zu kennen schien, nicht den traditionellen Vorstellungen eines düsterverschlossenen rechtgläubigen Herrschers. Pëtr sorgte für Aufsehen, auch wenn ein unmittelbarer politischer Ertrag zunächst ausblieb. An das ursprüngliche Primärziel seiner Reise, die diplomatischen Annäherungen, erinnerte sich Pëtr spätestens in Wien, wo er im Juni 1698 eintraf. Freilich wurde ihm schnell klar, dass das Kaiserhaus das Interesse am Osten vorerst verloren und sich der spanischen Frage zugewendet hatte.

Im Juli erreichte den Zaren die Nachricht von einem neuerlichen Strelitzenaufstand in der Heimat. Bei Peter schrillten die Alarmglocken: Die Ereignisse von 1682 und die Zuspitzung von 1689 waren ihm in Erinnerung geblieben, dazu war unmittelbar vor seiner Abreise eine „Verschwörung“ von Mitgliedern einiger hoch stehender Familien aufgedeckt worden, die Pëtr mit den Miloslavskijs in Verbindung gebracht hatte. Wie sehr Pëtrs Psyche in den Ereignissen seiner Kindheit gelitten hatte, wurde deutlich, als er für die Exekution der Konspirateure eigens die Leiche Ivan Miloslavskijs hatte exhumieren und unter dem Richtblock platzieren lassen. Angesichts dieser Vorgeschichte überrascht Pëtrs zügige Abreise nicht. Zwar suchte man ihn zu beruhigen, dass die Erhebung von Gordon bereits niedergeschlagen worden sei, dennoch wollte der Zar selbst vor Ort sein. Allerdings nahm sich Pëtr auf der Heimreise noch Zeit für ein Treffen mit dem polnischen König August, mit dem er erste Absprachen für ein gemeinsames Vorgehen im Ostseeraum, der im Zuge des österreichischen Desinteresses an Pëtrs expansiver Absicht im Süden nun prioritär wurde, vornahm.

Im August 1698 traf der Zar in Moskau ein, voller Anregungen aus Europa und voller Hass gegen die Strelitzen und jenes „Alte“, das sie für Pëtr – nicht ganz zu Unrecht – symbolisierten. Gründe zur Unzufriedenheit fanden die Strelitzen vor allem in ihrem nach Sof'jas Ausschaltung weiter sinkenden Prestige; dass sie in Pëtrs militärischen Konzeptionen keine nennenswerte Rolle mehr spielen würden, war offensichtlich. Pëtr nutzte das ausgebrochene Verlangen der Strelitzen nach den „alten Zeiten“ zu deren endgültiger Aufreibung. In einem grausamen, durch immer neue mit Folter erzwungene „Geständnisse“ stets weiter angefachten Strafgericht, dessen Folgeprozesse sich bis ins Jahr 1700 hinzogen, rechnete Pëtr mit den Strelitzen seit September 1698 gnadenlos ab. In einem abschreckenden Gewaltschauspiel ließ er die verhassten Soldaten foltern und hinrichten, wobei sowohl rationale politische Zielsetzungen als auch persönliche Rachemotive zum Tragen kamen. Da die Folterungen erneut eine angebliche Involviertheit Sof'jas zu Tage brachten, musste sie auf Geheiß ihres Halbbruders den Schleier nehmen, um der Welt für alle Zeit zu entsagen. Erleichtert wurde Pëtrs drastisches Vorgehen durch den Tod seines Halbbruders Ivan im Jahr 1696, der bei aller politischen Passivität doch eine Symbolfigur und Respektsperson gerade für jene Kreise gewesen war, die sich nicht mit Pëtrs unkonventionellem Verhalten anfreunden konnten.

Auch in anderen, für die damalige Zeit keineswegs kuriosen, sondern äußerst ernsten Fragen vollzog Pëtr im wahrsten Sinne des Wortes einen Schnitt mit der Vergangenheit. In den langen Monaten seines Auslandsaufenthaltes hatte der junge Zar nicht nur Eindrücke empfangen, wie das „kultivierte“ Europa aussah, sondern wohl auch Vorstellungen ausgebildet, dass sein Land dem nicht nachstehen sollte. Es war typisch für den hemdsärmeligen Pragmatismus Pëtrs, dass er die Realisierung dieser Vorstellungen sofort nach seiner Rückkehr im Bereich des alltäglichen Erscheinungsbildes begann: Den ihn ehrerbietig willkommen heißenden Bojaren schnitt der Zar kurzerhand die Bärte ab, mit Ausnahme der Bauern und der Geistlichkeit sollten es alle anderen russischen Männer gleichtun. Problematisch daran war, dass es sich bei der Barttracht in Russland weniger um eine Mode-, sondern eine Glaubensfrage handelte, schied doch der Bart in der orthodoxen Auffassung den Menschen vom Tier. Der Protest, vor allem aus kirchlichen Kreisen, ließ nicht auf sich warten; Pëtr reagierte mit der Einführung einer hohen Bartsteuer im Jahr 1699. Auf wenig Begeisterung stieß auch Pëtrs zweite Maßnahme, die Einführung einer an Mitteleuropa angelehnten Kleiderordnung, von der wiederum nur Geistlichkeit und Bauern ausgenommen sein sollten. Trotz der mitunter erforderlichen Zwangsmaßnahmen bei der Durchsetzung wurde damit eine qualitativ neue Trennlinie zwischen Adel und städtischer Bevölkerung auf der einen sowie Geistlichen und Bauern auf der anderen Seite markiert. Noch einen anderen, persönlichen Schnitt mit der Vergangenheit wollte der Zar sogleich vollziehen: Da das orthodoxe Kirchenrecht keine Scheidung erlaubte, hatte Pëtr schon 1697 den Plan gefasst, seine Gemahlin Evdokija (Lopuchina) ins Kloster zu schicken. Nach seiner Rückkehr wurde sie nach Suzdal verbracht, wo sie den Schleier nehmen musste. Der Mangel an Zuneigung erfuhr dabei seine wichtige Komplimentierung durch die feindliche Haltung der Lopuchins gegenüber Pëtrs Auslands- und Westorientierung. Weitere, unmittelbar aus den Erfahrungen der Reise entstandene Maßnahmen waren die Einführung der julianischen Zeitrechnung zum 1. Januar 1700 sowie der – von Pëtrs Eindrücken in Holland geprägte – Versuch einer Neugestaltung der Stadtverwaltung auf der Grundlage von Wahlbeamten, wobei das ideelle Ziel der Angleichung an Europa vom pragmatischen Wunsch nach einer Effektivisierung des städtischen Steueraufkommens begleitet wurde.

Doch Pëtrs Vorstellungen gingen weit über solch einzelne Korrekturen hinaus. Russland sollte sich im Grundsätzlichen verändern, Russland sollte aus dem obskuren Reich im Osten des Kontinents zu einer modernen europäischen Großmacht werden. Dazu bedurfte es einer Vielzahl einschneidender politischer, gesellschaftlicher und kultureller Veränderungen – und es bedurfte der territorialen Expansion, einerseits, da sich die Größe eines frühneuzeitlichen Staates maßgeblich durch seine Macht nach außen demonstrierte, andererseits, da Russland überhaupt erst an Europa heranrücken musste, wozu ein Meerzugang das probate Mittel sein sollte. Zwei Alternativen standen dem Zaren zur Verfügung: Das Schwarze Meer war weit und eine europäische Großkoalition gegen das Osmanische Reich nicht auf der Tagesordnung. Die Ostsee dagegen war näher und die den Raum dominierende Macht Schweden hatte genügend Feinde und Neider, um Russland nicht alleine dastehen zu lassen, mit dem polnischen König war sich der Zar in dieser Hinsicht bereits einig geworden.

Die Stoßrichtung war damit klar. Nachdem Russland 1699 Bündnisse mit Polen und Dänemark sowie im Jahre 1700 mit den Türken einen – die Eroberung von Azov anerkennenden – Frieden auf 30 Jahre abgeschlossen hatte, erklärte Pëtr am 19. August Schweden den Krieg, nicht ohne auf seine Beleidigung durch die erwähnte herablassende Behandlung in Riga 1697 zu rekurrieren. Gegenüber den Zielsetzungen des Krieges war die gekränkte zarische Eitelkeit freilich nur Marginalie: Es ging um die Zurückdrängung der Skandinavier von der baltischen Meeresküste auf ihr Kernland und die damit verbundene Perspektive, anstelle von Schweden zur dominierenden Macht des Ostseeraumes zu werden. Der „Große Nordische Krieg“, der sich mehr als 20 Jahre hinziehen sollte, begann für Pëtr mit einer Katastrophe. Die monatelange erfolglose Belagerung von Narva endete mit der Zerschlagung der in gewaltiger zahlenmäßiger Übermacht angetretenen russischen Truppen durch die Schweden.

Freilich wurde die verheerende Niederlage paradoxerweise zu einer Grundlage des russischen Erfolges. Für den jungen schwedischen Draufgängerkönig Karl XII. schien der Fall klar – Russland war kein gefährlicher Gegner. Indem sich die Schweden jedoch Polen und Sachsen zuwandten und nicht in das russische Landesinnere vordrangen, gaben sie Pëtr Zeit, seine Armee neu zu formieren. In Fortsetzung der Anstrengungen vergangener Jahrzehnte wurden in Pëtrs Regierungszeit die Rekrutierung intensiviert, die Infanterien gestärkt und die Flotte ausgebaut, die Ausbildung und Ausrüstung verbessert, die Disziplin gesteigert und die Organisation rationalisiert. Erste Erfolge ließen nicht lange auf sich warten. Während im Westen König August unter Druck geriet und 1704 Stanisław Leszczyński zum schwedenfreundlichen König von Polen gewählt wurde, errangen die russischen Armeen im Ostseeraum kleinere Siege. Seit 1707 wartete man auf die große Konfrontation: Karl XII. hatte in Polen ein riesiges, gut ausgebildetes Heer zusammengezogen, um in Russland einzufallen. Der unerwartete Widerstand der Russen mit ihrer Taktik der verbrannten Erde bewog Karl XII. jedoch dazu, sich vom weißrussischen Mogilev aus nicht weiter nach Osten, sondern nach Süden, in die Ukraine fortzubewegen, wo er eine bessere Versorgung sowie die Unterstützung durch die Kosaken des Pëtr untreu gewordenen Hetmans Ivan S. Mazepa erwartete. Diese Kalkulation war nachvollziehbar und doch falsch. Nicht nur gelang es den Russen, die Armee General Adam Lewenhaupts, der von Riga aus zu Karl stoßen wollte, bei Lesnaja im September 1708 klar zu schlagen, sondern auch die erwartete kosakische Unterstützung für die Schweden blieb hinter den Erwartungen zurück. Russische Armeen hatten Mazepas Verrat mit Zerstörungsfeldzügen in der Ukraine drastisch bestraft, was sich nicht zuletzt negativ auf die Versorgung der im fremden Land stehenden schwedischen Truppen auswirkte. Die Kapitulation der Schweden in der Schlacht bei Poltava vom Juni 1709 gilt als endgültiger Wendepunkt des Krieges. Während das russische Prestige deutlich gestiegen war, befand sich Karl XII. nach seiner Flucht in die Türkei auf dem Tiefpunkt. Pëtr sorgte für die Wiedereinsetzung Augusts als polnischer König, erneuerte die Allianz mit Polen und Dänemark und ließ 1709/10 die schwedischen Ostseeprovinzen besetzen.

Einen Rückschlag brachten die 1711 ausgebrochenen Auseinandersetzungen mit einer osmanischen Koalition unter Einschluss der Krimtataren, der Zaporoger Kosaken und polnischer Leszczyński-Anhänger. Diesmal war es Pëtr, der die Gefahr unterschätzt hatte. Im Juli wurde er mit seiner Armee von einer osmanischen Übermacht am Pruth eingekesselt; es kam einem – wohl durch finanzielle Verlockungen begünstigten – Wunder gleich, dass sich die Türken mit der Auslieferung Azovs und der Schwarzmeerflotte sowie dem russischen Rückzug aus Polen zufrieden gaben. Pëtr nutzte die Gunst der Stunde, um sich von da an mit aller Kraft auf den Ostseeraum zu konzentrieren, wo er einerseits eine gezielte dynastische Heiratspolitik initiierte (seine Nichte Anna Ivanonvna hatte schon 1710 den Herzog von Kurland geheiratet, ihre Schwester Ekaterina wurde 1716 mit dem Herzog von Mecklenburg vermählt), andererseits, nun auch im Verbund mit Preußen, den Schweden heftig zu Leibe rückte. 1713 wurde Finnland besetzt, 1714 die Aland-Inseln, bis 1716 war der

Gegner auf sein eigentliches Kernland zurückgeworfen. Seit 1717 war Russland an einem Friedensvertrag mit Schweden interessiert, in dem die eigene vorteilhafte Position Niederschlag finden sollte. Die Verhandlungen gestalteten sich jedoch zäh. Karl weigerte sich, die enormen russischen Gebietsgewinne anzuerkennen, sein Tod im Dezember 1718 verteilte die Karten abermals neu. Schweden suchte nun die Unterstützung Englands, dem eine drohende uneingeschränkte Ostseedominanz Russlands ein Dorn im Auge war. In der Erwartung englischer Hilfe lehnte Schweden ein „ultimatives" Friedensangebot des russischen Unterhändlers Ostermann im Jahre 1719 ab. Pëtr ließ die Flotte aufziehen und die schwedische Küste verwüsten, doch die herannahende englische Flotte sowie verschiedene, die antischwedische Koalition auflösende Friedens- und Bündnisverträge im Ostseeraum stoppten ein weiteres Vorgehen. Freilich gelang es den Engländern nicht, eine große europäische Allianz gegen Russland zu schmieden, woraufhin die russisch-schwedischen Gefechte aufs Neue ausbrachen. Inzwischen hatte Schweden der russischen Übermacht nichts mehr entgegenzusetzen und auch England riet seit 1720 zu Friedensverhandlungen, die 1721 mit dem Frieden von Nystad im russischen Sinne abgeschlossen wurden. Pëtr hatte sein Ziel erreicht: Russland hatte die Vormachtstellung in Ost- und Nordeuropa errungen und damit das europäische Machtgefüge aus den Angeln gehoben. Während Schweden und Polen aus der Reihe der Großmächte ausschieden und auch das Osmanische Reich sich eher in der zweiten Reihe wiederfand, war Russlands Status in der Welt ungeheuer gewachsen.

Dies manifestierte sich nicht nur in Militärmacht und Territorialexpansion, sondern auch in der neuen Art, in der russische Diplomaten in Europa auftraten. Es waren nicht mehr obskure Gesandte mit langen Bärten und noch längeren Gewändern, die sich zu seltenen Anlässen in die westlichen Hauptstädte begaben, sondern Angehörige einer sich europäisierenden Gesellschaftselite, die im Zuge einer bedeutenden Ausweitung des Gesandtschaftswesens mit an den Tischen europäischer Kabinettspolitik saßen. Der Triumph im Nordischen Krieg, die neue Stellung Russlands in Europa, die Ausdehnung des Herrschaftsgebiets auf nichtrussische Territorien begründeten eine neue Imperiumskonzeption. Im November 1721 nahm Pëtr neben dem Ehrenattribut „der Große" den Titel eines „Allrussischen Kaisers" (Imperator

Vserossijskij) an und erhob damit den Anspruch auf Gleich- bzw. Vorrangstellung gegenüber Europas führenden Mächten. Wenn diese sich auch mit der Anerkennung des Anspruchs zum Teil Jahrzehnte Zeit ließen, so war doch aus dem Moskauer Zarentum das Russische Imperium, aus dem Moskauer Zaren der Russische Kaiser geworden.

Viel Zeit war vergangen seit Pëtrs Rückkehr von seiner großen Reise, vieles hatte sich – auch im Inneren des Landes – verändert. Für das Werden zur europäischen Großmacht war, dessen war sich Pëtr bewusst, nicht nur der militärische Erfolg, sondern auch die innere Umgestaltung des Landes erforderlich, ja, auf zahlreichen Gebieten waren innere und äußere Politik untrennbar verbunden. Deutlich wird dies schon an Pëtrs vielleicht nachhaltigstem Beitrag zur Erneuerung Russlands: Die ersten Siege gegen die Schweden im Ostseeraum ermöglichten den Russen den Vorstoß im Mündungsbereich der Neva. Dort, auf einer kleinen Insel, entschied man sich zum Bau einer befestigten Anlage, die in den folgenden Jahren zu einer großen Stadt ausgeweitet werden sollte. Ihre Bezeichnung war in ihrer bewussten Doppeldeutigkeit nur allzu eindeutig: Für jedermann war klar, dass die den Namen des heiligen Peter tragende „Burg" eben auch und vor allem des Zaren Pëtrs Burg war. „St. Piterburch", im Russischen später (und von einer 77-jährigen Unterbrechung im 20. Jahrhundert abgesehen bis heute) „Sankt-Peterburg" symbolisierte in Stein das petrinische Wollen: den Zugang zur Ostsee, den Weg nach Europa, die Überwindung Moskaus und die Schaffung eines neuen Russland. Aus der Keimzelle einer den Vorstoß zum finnischen Meerbusen sichernden Festung erwuchs die Idee der Schaffung einer neuen Residenzstadt, die Pëtr die eigene Befreiung von dem ihm seit seiner Kindheit und Jugend fern und fremd gebliebenen Moskau ermöglichen sollte. Nach dem Sieg von Poltava war die dauerhafte Festsetzung der Russen an der Nevamündung abzusehen, der Bau erster Paläste 1710 und die Übersiedelung des Hofes ein Jahr später signalisierten, dass St. Petersburg zur neuen Hauptstadt des Reiches geworden war. Nach und nach zogen auch die neu geschaffenen zentralen Regierungsbehörden sowie – keineswegs freiwillig – die politische und gesellschaftliche Elite in die unter größten Anstrengungen und Opfern im unwirtlichen Terrain aus dem Sumpf gestampfte Stadt im Norden. Der architektonische Ausbau erfolgte bewusst nach „modernen", westlichen Vorbildern, geradlinige und übersichtliche Straßen- und Kanalanlagen, monumentale Gebäude oder Kirchenbauten im westlichen Stil vollzogen den repräsentativen Bruch mit Alt-Russland.

Doch nicht nur in seiner steinernen Gestalt markierte St. Petersburg die neue Hauptstadt. 1713 zog der 1711 gegründete „Regierende Senat“ (Pravitel'stvujuščij Senat) vom Kreml an die Neva. Seine neun Mitglieder sollten ursprünglich nur das Reich in Pëtrs kriegsbedingter Abwesenheit regieren, schon bald jedoch änderte sich die Konzeption im Sinne einer obersten exekutiven, legislativen und judikativen Gesamtbehörde. Zum Kampf gegen Misswirtschaft und Korruption wurden beim Senat „Fiskale“ bestellt, die – unter Leitung eines vom Zaren ernannten Oberfiskals – alles Fehlverhalten schonungslos aufdecken sollten. Das neue Organ erfüllte Pëtrs Erwartungen einer zentralisierenden Effizienzsteigerung in der Verwaltung freilich nur bedingt, seine Unzufriedenheit mit dem Senat, aber auch den Fiskalen ist belegt. Das Gremium mochte einen neuen, lateinischen Namen tragen, seine Mitglieder verharrten dennoch in traditionellen „Unsitten“, zu denen nicht zuletzt die Dominanz personaler politischer Gestaltungsmuster zählte. Ständige Korrekturen und Revirements waren bis zu Pëtrs Tod die Folge. Wie wenig Pëtr seiner höchsten Behörde vertrauen konnte, zeigte die Einführung des Postens eines „Generalprokurors“ 1722, der – unterstützt von Unter-Prokuroren – als „Auge des Zaren“ einen gestrengen Blick nicht nur auf den Senat und die ihrerseits allzu oft korrupten Fiskale, sondern auch auf alle anderen Behörden werfen sollte.

Ausdruck der Bemühung um administrative Rationalisierung war auch die Ablösung der überkommenen, sich in ihren Kompetenzen vielfach überschneidenden Zentralämter (Prikazy), mit denen Pëtr zunächst weiter operiert hatte, durch neue rational nach dem Ressortprinzip gegliederte Fachverwaltungen, die Kollegien, seit dem Jahr 1717. Unter Vorsitz eines Präsidenten sollten die kollegial organisierten Behörden den unübersichtlichen Überschneidungen der Prikazy ein Ende bereiten und, wie im „Generalreglement“ von 1720 präzisiert, im Sinne eines wohlgeordneten „Policeystaates“ das Reich nach dem Ressortprinzip vernünftig, verlässlich und effizient verwalten. Das Reich freilich war groß und wollten die Petersburger Zentralbehörden ihre Wirkung entfalten, bedurfte es auch eines regionalen Unterbaus. Den entscheidenden Schritt dazu tat Pëtr bereits im Jahr 1708 mit der

Bildung von zunächst acht (später zwölf) Gouvernements. Auch hier zeigte sich der direkte Zusammenhang mit dem Großen Nordischen Krieg: Unmittelbares Movens für die Einrichtung der Gouvernements war die finanzielle und personelle Ressourcenmaximierung vor Ort in der Auseinandersetzung mit den Schweden. Problematisch daran war unter anderem, dass die Gouverneure, allesamt Vertraute des Zaren, meist in St. Petersburg, also fern von „ihren" eigentlichen Gebieten, saßen. Man versuchte durch die Schaffung weiterer regionaler exekutiver Posten, aber auch durch eine aus den baltischen Ländern übernommene Art adeliger Selbstverwaltung gegenzusteuern. Kompetenzüberschneidungen, Desinteresse auf Seiten des Adels und überhaupt der Mangel an geeignetem, erfahrenem Personal hemmten den Erfolg gewaltig. 1719–20 unternahm man nochmalige Anstrengungen zur Umgestaltung der regionalen Verwaltung: Neue Ämter mit gezielten Kompetenzabgrenzungen sowie die Aufteilung der großen Gouvernements in 50 Provinzen sollten für größere Effizienz und Rationalität sorgen. Auch der städtischen Verwaltung wandte man sich abermals zu: Städtische Magistrate übernahmen Aufgaben der „Policey" und der Wirtschaftsförderung, die Stadtbevölkerung wurde in zwei „Gilden" aufgeteilt, eine Reihe detaillierter Vorschriften sollte das städtische Leben im Sinne einer vernünftigen Ordnung reglementieren.

Fragt man nach dem Erfolg der administrativen Reformen, so wird man differenzieren müssen. In punkto Ressourcensteigerung zeitigten die Maßnahmen durchaus einzelne Erfolge, mochten diese auch immer hinter Pëtrs Erwartungen zurückbleiben. Die Annahme freilich, mit der Schaffung neuer Ämter auch zeitgleich einen Wandel der politischen Kultur zu erreichen, war von Anfang an illusorisch. Schon in St. Petersburg, noch mehr aber in der Provinz fehlte es an geschultem Personal, Erfahrungen und Traditionen von eigenverantwortlicher Tätigkeit im Dienste des Staates waren unbekannt; hinzu kamen ständige Unsicherheiten über die eigenen Kompetenzen, die gewaltigen Versuchungen der Selbstbereicherung und die jahrhundertealte Kultur der Vetternwirtschaft. All diese Strukturen ließen sich nicht mit Pëtrs schnellen, oft in sich widersprüchlichen Federstrichen beseitigen. Der ungeduldige Zar wollte Russland ad hoc seinen in Europa gemachten Erfahrungen angleichen, das oft in unvernünftiger Hast umgesetzte Streben nach den vernünftigen Grundsätzen des

„absolutistischen“ Zeitalters – Staatsausbau, Leistungssteigerung, Effizienz, Rationalität, Ordnung – ist ebenso unverkennbar wie die Widerstände, auf die es in den Strukturen der Gesellschaft traf. Dennoch hat Pëtrs ungestüme Aktivität erste bürokratische Pflöcke eingeschlagen, die Russland den – langen und steinigen – Weg zu einem Staat nach europäischem Muster wiesen.

In Pëtrs absolutistischen Vorstellungen waren Größe und Wohlergehen des Staates Ziel und Zweck allen Seins und Handelns. Für ihn hatten nicht nur er, der Monarch, und seine Regierung ihre Beiträge zu leisten, sondern auch die Gesellschaft. War dabei den Bauern und Stadtbewohnern neben ihrem landwirtschaftlichen bzw. handwerklichen und kaufmännischen Wirkungskreis nicht zuletzt die Rolle von Steuerzahlern und, was die Bauern anging, militärischem Rekrutierungspotential zugedacht, kam die Schlüsselrolle im Staat dem Adel zu, der sich seit jeher durch den Dienst am Herrscher ausgezeichnet hatte. Unter Pëtr wurde der Dienstgedanke zwanghaft und überdimensional ausgeweitet. Junge Adelige hatten Dienste, vor allem im Militär zu leisten, wer sich entzog, musste mit dem aufbrausenden Zorn des Zaren rechnen. Um den Dienst auf einem adäquaten Niveau zu ermöglichen, machte Pëtr die Bildung des Adels verpflichtend. Der angegangene Ausbau des höheren Schulwesens legte – ganz Pëtrs technokratischer Haltung entsprechend – einen Schwerpunkt auf Fachschulen, die vorzugsweise militärisches oder technisches Spezialwissen vermitteln sollten. Eine Reihe von Maßnahmen wurde eingeführt, die die Adelssöhne immer fester an den Staatsdienst binden sollte: Der Kauf von Landgütern wurde an den abgeleisteten Dienst geknüpft, die Verleihung von Gütern wurde eingeschränkt und durch Gehaltszahlungen ersetzt, das verhasste „Einerbengesetz“ zwang adelige Gutsbesitzer dazu, ihr Land nur *einem* Sohn zu vererben, womit der Gutszersplitterung vorgebeugt werden sollte, vor allem aber die übrigen Söhne zum Lebensunterhalt in den Staats- oder Militärdienst gezwungen wurden.

Systematisierender Höhepunkt des petrinischen Leistungs- und Dienstdenkens war die Einführung einer „Rangtabelle“ 1722, die nach einer Zeit des Übergangs, in der sich bisherige Würdigkeiten meist tradierten, die unter Fëdor Alekseevič abgeschaffte Rangplatzordnung ersetzte. Die „Tabel’ o rangach“ organisierte alle Ämter des militärischen, zivilen und höfischen Dienstes in 14

Klassen. Beherrschender Grundgedanke war das von Pëtr so geschätzte Leistungsprinzip: Nur, wer sich durch die Klassen mit Einsatz und Leistung hochgedient hatte, sollte sich auf den ersten Diensträngen wieder finden. Kein Amt sollte erblich sein, auch die Nachkommen bedeutender Persönlichkeiten hatten ihre Laufbahn wieder „unten" zu beginnen. Erblich dagegen war die Zugehörigkeit zum Adel, in den militärischen Ämtern schon ab der 14., in den zivilen dagegen erst ab der 8. Klasse, die Ränge 14–9 verliehen hier nur den persönlichen Adel. Der Hintergedanke der Rangtabelle war nicht etwa eine Gleichberechtigung in den Aufstiegschancen (schließlich war damit grundsätzlich auch die Karriere von Nichtadeligen denkbar), sondern erneut die Steigerung von Effizienz und Leistung im Dienst am Staat. Wenn auch diverse Ausnahmeregelungen und persönliche Beziehungen das Grundprinzip der Rangtabelle teils wieder aufhoben, so zementierte sie doch Staatsdienst und Hierarchiedenken als entscheidende Merkmale des russischen Adels. Umgekehrt leistete freilich die Verknüpfung von Adel und administrativem Amt der ohnehin der russischen Gesellschaft eigenen Marginalisierung des „Bürgertums" nur weiteren Vorschub.

Utilitaristische, Leistung und Nutzen betonende Züge finden sich nicht nur in Pëtrs Gesellschafts-, sondern auch in seiner Wirtschaftspolitik. Auch hier diente der Ausbau konkreten Zielen. Sollte die Handelsintensivierung generell zur Förderung des Wohlstandes und zur Festigung von Russlands Platz in Europa führen, so sind Steuerpolitik und Protoindustrialisierung wieder vor dem Hintergrund der Ressourcenmaximierung für den Krieg bzw. den Großmachtausbau zu sehen. Der Staat benötigte seit jeher Geld, Pëtrs ambitionierte Pläne jedoch ließen den Bedarf stetig ansteigen. Pëtr ließ nie die Befürchtung los, die Bevölkerung könnte „untersteuert" sein, weshalb er von Gurken über Spielkarten bis zu Särgen alles besteuern ließ, was ihm unter die Augen kam. 1724 wurde nach jahrelangen Vorbereitungen die „Kopfsteuer" als Ablösung der Höfesteuer eingeführt, das Ziel der Ertragserhöhung war offensichtlich: „Höfe" boten zu vielen „Köpfen" die Möglichkeit, sich zu verschanzen. Auf dem „industriellen" Sektor sollte ein staatsbetonter Dirigismus die Förderung des Unternehmertums anregen. Was heute als Widersprüchlichkeit anmutet, war im Rahmen absolutistischer Konzeptionen des frühen 18. Jahrhunderts durchaus stimmig. Der Staat als Initiator gesellschaftlichen Fortschritts musste die passive Gesellschaft zur Aktivität treiben. Trotz der initiierenden Eingriffe waren die Hemmnisse unverkennbar: Die staatliche Deckelung verhinderte allzu oft Wettbewerb und Engagement. Dennoch sind, vor allem in den „kriegswichtigen" Sparten der Eisen- und Textilindustrie, die Erfolge in Pëtrs Regierungszeit nicht wegzudiskutieren. Die Zahl der Fabriken stieg in etwa um das Zehnfache, erste Schritte in Richtung des merkantilistischen Ziels einer positiven Handelsbilanz bei industrieller Autarkie wurden unternommen.

Alle gesellschaftlichen Schichten hatten sich je nach Stand in Pëtrs Projekt der Großmachtwerdung einzubringen, ob Adel, Kaufleute, Handwerker oder Bauern, ob im Militär- und Staatsdienst, im Handel, in der Manufaktur oder auf dem Feld. Dass sich dabei ein Stand ausschließlich den überirdischen Dingen widmen sollte, schien dem Herrscher unerträglich. Kirche und Klöster hatten seit längerem Pëtrs ausgeprägtes Missfallen erregt. Bereits mit den Patriarchen Ioakim und Adrian hatte es Differenzen gegeben: grundsätzlich über Fragen der Unterordnung von weltlicher oder geistlicher Sphäre, konkret über Pëtrs verwestlichende Neigungen sowie seine Absichten, auch die Finanzkraft der Kirche für seine Vorhaben zu nutzen. Pëtr duldete keinerlei Eingriffe in seine herrscherlichen Prärogativen von Seiten der Kirche, so dass er, sobald er Gelegenheit dazu hatte, auf dem Gebiet der Kirchenpolitik den vielleicht radikalsten Bruch mit der Vergangenheit vollzog.

Als Adrian im Oktober 1700 gestorben war, ließ der Zar anstelle eines Patriarchen nur einen „seiner" Kleriker, den der progressiven ukrainischen Reformgeistlichkeit entstammenden Stefan I. Javorskij, als „Statthalter" einsetzen. Es folgten massive Eingriffe in die kirchliche Sphäre: 1701 wurde ein neues Klosteramt geschaffen, an dessen Spitze ein weltlicher Beamter die Kirche überwachen sollte. Die Verteilung der kirchlichen Einnahmen übernahm von da an der Staat, Geistliche wurden selbst zur Steuerzahlung herangezogen, die kirchliche Bautätigkeit wurde – ebenso wie die Zahl der Klostereintritte – eingeschränkt. Die Stoßrichtung war klar: Die Kirche hatte sich dem zarischen Staat unter- und in das große Effektivisierungskonzept einzuordnen. 1721 ersetzte ein „Geistliches Reglement" die provisorischen Bestimmungen, indem es das Patriarchat endgültig aufhob und ein „Geistliches Kollegium", bald umbenannt in „Heiligster

Regierender Synod“ (Svjatejšij pravitel’stvujuščij synod), einrichtete. Dessen Mitglieder waren zwar Geistliche – bevorzugt aus der gebildeten Kiever Schule –, ihnen saß jedoch ein weltlicher „Oberprokuror“ vor, der die Tätigkeit des Synods kontrollierte. War damit die Leitung der Kirche unter die Kuratel des Staates gestellt worden, so blieb noch die Aufgabe der utilitaristischen Einbindung vor Ort. Einen produktiven Beitrag zu seinen politischen Vorhaben konnte Pëtr bei den Klöstern nicht erkennen, im Gegenteil: Er hatte die Mönche als Nichtstuer und Schmarotzer im Verdacht, weshalb er ihre Zahl nochmals reduzieren ließ und die Verbliebenen zu karitativen Diensten heranzog. Auch die Priester wurden – zur Informationssammlung und -verbreitung – im Sinne der Regierung verpflichtet. Um für Staat und Gesellschaft nützlich sein zu können, sollten die Priester auch besser ausgebildet werden als bisher, ab 1708 wurde eine Schulbildung für angehende Priester obligatorisch, wer sich verweigerte, sollte zum Militär eingezogen werden. Wenn Pëtrs Regierung auch nicht näher in liturgische Fragen eingriff, so machte sie doch die Kirche dem Staat endgültig untertan. Dabei sollte die Kirche weder unterdrückt noch in ihrer Bedeutung vermindert werden, sie hatte sich jedoch zu verändern und einzubringen in das Wirken am Staatswohl.

Pëtr selbst war keineswegs der gottlose Zyniker, für den ihn schon manche Zeitgenossen hielten, sondern ein durchaus gläubiger Mensch. Freilich verhielt er sich gegenüber der Kirche genauso respektlos und unnachgiebig, wie es auf vielen anderen Feldern zu seinem Charakteristikum geworden war. Von der zarischen Macht abgesehen, hinterfragte Pëtr nahezu Alles auf Nutzen und Funktionsfähigkeit. Er bewunderte Leistung, Effizienz, Rationalität, „Modernität“, er verachtete Zurückgebliebenheit, Unfähigkeit, Faulheit und Nutzlosigkeit. Doch Pëtrs utilitaristische Zielstrebigkeit verhinderte nicht die Begeisterung des Zaren für Exzentrik, Kuriosität und Exzess. Zu den in der Zeit schockierendsten, als blasphemisch aufgefassten Vergnügungen Pëtrs gehörte das „Närrischste und Trunkenste Konzil“, eine mit immensem Alkoholkonsum einhergehende Parodie auf die zarische und patriarchalische Hierarchie, an der der Zar von den 1690er Jahren an bis zum Ende festhielt. In Anwesenheit eines Spaß-Papstes und eines Spaß-Kaisers zogen Pëtr und seine Vertrauten auf den feucht-fröhlichen Sitzungen in derber Weise sakrosankte Werte „durch den Alkohol". Auch hier war freilich der Übergang zwischen Spiel und Ernst fließend, was nicht zuletzt dadurch begünstigt wurde, dass Pëtrs engste politische Vertraute zugleich im „Konzil" zugange waren.

In seinen Kontakten und Beförderungen kannte Pëtr keine Berührungsängste – weder gegenüber Menschen aus einfachen Verhältnissen noch gegenüber Abkömmlingen aus dem alten Moskauer Hochadel. Seine Entourage rekrutierte sich aus heterogenen Sphären: Aufsteiger von zweifelhafter Herkunft wie Aleksandr D. Menšikov, Pavel I. Jagužinskij oder der Jude Pëtr P. Šafirov genossen ebenso Pëtrs Vertrauen wie die aus altem Adel stammenden Gavrila I. Golovkin, Boris A. Golicyn, Fëdor Ju. Romodanovskij u.a. oder Ausländer wie die erwähnten Gordon, Lefort oder auch der Deutsche Andrej I. (Heinrich Johann) Osterman(n). Sie alle und viele andere wirkten an der unkonventionellen Herrschaft Pëtrs mit, wogegen seine eigene Familie, von seiner später noch zu behandelnden zweiten Ehefrau Ekaterina abgesehen, in Pëtrs Sicht keine positiven Beiträge leistete. Evdokija und die Lopuchins hatte der Zar schon früh abgeschoben; als der – einerseits aus seinen jugendlichen Erfahrungen heraus, andererseits aufgrund diverser latenter oder akuter Widerständigkeiten in seinem Reich – stets äußerst misstrauische Zar später aus dieser Ecke eine Verschwörung witterte, griff er in grausamer Entschiedenheit durch.

Auch seinem und Evdokijas Sohn Aleksej gegenüber zeigte Pëtr seine ganze Unbarmherzigkeit. Für den Vater war der kränkliche, zögerliche Sohn missraten. Aleksej konnte dem rastlosen Aktionismus seines Vaters nichts abgewinnen und die an ihn gestellten hohen Erwartungen nicht erfüllen. Für den leistungsfanatischen Pëtr war sein Sohn ein seine Pflichten vernachlässigender, feiger Drückeberger, die Andersartigkeit seines voraussichtlichen Nachfolgers wollte der Zar nicht akzeptieren. Die spektakuläre Flucht Aleksejs ins Ausland im Jahr 1716 überzeugte Pëtr, dass sein Sohn nicht nur ein Feigling, sondern auch ein Verräter war, der womöglich im Bunde mit anderen, Pëtrs Reformbemühungen ablehnend gegenüberstehenden Kreisen Übles gegen den Vater plante. Mit Versprechungen 1718 von Pëtrs hochrangigem Diplomaten Pëtr A. Tolstoj nach Russland zurückgelockt, wurde Aleksej gnadenlosen Verhören unterworfen, die erzwungenen „Geständnisse", umherschwirrende Gerüchte und

Pëtrs Misstrauen erzeugten die Vision einer gigantischen Verschwörung, an die der Zar umso mehr glaubte, als die zahlreichen Belastungen seiner fordernden Politik ein beträchtliches Reservoir an Unzufriedenen hatten entstehen lassen, das seiner Haltung nicht nur durch Kritik hinter vorgehaltener Hand, Flucht, Desertion und „Leistungsverweigerung", sondern auch in mehreren, von Truppen niedergeschlagenen Aufständen Ausdruck verliehen hatte. Zur Vollstreckung des Todesurteils gegen Aleksej kam es freilich nicht mehr, der Carevič starb an den Folgen der Folter. In diesen Geschehnissen zeigte sich Pëtrs unbarmherzige Rücksichtslosigkeit ebenso auf beispielhafte Weise wie sein politischer Fanatismus. Das Wohl von Staat und Regierung stand über allem und wurde mit aller Entschiedenheit ohne Rücksicht auf Opfer verfolgt, der eigene Sohn bildete da keine Ausnahme. Die Affäre Aleksej warf für Pëtr die Frage seiner Nachfolge auf; das Resultat war das Thronfolgegesetz von 1722, das dem Kaiser bei der Bestimmung seines Erbens freie Hand gab. Pëtr selbst ließ diese Möglichkeit freilich ungenutzt. Als er nach einem rastlosen, arbeits- und ausschweifungsreichen Leben im Januar 1725 das Zeitliche segnete, hatte er es versäumt, sich auf einen Nachfolger festzulegen.

Mit Pëtrs Tod ging eine Schlüsselepoche der russischen Geschichte zu Ende. Der eigentlich nicht zum Herrschen bestimmte, nachgeborene Sohn Aleksej Michajlovičs wurde zu einem der wirkungsmächtigsten russischen Zaren. Mit ungestümer Brachialgewalt brach er mit Traditionen und führte Russland in das neuzeitliche Europa. Dass sein Reformwerk oft ad hoc hingeworfen, in vielen Punkten unvollständig und inkonsequent war, dass es überhaupt nur Teile Russlands und seiner Gesellschaft erfasste und selbst dann mehr schlecht als recht funktionierte, dass es am Grundwiderspruch zwischen uneingeschränktem autokratischen Machtanspruch und der als nötig erachteten Förderung von Eigenverantwortung und -initiative krankte, dass schließlich manches nach seinem Tod zunächst wieder rückgängig gemacht wurde und anderes erst seine wirkliche Implementierung erfuhr, überrascht angesichts von Pëtrs Persönlichkeit und Bildung, vor allem aber der nicht über Nacht zu ändernden strukturellen Verhältnisse kaum. Dennoch hatte sich durch Pëtrs eisernen Willen das Zarentum gewandelt: Russland war zur imperialen Großmacht geworden, der Zar zum Kaiser, der Adel war im

Begriff, sich in eine europäisierte Elite zu transformieren, die auch in alltags- und hochkultureller Hinsicht immer mehr um Nachahmung des Westens bemüht war. Pëtrs Regierung hatte vieles verändert und noch mehr für die Zukunft möglich gemacht. An eine grundlegende Umkehr auf diesem eingeschlagenen neuen Weg war, das sollten die kommenden Jahrzehnte zeigen, nicht mehr zu denken.

IV. Dynastische Wirren und Machtkämpfe: Pëtrs Nachfolger (1725–1761)

1. Figuren des Übergangs: Ekaterina I. Alekseevna und Pëtr II. Alekseevič

Über die Gründe, weshalb Pëtr I. trotz seines eigenen Thronfolgegesetzes keinen Nachfolger bestimmt hatte, kann nur spekuliert werden. Am Naheliegendsten ist wohl, dass der „Gigant" (Puškin), der so sehr von der menschlichen Willenskraft überzeugt war, bis zuletzt an eine Genesung von seiner Krankheit glaubte. In den letzten Stunden der Agonie war es freilich zu spät: „Übergebt alles …" soll er seiner Tochter Anna noch auf einen Zettel gekritzelt haben, bevor ihn die Kräfte verließen. Vielleicht hatte Pëtr auch so lange gezögert, da es an geeigneten Kandidaten mangelte. Seinen ohnehin als untauglich eingeschätzten Sohn Aleksej Petrovič hatte Pëtr gewaltsam zu Tode bringen lassen, sein zweiter Sohn Pëtr Petrovič war 1719 im Alter von drei Jahren gestorben, sein Enkel Pëtr Alekseevič zählte Anfang 1725 erst neun Jahre. Des Kaisers Töchter Anna (geb. 1708) und Elizaveta (geb. 1709) hatten ebenso wie die Töchter von Pëtrs Halbbruder Ivan, Ekaterina (geb. 1691) und Anna (geb. 1693) für die Thronfolge im Sinne des Herkommens das falsche Geschlecht, noch wichtiger jedoch war, dass Ivans Töchter bereits mit den Herzögen von Mecklenburg bzw. Kurland verheiratet und Anna Petrovna immerhin mit dem holsteinischen Herzog Karl Friedrich verlobt war. Schon die vage Perspektive, ein ausländischer Fürst könne nach dem russischen Thron greifen, ließ die Kandidaturen der Töchter als unpassend erscheinen.

Dass neben dem minderjährigen Enkel Pëtrs seine Gemahlin Ekaterina als mögliche Nachfolgerin in den Mittelpunkt der Überlegungen rückte, lag nicht daran, dass man gerade sie für besonders geeignet hielt, als erste Frau den russischen Thron zu besteigen, sondern an handfesten Eigeninteressen des politischen Establishments. Die politischen Akteure verknüpften mit beiden Kandidaten unterschiedliche Vorstellungen. Ekaterina stand für die Fortsetzung der petrinischen Herrschaft, vor allem für die personelle Kontinuität unter den einflussreichen Granden des Reiches. Pëtr dagegen wurde von all denjenigen favorisiert, die mit den petrinischen Entwicklungen unzufrieden waren, ja, mit dem Knaben assoziierte man gar diffuse Visionen einer Rückkehr zu idealisierten früheren Zeiten. Die führenden Staatsmänner, die sich Pëtr I. bedingungslos ergeben und zum Teil grenzenlos bereichert hatten (der „Durchlauchtigste Fürst" Menšikov, Generalprokuror Jagužinskij, der Leiter der Geheimen Kanzlei Graf Tolstoj, Generaladmiral Fëdor M. Apraksin u.a.), fürchteten die Vergeltung durch die Unzufriedenen und Beleidigten, sollte sein Enkel auf den Thron gelangen. Nicht zuletzt die – direkte oder indirekte – Beteiligung am Tod von Pëtr Alekseevičs Vater bereitete nun so manchem Magenschmerzen. Man argumentierte daher für die Legitimität und Praktikabilität einer Thronbesteigung Ekaterinas: Die Krönung seiner Frau zur Kaiserin im Mai 1724 sei, so Pëtrs großer kirchlicher und politischer Vordenker, Feofan Prokopovič, als ein Willenszeichen des Kaisers über seine Nachfolge zu interpretieren. Dass freilich das Verhältnis der Eheleute seit der Aufdeckung einer Korruptions- und Liebesaffäre Ekaterinas im November 1724 schwer belastet war, ließ Prokopovič diskret unter den Tisch fallen.

Während noch argumentiert wurde, schuf man zugleich vollendete Tatsachen, indem man die Sympathie, die die burschikose, einfach gestrickte Kaiserin bei den Soldaten genoss, für die eigenen Zwecke ausnützte. Man ließ die Garden aufmarschieren und zugunsten Ekaterinas akklamieren. Auch ein letzter Kompromissversuch von Pëtr Alekseevičs Anhängern, übergangsweise eine Regentschaft Ekaterinas zugunsten ihres Stiefenkels zu installieren, war damit zum Scheitern verurteilt: Am 28. Januar wurde Pëtrs I. Gemahlin zur Kaiserin proklamiert. Das petrinische Establishment hatte sich durchgesetzt und zunächst alle Chancen auf den persönlichen Machterhalt gewahrt. Eine exklusive Rolle kam dabei Menšikov zu, den nicht nur ein besonderes Verhältnis zu Pëtr I., sondern auch zu Ekaterina ausgezeichnet hatte. Darüber hinaus hatte er mit der Kaiserin den steilen Aufstieg aus dem gesellschaftlichen Nichts in höchste Sphären der Macht gemein, eine grundsätzliche biographische Parallelität, die Solidarität schuf. Es verwundert angesichts dieser Umstände kaum, dass Menšikov zur beherrschenden Persönlichkeit am Hof wurde. Zu seiner anscheinenden Allmacht trug freilich auch bei, dass Ekaterina zum Regieren unfähig war. Von Politik verstand sie nichts, Bildung hatte sie keine erhalten.

Die 1684 als Marta Skavronskaja geborene livländische Bauerntochter war in den Wirren des Großen Nordischen Krieges in die Hände der russischen Armee gelangt. Sie wurde zur Offiziersmätresse und schließlich zur Geliebten Menšikovs, über den sie den Zaren kennen lernte. Seit 1704 konnte sie als Pëtrs Lebensgefährtin gelten, 1712 legalisierte der Zar die Verbindung durch die Heirat. Pëtr fand in dem einfach gestrickten Gemüt eine Vertraute, die seinen unkonventionellen, zum Teil exzessiven Lebensstil teilte und seine emotionalen Ausbrüche ebenso wie seine Affären mit Gelassenheit ertrug. Während das rustikale Auftreten des „livländischen Aschenputtels“ (Anisimov) an ausländischen Höfen für Entsetzen sorgte, trug es ihr im eigenen Land vor allem in einfacheren Kreisen durchaus Sympathien ein. So eignete sie sich zwar für das Bild eines „Mütterchens Zarin“, selbstständige politische Aktivität war von ihrer Seite jedoch nicht zu erwarten, die Entscheidungen mussten anderswo getroffen werden.

Im Februar 1726 wurde dazu ein Oberster Geheimer Rat (Verchovnyj tajnyj sovet) gegründet, dessen – eine mögliche Diktatur Menšikovs verhindernde – Mehrheitsbeschlüsse der Kaiserin zur Bestätigung vorgelegt wurden. Zu Mitgliedern wurden jene führenden Köpfe, die bereits bei Ekaterinas Thronbesteigung die Fäden gezogen hatten: Menšikov, Tolstoj, Apraksin, Kanzler Graf Golovkin, Vizekanzler Ostermann. Als einzigen Vertreter der Anhänger Pëtr Alekseevičs berief man Fürst Dmitrij M. Golicyn in das Gremium, wodurch die gegnerische Parteiung bis zu einem gewissen Grade in die Herrschaft miteingebunden werden sollte. Später kam noch Herzog Karl-Friedrich von Holstein, der Gatte von Pëtrs Tochter Anna, hinzu. Die Installation des Rates war dringend erforderlich, da die politische Unfähigkeit Ekaterinas die von ihrem verstorbenen Gemahl – trotz allem äußerlichen Rationalisierungsstreben – sehr personalistisch geführte Exekutive in eine Krise zu stürzen drohte. Durch den Wegfall der sich in alles einmischenden Persönlichkeit Pëtrs wurde die Unklarheit der obersten exekutiven Kompetenzen deutlich. Indem der Senat und seine kirchliche Parallele, der Synod, dem Rat unterstellt wurden, entstand ein neues Scharnier zwischen der kaiserlichen Gewalt und der politischen Administration. Unterhalb dieser höchsten Ebene freilich ließ man Pëtrs System der Zentralverwaltung weitgehend unangetastet, sieht man einmal von der Sistierung des gleichfalls stark personalistische Züge tragenden Amtes des Generalprokurors ab. Auch ansonsten schienen sich die petrinischen Wege grundsätzlich fortzusetzen: Die angeregte Wirtschaftsentwicklung wurde ebenso weiterverfolgt wie die außenpolitische Konsolidierung in Bündnissen mit Schweden, Österreich und Preußen. Veränderungen ergaben sich auf dem Land: Die kompliziert gewordene Lokalverwaltung sollte vereinfacht, Pëtrs allumfassendes Kontrollsystem reduziert werden. Die Reduzierung der Kopfsteuer war weniger ein Entgegenkommen gegenüber den Bauern als vielmehr gegenüber dem Adel, dem im eigenen Interesse daran gelegen war, dass der Staat nicht durch exorbitante Steuerforderungen die gesamte Wirtschaftskraft der Bauern abschöpfte.

Ekaterina selbst nahm an diesen Entwicklungen wenig Anteil, stattdessen gab sie sich den seit langem gewohnten Vergnügungen hin. Glaubt man den in dieser Hinsicht recht übereinstimmenden Berichten ausländischer Gesandter, wurde am Hof – nehmen wir kein Blatt vor den Mund – nahezu pausenlos gefeiert, gefressen, gesoffen und gehurt. Der permanente Rausch forderte freilich rasch seinen Tribut: Spätestens zwei Jahre nach der Thronbesteigung begann es mit der Kaiserin gesundheitlich rapide bergab zu gehen. Für die Männer der politischen Führung verhieß das nichts Gutes: Nach dem Tod Ekaterinas würde Pëtrs I. Enkel Pëtr Alekseevič kaum zu übergehen sein. Erneut kamen Befürchtungen über das eigene Schicksal bei einer Thronbesteigung des inzwischen elfjährigen Knaben auf, erneut versuchte man, die Entwicklung im eigenen Sinne zu beeinflussen, erneut ergriff Menšikov die Initiative. Sein Plan war hochfliegend: Er hoffte, die Sicherung seines persönlichen Status durch die Verheiratung des wahrscheinlichen künftigen Herrschers Pëtr Alekseevič mit seiner Tochter Marija zu besiegeln.

Doch der gewitzte Tausendsassa hatte die Rechnung zunächst ohne seine ehemaligen Verbündeten bei der Inthronisation Ekaterinas und – wie sich später zeigen sollte – ohne den ausersehenen Bräutigam und dessen Entourage gemacht. Zwar genehmigte die kränkelnde Kaiserin Menšikovs Plan, doch der alte Graf Tolstoj war nicht willens, sich mit einer Thronbesteigung Pëtr Alekseevičs abzufinden, nicht zuletzt seiner persönlichen Schuld am Schicksal von Pëtrs Vater Aleksej wegen. Auch andere ehemalige Mitstreiter Menšikovs fühlten sich durch den beabsichtigen Lagerwechsel des „Durchlauchtigsten“ verraten, fürchteten die Etablierung seiner Despotie und versuchten ihrerseits, die immer schwächer werdende Kaiserin zu beeinflussen, in der Thronfolgefrage nicht zugunsten von Pëtr Alekseevič, sondern zugunsten ihrer Tochter Elizaveta zu entscheiden. Ostermann schlug als pragmatischen Kompromiss gar die Vermählung Pëtr Alekseevičs mit seiner Tante Elizaveta vor. Doch die alten Bindungen zwischen Ekaterina und Menšikov waren stärker. Etliche hohe Würdenträger, darunter Tolstoj und Menšikovs eigener Schwager, der Petersburger General-Polizeimeister Anton M. Div'er, wurden unter dem Vorwurf einer Verschwörung verhaftet und, nachdem Menšikov schon vorab mit den Richtern alles „geklärt“ hatte, zu Vermögensverlust und Verbannung verurteilt. Menšikov triumphierte und sah, als Ekaterina I. am 6. Mai 1727 ihren körperlichen Leiden erlag, der Thronbesteigung seines, so hoffte er, künftigen Schwiegersohnes Pëtr Alekseevič gelassen entgegen.

Bereits am folgenden Tag wurde Ekaterinas „Testament“ verlesen: Zum Nachfolger wurde Pëtr Alekseevič bestimmt, der, so das Dokument, eine von Menšikovs Töchtern heiraten sollte. Bis zur Volljährigkeit des neuen Kaisers sollte der um Ekaterinas und Pëtrs Töchter Anna und Elizaveta erweiterte Oberste Geheime Rat die Regentschaft führen. Für den Fall eines kinderlosen Ablebens von Pëtr Alekseevič bestimmte das Testament zunächst Anna Petrovna samt Nachkommen, dann Elizaveta Petrovna zu Nachfolgerinnen. Doch solche Szenarien standen nicht auf der Tagesordnung, als der Knabe am 7. Mai 1727 den Thron bestieg. Entscheidend war stattdessen die Frage, wer sich hinter den Kulissen der Jünglingsherrschaft als starker Mann oder starke Partei durchsetzen konnte. Menšikovs Chancen standen nicht schlecht: Nach wie vor hielt er die Fäden bei Hof zusammen und seine Verheiratungspläne versprachen noch mehr Einfluss und Reichtum. Doch der geschickte, ebenso skrupel- wie maßlose Aufsteiger hatte neue, anders geartete Konkurrenten bekommen. Um den jungen

Pëtr hatten sich Angehörige alter Adelsfamilien geschart, die der traditionsverletzenden Politik Pëtrs I. mit Ablehnung gegenüberstanden; insbesondere der Dolgorukij-Sippe war es gelungen, sich dem neuen Kaiser anzunähern. Mit Verachtung und Hass blickten sie auf den Emporkömmling Menšikov und warteten nur auf die Gelegenheit, ihn auszuschalten. Man kann davon ausgehen, dass die enge Freundschaft Pëtrs II. mit dem wenig älteren Ivan A. Dolgorukij ihren Teil dazu beitrug, den Zaren immer mehr gegen Menšikov einzunehmen. Die Agitation fiel ohnehin auf fruchtbaren Boden, musste Pëtr doch in Menšikov den wichtigsten Vertreter derjenigen Kräfte sehen, die seinen Vater vernichtet hatten. So kam es immer häufiger zum Streit zwischen dem jungen Kaiser und dem scheinbar allmächtigen Höfling – über die von Pëtr gewünschte (und realisierte) Rückkehr seiner Großmutter Evdokija aus klösterlichem Arrest, über die geplante Verheiratung mit Menšikovs Tochter und ganz allgemein über dessen hochfahrende Art, die in ihrem ungeschminkten Dominierungsanspruch so manche jugendliche Widerstände provozierte. Als Menšikov im Herbst 1727 erkrankte, schlugen Pëtr und die Dolgorukijs zu: Der geschwächte Grande wurde verhaftet, seiner Ämter enthoben und wenige Monate später mit seiner Familie nach Sibirien verbannt, wo er völlig mittellos im Jahre 1729 starb.

In Regierungs- und Hofkreisen herrschte nach Menšikovs Sturz allgemeine Erleichterung, selbst alte Weggefährten hatte der Despot in seinem Machtstreben vergrätzt. Dem Land brachte diese Veränderung freilich keinen Nutzen: Die Kämpfe um Macht und Einfluss setzten sich unter den Konkurrenten fort und lähmten die Politik. Die Dolgorukijs, Golicyn, Ostermann, aber auch Graf Aleksandr B. Buturlin, ein Favorit von Elizaveta Petrovna, stritten um den größten Einfluss im Staat. Für die ausländischen Gesandten drohte das Reich im Chaos zu versinken, die Kompetenzen waren unklar und schwankend, allenthalben dominierte persönliches Macht- und Bereicherungsstreben und der junge Kaiser kümmerte sich – wer will es ihm in seinem Alter verdenken – um alles andere als um Politik. Er interessierte sich primär für die Jagd, bildete eine frühe Neigung zum Alkohol aus und entwickelte eine pubertäre, eifersüchtige Schwärmerei für seine wenige Jahre ältere Tante Elizaveta. Innenpolitisch tat sich nichts Wesentliches, sieht man von dem wohl auf den Einfluss der Dolgorukijs, vielleicht aber auch auf die ergiebigeren Jagdgründe zurückzuführenden Umzug der Residenz sowie einiger Regierungsorgane nach Moskau einmal ab. Armee und Flotte wurden sträflich vernachlässigt, was auch eine defensive Außenpolitik bedingte. Ohnehin hatte der Herzog von Holstein am russischen Hof massiv an Einfluss verloren, so dass dessen Pläne eines russischen Feldzugs gegen den dänischen Feind der Holsteiner vom Tisch waren. In diesem Kontext gelang es Ostermann als Leiter der Außenpolitik, die bündnispolitische Konsolidierung fortzusetzen. Der findige Westfale, der offizieller Erzieher des jungen Kaisers war, zeichnete auch für einen gewissen wirtschaftspolitischen und infrastrukturellen Ausbau im Land verantwortlich.

Für weit mehr Aufsehen im Inneren sorgten im Spätherbst 1729 neue Heiratspläne des Kaisers. Fürst Aleksej G. Dolgorukijs aufdringliche Kupplerei hatte Früchte getragen, so dass Pëtr II. endlich beabsichtigte, dessen Tochter Ekaterina A. Dolgorukaja zur Frau zu nehmen. Doch schon bald nach der Verlobung erkrankte Pëtr. Die angeblich harmlosen Erkältungserscheinungen erwiesen sich als die Pocken, denen der Jüngling nicht gewachsen war. Am 19. Januar 1730, dem Tag, der eigentlich für die Hochzeit vorgesehen war, verstarb Kaiser Pëtr II. im Alter von 14 Jahren. Es ist müßig zu spekulieren, ob er bei einer längeren Regierungszeit willens und in der Lage gewesen wäre, einen grundlegenden politischen Wandel in Abkehr von seines Großvaters Reformwerk durchzuführen. Dass in der knappen Zeit, die ihm zur Verfügung stand, nichts von Nachwirkung geschah, lag nicht nur an seinem Alter, sondern auch an der gegenseitigen Paralysierung der konkurrierenden Staatsmänner und Clans. So bleibt als eigentliches Vermächtnis Pëtrs II. nur die Tatsache, dass mit seinem Hinscheiden die Dynastie der Romanovs im Mannesstamm erlosch. In dieser Hinsicht erwies sich das Testament Ekaterinas I. geradezu als prophetisch: Nun waren die Töchter an der Reihe. Dass zunächst jedoch keine von Ekaterinas und Pëtrs I. weiblichen Nachkommen zum Zuge kam, sondern die Linie von Pëtrs Halbbruder Ivan, wirkt wie ein fernes Donnergrollen aus dem späten 17. Jahrhundert. Fünf Jahre nach Pëtrs I. Tod wurde auf der politischen Bühne Russlands zum letzten Mal ein Schatten der Miloslavskijs sichtbar.

2. „Herrschaft der Deutschen“? Anna Ivanovna und Anna Leopol’dovna

Folgt man der klassischen dynastischen Legitimität, so war die Wahl der kurländischen Herzogin Anna Ivanovna nach dem Aussterben der Romanovs im Mannesstamm durchaus konsequent, entstammte sie doch als Tochter von Pëtrs Halbbruder der älteren Linie. Dmitrij M. Golicyn, aus altem Adel stammend, unter Pëtr II. im Obersten Geheimen Rat zu Macht und Einfluss gelangt, dazu als gebildeter Staatsmann mit politischen Theorien bestens vertraut, hatte somit, als er die Kandidatur von Pëtrs I. Tochter Elizaveta verwarf, starke genealogische Argumente auf seiner Seite. Das lächerliche Ansinnen der Dolgorukijs, die verhinderte Braut des verstorbenen Pëtr II. aus der eigenen Sippe auf den Thron zu setzen, war ohnehin kaum einer Diskussion wert, und Annas ältere Schwester Ekaterina kam dank ihrer Ehe mit dem Herzog von Mecklenburg nicht in Frage, so dass sich der führende Kreis an die Herzogin von Kurland wandte. Neben der Einhaltung dynastischer Konsequenz versprach die Inthronisation der in Mitau in unfreiwilliger Bescheidenheit residierenden Anna noch weitere günstige Perspektiven.

Die vierte Tochter Ivans V. war 1710 von Pëtr I. mit Herzog Friedrich Wilhelm von Kurland verheiratet worden. Gut zwei Monate später war der Gemahl bereits verschieden. Anna kehrte zurück nach St. Petersburg, wurde aber 6 Jahre später von Pëtr I. wieder zur Residenz nach Kurland geschickt, wo sie sich, umgeben von einem mehr als reservierten Adel, finanziell schlecht ausgestattet, in privater Hinsicht von Pëtrs „Aufseher“ Pëtr M. Bestužev-Rjumin trösten ließ. Mancher Wiederverheiratungsplan scheiterte nicht zuletzt an politischen Erwägungen in St. Petersburg. Anna verbrachte ihre Tage – ohne Veränderungsperspektiven – resignierend in der baltischen Provinz und erschien daher im politischen Sinne als schwache Persönlichkeit, sie verfügte über keine Netzwerke in St. Petersburg bzw. Moskau, sie war verwitwet, hatte keine Nachkommen und musste, so glaubte man, ob der „Befreiung“ aus der Abgeschiedenheit Dankbarkeit zeigen.

Golicyn und seine Mitstreiter sahen damit die Chance, die in den letzten Jahren de facto etablierte politische Dominanz des

Obersten Geheimen Rates staatsrechtlich zu institutionalisieren. Annas Thronbesteigung sollte an bestimmte Bedingungen geknüpft sein, die das Machtgefüge im autokratischen Staat einschneidend verändert hätten: Die von der künftigen Kaiserin zu unterschreibenden Punkte sahen unter anderem vor, dass sie nicht mehr heiraten und keinen Thronerben festlegen dürfe sowie dem Rat in wichtigen Fragen die Entscheidungsgewalt zufallen solle. Dazu zählten Kriegserklärungen und Friedensschlüsse, die Beförderungen in höchste Ränge am Hof, im Staat und im Militär sowie die Verwendung der Staatseinkünfte. Darüber hinaus beinhalteten die Konditionen die Festschreibung der Freiheit des Hochadels von Abgaben, die Verpflichtung, „Leben, Besitz und Ehre" des Adels ohne Gerichtsverfahren nicht anzutasten und die Unterstellung der Garderegimenter unter den Befehl des Obersten Geheimen Rates. Nach Golicyns weiteren Vorstellungen sollten sich die Kaiserin und der – aus Angehörigen des Hochadels bestehende – Rat die Legislative teilen, während der Senat – der eigentlichen petrinischen Konzeption entsprechend – als oberstes exekutives und judikatives Organ fungieren sollte. Weiterhin dachte der Staatsmann an die Einrichtung zweier ständischer Kammern für den Adel und die städtische Kaufmannschaft – die Historiker haben in diesen Plänen schwedische Vorbilder ausgemacht. Zunächst lief alles nach Plan: Anna, erfreut über die unerwartete Perspektive der Thronbesteigung, willigte in die Konditionen ein.

Der Oberste Geheime Rat hatte jedoch seine Rechnung ohne diejenigen gemacht, in deren Namen er glaubte agieren zu können. Anlässlich der beabsichtigten Heirat von Kaiser Pëtr II. hatten sich große Teile des russischen Adels in Moskau versammelt. Schon bald schwirrten Gerüchte über einen die angestammten Rechte des Selbstherrschers verletzenden, eine kleine ausgewählte Gruppe bevorzugenden oligarchischen Staatsstreich umher, woraufhin der Adel mit diversen Vorschlägen eine Diskussion entfachte und gleichzeitig geheime Aktivitäten gegen die Pläne des Rates entfaltete. Als Anna in Moskau eintraf, war die Stimmung bereits gekippt. In der entscheidenden Sitzung am 25. Februar 1730 sicherte der Adel in seiner überwältigenden Mehrheit Anna uneingeschränkte Unterstützung zu. Erneut spielte die Unterstützung der Garden, die der Adel zugunsten der künftigen Herrscherin hatte mobilisieren können, eine wichtige Rolle. Den Aristokraten des Geheimen Rates blieb nichts anderes, als gute Miene zum bösen Spiel zu machen, während die von der Wendung der Dinge wohl selbst überraschte Anna die unterzeichneten Konditionen zerriss.

Die unbedarfte Provinzfürstin hatte sich schnell die Spielregeln des politischen Geschäfts zu eigen gemacht. Der Oberste Geheime Rat wurde schon Anfang März 1730 aufgehoben, seine Mitglieder verloren ihre Macht. Einzige Ausnahme war Ostermann, der offensichtlich den Braten gerochen und sich rechtzeitig vor der Unterzeichnung der an Anna zur richtenden Konditionen im Obersten Geheimen Rat eine Lähmung der rechten Hand zugezogen hatte. Er sollte auch unter Anna eine der einflussreichsten politischen Persönlichkeiten bleiben und gehörte – neben Fürst Aleksej M. Čerkasskij und Graf Golovkin – auch dem exklusiven, dreiköpfigen „Ministerkabinett" an, das offiziell seit 1731 bestand. Zwar war mit der Aufhebung des Obersten Geheimen Rates der Senat in seiner Funktion als oberste Regierungsbehörde restituiert worden, de facto aber gab Annas persönliches Kabinett die Richtlinien vor. Der Aufstieg des Ministerkabinetts, in welchem der aktive Ostermann eindeutig dominierte, war nicht nur Ausdruck eines grundsätzlichen Misstrauens Annas gegenüber vielen Würdenträgern, sondern auch ihres rasch erlöschenden Interesses an Politik. Seit 1735 war das Ministerkabinett bevollmächtigt, Entscheidungen auch ohne die Kaiserin zu treffen.

Annas politische Passivität hat ihren Teil dazu beigetragen, dass schon Zeitzeugen, vor allem aber die Historiker seit dem 19. Jahrhundert ihre Persönlichkeit und Regierungszeit in negativem Licht beschrieben. Die Kaiserin habe sich selbst Ausschweifungen und Vergnügen hin- und das Land Ausländern, genauer: Deutschen übergeben, die dieses ausgesaugt und heruntergewirtschaftet hätten. Dieses zählebige Konglomerat aus Halbwahrheiten und Unsinn erklärt sich zum Teil aus den Voreingenommenheiten des damaligen Geschlechterrollenverständnisses, zum Teil aus den später noch zu besprechenden Umständen von Annas Thronnachfolge, zum Teil aus oberflächlicher Analyse und nationalistischen Ressentiments späterer Zeiten. Tatsächlich unterschied sich Annas Lebensstil wenig von ihren Vorgängern und Nachfolgern, wie auch die Politik ihrer Regierung grundsätzlich das petrinische Erbe fortsetzte.

Ausgangspunkt für die Deklarierung ihrer Zeit als Epoche der „Deutschenherrschaft" waren bestimmte personelle Konstellationen auf höchster Ebene. Neben Ostermann, der in der Innen- und Außenpolitik geschäftig die Fäden zog, besaß ein weiterer „Deutscher“ immensen Einfluss auf Staatsgeschäfte, obgleich er kein offizielles Amt ausübte. Der ursprünglich aus Westfalen stammende Kurländer Ernst Johann von Bühren war im zweiten Jahrzehnt des 18. Jahrhunderts als Kammerjunker in die Dienste der Herzogin Anna getreten, seit 1727 galt er als ihr Liebhaber. Anna brachte ihn mit nach St. Petersburg, wohin der kaiserliche Hof nach ihrer Thronbesteigung wieder übersiedelte und bildete mit ihm ein unzertrennliches Paar, das – so berichtete man – von Bührens Ehefrau zu einer eigenartigen Menage ausgeweitet wurde. Als Geliebter der Kaiserin war Bühren, der sich seit langem in frankophiler Manier „Biron“ nannte, in den 1730er Jahren so einflussreich, dass die russischen Historiker Annas Ära abwertend als „Bironovščina“, die „Bironerei“, klassifizierten. Höhepunkt der Hofkarriere des ehrgeizigen, ein unermessliches Vermögen ansammelnden Abenteurers war seine Ernennung zum Herzog von Kurland 1737. Ein anderer Deutscher von höchstem Rang und Einfluss war Burkhard Christoph von Münnich (russ. Minich), seit 1721 in russischen Diensten, seit 1731 Generalfeldzeugmeister, Generalfeldmarschall und Präsident des Kriegskollegiums. Die livländischen Gebrüder Karl Gustav und Reinhold Gustav Löwenwolde (Levenvol'de) nahmen führende Stellungen bei Hofe ein, Karl Gustav kommandierte noch dazu das von Anna in richtiger Einschätzung der Wichtigkeit der Garde bei ihrer Thronbesteigung neu gegründete Regiment Izmajlovskij. Andere aus dem Baltikum mitgebrachte Offiziere ergänzten das Bild einer „deutschen Dominanz“ unter Anna Ivanovna.

Sieht man jedoch näher – und frei von nationalen Emotionen – hin, so lässt sich die „Deutschenherrschaft“ rasch als pseudopatriotisches Konstrukt entlarven. Bereits die Epithetierung als „deutsch“ wirft im pränationalen Kontext des frühen 18. Jahrhunderts Probleme auf, schließlich haben wir es bei „Deutschland“ und „den Deutschen“ in jener Zeit keineswegs mit eindeutigen, einem homogenen Nationalstaat zuzuordnenden Kategorien zu tun. „Deutsch“ konnte damals ganz Unterschiedliches bedeuten, was schon die jeweilige Herkunft der prominenten Protagonisten vorführte: Ein Westfale (Ostermann), ein Oldenburger (Münnich), ein Kurländer (Biron), Livländer (die Gebrüder Löwenwolde) – in der vornationalen Zeit der unzähligen Herrschaftsterritorien verband diese Menschen wenig mehr als die gemeinsame Muttersprache. Sie alle waren – wie seit Pëtr I. auch eine zunehmende Anzahl an Russen – Teil einer europäischen „ruling class", deren Spitze die sich gleichfalls „international" gebenden Monarchen bildeten. Das oft gebrauchte Argument der mangelnden Verbundenheit der „fremden" Staatsmänner mit dem Volk und seinem Glauben wiegt angesichts der lebensweltlichen Distanz des russischen Hochadels zum gemeinen Volk sowie der durch das ganze Jahrhundert zu beobachtenden monarchischen Säkularisierungstendenzen ohnehin nicht allzu schwer.

Untermauert wird dieser Befund durch die Tatsache, dass es definitiv keine „deutsche Partei" am russischen Hof gab, im Gegenteil: Die „Deutschen" kämpften und intrigierten mit- und gegeneinander so wie alle anderen an der Politik Beteiligten auch. Koalitionen und Feindschaften bildeten sich jenseits von ethnischen Faktoren, ausschlaggebend waren gemeinsame – politische oder persönliche – Interessen. Im Übrigen war es in der Frühen Neuzeit keine Seltenheit, dass „Zugereiste" in anderen Ländern Karriere machten, nationale Hintergründe waren hierbei peripher. Entscheidend waren vielmehr die sozialen Standeskriterien eines im wahrsten Sinne des Wortes internationalen europäischen Adels bzw. Kompetenzkriterien, die in Russland dank des petrinischen Umgestaltungsprojekts besondere Bedeutung entfalteten. Zu diesem generellen Zeithintergrund gesellte sich der historisch zufällige Umstand, dass Anna im Baltikum residiert hatte und Teile ihrer Entourage aus dem dort ansässigen deutschen Adel entstammten. Zu differenzieren ist freilich unter den führenden drei „Deutschen", dass bei Ostermann und Münnich der Aufstieg durch Dienst und Leistung fundiert war, bei Biron dagegen durch das Bett. So ist es bezeichnend, dass der Favorit keine offiziellen Posten im Staat einnahm und – im Gegensatz zu seinen Konkurrenten – dem Land gegenüber in seinem Verhalten wohl recht fremd blieb.

Auch die historischen Fakten reduzieren die „Deutschenherrschaft" auf eine historiographische Erfindung: Zur Zeit Annas verringerte sich der Anteil der Ausländer unter den Generälen, in der Flotte erhielten die Russen sogar ein eindeutiges Übergewicht. In der Besoldung ging man dazu über, den Russen die gleichen Summen zu bezahlen wie den Ausländern, die man vorher mit deutlich großzügigeren Summen angeworben hatte. Vergleichbare relativierende Beobachtungen lassen sich auf dem Feld der Politik anstellen: Im Ministerkabinett saßen neben Ostermann zwei Russen, ebenso bestand der Senat mit Ausnahme Ostermanns ausschließlich aus Russen, unter den Kollegienpräsidenten waren Münnich und wieder Ostermann die einzigen Deutschen, unter den Gouverneuren waren drei Ausländer. Zum engsten Kreis um die Kaiserin zählten neben den erwähnten Deutschen auch Russen – und in ihrem Gebaren unterschieden sie sich in keiner Weise. Man diente der Kaiserin als Verkörperung des Reiches und versuchte, seine Vorstellungen durchsetzen (und dabei auch seinen eigenen Beutel kräftig anzufüllen).

Angesichts dieser Konstellation verwundert es kaum, dass die in Annas Regierungszeit betriebene Politik im Grundsätzlichen den petrinischen Kurs hielt. Im Außenverhältnis bedeutete das sowohl die Sicherung der erreichten Stellung wie auch das selbstbewusste Auftreten gegenüber den Nachbarn im Westen und Süden. So praktizierte Ostermann eine Verständigungspolitik mit England (Neutralität als Gegenleistung für Handelsprivilegien für die Briten), mit Dänemark (was nach dem Ausscheiden des Holsteiners aus der russischen Politik nur umso leichter fiel) sowie mit Österreich und Preußen. Mit den beiden letzteren Mächten teilte man die Interessen hinsichtlich Polens. Noch zu Lebzeiten König Augusts II. war eine europäische Auseinandersetzung um seine Nachfolge absehbar. Während Frankreich mit seinem alten Kandidaten Stanisław Leszczyński die eigene Position zu stärken gedachte, einigten sich die mittel-osteuropäischen Mächte auf einen mit den Habsburgern verwandten portugiesischen Prinzen, der jedoch nach Augusts Tod 1733 für eine Wahl durch den polnischen Adel als chancenlos gelten musste. Schnell wechselte man in Wien und St. Petersburg die Pferde und setzte mit dem Sachsen Friedrich August doch wieder auf einen Wettiner. Der mit der Wahl beider Kandidaten zu Königen ausgebrochene Polnische Thronfolgekrieg wurde für Russland zum Erfolg. Seine Truppen beherrschten das Land, der Sachse bestieg als August III. den Thron und erklärte sich mit Biron als künftigem Herzog von Kurland einverstanden.

Auch gegenüber dem Osmanischen Reich kooperierte man mit Österreich, wobei sich freilich unter den einflussreichen „Deutschen“ Differenzen zeigten. Ostermann hätte in seiner eher defensiven, auf die Sicherung des Erreichten bedachten Politik einen Krieg mit den Türken wohl gerne vermieden, ganz im Gegensatz zu Feldmarschall Münnich, dessen Visionen von der Schwarzmeerküste über die Donaufürstentümer bis nach Konstantinopel reichten. Die Idee, die petrinische Expansion im Süden zu vollenden, ließ Russland 1735 die Kampfhandlungen beginnen. Doch das Unternehmen stand unter keinem guten Stern. Zwar nahm man 1736 die Festung Azov wieder ein, doch in den Jahren darauf folgten Niederlagen. Da auch dem verbündeten Österreich das Kriegsglück nicht mehr hold war, blieb Russland nicht anderes, als in den Belgrader Friedensvertrag von 1739 einzuwilligen. Insgesamt war das Unternehmen ein Schlag ins Wasser. Einzig greifbares Resultat des teueren und verlustreichen Krieges war für das Russische Reich die Anerkennung der Oberhoheit über die Zaporoger Kosaken, ansonsten galt: Außer Spesen nichts gewesen.

Die Kriege verschärften die ohnehin angespannte Finanzlage im Inneren, worauf man mit traditionellen Maßnahmen reagierte: Der Abgabendruck auf die Bauern stieg – und damit deren Bereitschaft zur Flucht. Dass die Regierung die Rückführungsbemühungen verstärkte, lag freilich nicht nur im Interesse der eigenen Kasse und der Wirtschaftspolitik (schließlich erblickte man im extensiven Bevölkerungswachstum ein wesentliches Mittel zur Steigerung der ökonomischen Leistungskraft), sondern war auch Ausdruck einer grundsätzlich adelsfreundlichen Haltung unter Anna Ivanovna. Ein Entgegenkommen gegenüber dem Adel schien umso angezeigter, als Anna nicht vergessen hatte, wem sie ihre Stellung als uneingeschränkte Autokratin verdankte. So wurde schon 1730 ein schwerer Stein adeligen Anstoßes aus dem Weg geschafft, indem man Pëtrs I. ungeliebtes Einerbengesetz aufhob. In die gleiche Richtung zielte 1736 die Beschränkung der adeligen Dienstpflicht auf 25 Jahre, wobei dem Adel noch die Möglichkeit gegeben wurde, einen Sohn zur Bewirtschaftung der Güter zurückzuhalten. Bereits 1731 wurde das Kadettenkorps in St. Petersburg gegründet, welches Adelssöhnen eine standesgemäße Ausbildung für die Offizierslaufbahn gewährleisten und das Hinaufdienen vom untersten Rang zu umgehen helfen sollte.

Bei allen Zugeständnissen für den Adel blieb Annas Herrschaft gegenüber den geringsten subversiven Tendenzen oder auch nur Verdächtigungen repressiv. Bevor man freilich aus der beachtlichen Aktivität der 1731 restituierten Geheimkanzlei unter General Andrej I. Ušakov die Stilisierung zu einer „Terrorherrschaft“ ableitet, sollte man bedenken, dass auch Vorgänger- und Nachfolgerregierungen sich gegenüber jedweder oppositionellen Haltung nicht nur misstrauisch, sondern erbarmungslos zeigten. Die rigide Ausschaltung politischer Gegner war gemeinhin üblich, die Leitlinie klar: Wer zur Kaiserin hielt, wurde belohnt, Andersdenkende wurden abgestraft. Dass die Regierung mit den Dolgorukijs (zunächst durch Verbannung, später auch durch Hinrichtung einiger Clanangehöriger) sowie mit Golicyn abrechnete, war für die Betroffenen tragisch, jedoch für Russlands politische Kultur der Zeit nicht ungewöhnlich. Etwas anders verhielt es sich im Falle Artemij P. Volynskijs. Der ehemalige Gouverneur von Astrachan’ machte unter Birons Protektion in der zweiten Hälfte Karriere in Annas Regierung. Schon bald jedoch wurde der fähige und ehrgeizige Volynskij, in dessen Umgebung man über verschiedene politisch-administrative Umgestaltungspläne diskutierte, seinem ehemaligen Gönner lästig. Biron und Ostermann schürten eine – persönlich-politisch, nicht ethnisch – motivierte Intrige gegen ihn, der er im Jahr 1740 zum Opfer fiel.

Anna selbst war in dieser Angelegenheit – wie in ihrer gesamten Regierung – hochgradig beeinflussbar, was auch damit zu tun hatte, dass sie Politik wohl eher als eine Belastung empfand und ihren Vertrauenspersonen weitgehende Vollmachten überließ. Um wie viel anregender war da nicht das luxuriöse Petersburger Hofleben mit all seinen Bällen, Maskeraden, Festessen und -empfängen, großen Abendgesellschaften oder Opern-, Theater- oder Ballettaufführungen, mit deren Einführung in St. Petersburg die Kaiserin durchaus ihren Beitrag zur gepflegten Ausweitung der allzu utilitaristischen petrinischen Westimitation leistete. Um wie viel lustiger waren da nicht die Launen und Skurrilitäten bei Hof, wo sich manch Aristokrat als gackerndes Huhn unter einer Narrenkappe wieder finden durfte. Um wie viel pikanter waren da nicht die großen und kleinen Affären und Romanzen bei Hof, unter Würdenträgern oder ranghohen Offizieren, wobei man sich auch selbst mit beiderlei Geschlecht diversen Leidenschaften hingeben konnte. Um wie viel fesselnder war da nicht die Jagd, die – so Annas Entdeckung – keineswegs ein Männerrevier sein musste. Annas Gefallen am Vergnügen brachte zwar die Petersburger Kultur und Architektur nach vorne – der Ausbau der Residenzstadt wurde zielstrebig vorangetrieben –, große kaiserliche Würfe im petrinischen Sinne konnte man freilich nicht erwarten.

Doch in einem waren der große Pëtr und seine Nichte wieder vergleichbar – im Raubbau an ihrer Gesundheit, den ihr jeweiliger Lebensstil bedingte. Wenn Anna auch Pëtrs aktionistische Rastlosigkeit fehlte, so zehrten schon die genießerischen Ausschweifungen zunehmend an der Kaiserin Kräften. Immerhin versäumte sie es nicht, vor ihrem nahenden Ende im Oktober 1740 noch einen Nachfolger zu bestimmen. Dass die kinderlose Anna dabei nicht an die Tochter ihres Onkels Pëtr dachte, sondern an die eigene, ivanische Linie, kann man ihr schwerlich zum Vorwurf machen. Es schien sich gut zu treffen, dass Anna Ivanovnas Nichte, Anna Leopol'dovna, die Tochter ihrer mit dem Mecklenburger Herzog Karl Leopold verheirateten Schwester Ekaterina Ivanovna, im August desselben Jahres einen Sohn geboren hatte. Dieser Säugling, Ivan Antonovič (sein Vater war Prinz Anton Ulrich von Braunschweig-Bevern) „bestieg", Anna Ivanovnas Willen zufolge, im Oktober 1740 als Ivan VI. den russischen Thron. Die Regentschaft für das Kind sollte, auch dies keine Überraschung, Biron übernehmen.

Doch mit Annas Tod war dessen allerhöchste Protektion erloschen; sich Freunde zu machen, hatte der einst allmächtige Herzog versäumt. Unter tatkräftiger Führung seines Antipoden Münnich wurde Biron schon im November 1740 gestürzt, die Regentschaft fiel durchaus im Sinne der Tradition Ivans Mutter Anna Leopol'dovna zu. Diese war eine junge Frau von fast 22 Jahren, keineswegs dumm und durchaus ambitioniert. Doch auch wenn die ersten Monate ihrer Regentschaft sie als recht aktiv und interessiert zeigen, war nicht zu verhehlen, dass es ihr – wie ihren regierenden Vorgängerinnen auch – an politischer Kompetenz mangelte. Die Staatsgeschäfte verlagerten sich damit erneut auf die höfische Entourage, die Anna Leopol'dovna freilich nicht unter Kontrolle bekam, schließlich – das war der entscheidende Unterschied – war sie nicht Kaiserin, sondern nur Regentin für ihren in den Windeln liegenden Sohn. Der Hauptinitiator von Birons Sturz, Münnich, trachtete offensichtlich danach, ein zweiter Biron zu werden, mit dem Ergebnis, dass er im März 1741 seinen Hut nehmen musste. Damit rückte einerseits Ostermann noch mehr in den Mittelpunkt der Staatsgeschäfte, andererseits Graf Golovkin, der als Annas vielleicht engster politischer Vertrauter gelten konnte. Keiner von ihnen hatte jedoch eine starke „Partei“ im Rücken – und die weitere Personalpolitik der Regentin war ebenso inkonsequent wie unglücklich. Die neue Regentschaft verstand es nicht, sich eine verlässliche Anhängerschaft zu bilden, die wenigen aktiven Parteigänger an der Spitze waren sich untereinander nicht grün, auf den nächsthöheren Ebenen hängten allzu viele aus schierem Karrierismus und persönlichem Bereicherungsstreben ihren Mantel nach dem Wind – es entstand der Eindruck einer allgemeinen Korrumpiertheit der Regierung, der durch ebenso großzügige wie willkürliche Belohnungen noch verstärkt wurde. Auch die hauptstädtischen Garden ließen sich gehen, und als die Beschwerden über das unziemliche Verhalten der Elitesoldaten überhand nahmen und Annas Gatte Anton sich als Oberbefehlshaber über die Truppen anschickte, ihnen die Flausen auszutreiben, verloren die „Braunschweiger“ nur weiter an Sympathie.

Zunehmend betrachtete man Anna als fremd und verschlossen. Zwar war sie eine Enkelin des Zaren Ivan V., ihre jugendliche Akkulturierung hatte sie jedoch in Mecklenburg erfahren. Tatsächlich verbrachte sie ihre Zeit bevorzugt mit Ausländern; dass sie eine – allgemein bekannte – Liaison mit dem sächsischen Botschafter hatte, passte ins Bild. Der fehlende Zugang zu ihren Untertanen änderte freilich nichts an Annas Interesse an der Sicherung des Throns für ihre Nachkommen: Sie ließ Projekte ausarbeiten, die die Nachfolge für den Fall eines frühen Todes des kleinen Ivan regeln sollten. Sich selbst ließ sie dabei auch in die Überlegungen miteinbeziehen, ja, es machten Gerüchte die Runde, sie wolle sich selbst zur Kaiserin krönen lassen. Die diffuse Unzufriedenheit steigerte sich. So kamen mehrere Faktoren zusammen, die schließlich für den Sturz Anna Leopol’dovnas und ihres Sohnes Ivan im November 1741 verantwortlich zeichneten: Allen voran die schwache Stellung als Regentin (und nicht als Kaiserin) sowie der hervorgerufene Eindruck der Fremdheit, daneben die diversen Fehlentwicklungen im Regierungsapparat und die Furcht vor einer wie auch immer gearteten Günstlingsdespotie. Doch es bedurfte – wie so oft bei Palastrevolutionen – noch eines weiteren wichtigen Faktors: einer Persönlichkeit, die im Hintergrund als Hoffnungsträger zur Verfügung stand.

3. Pëtrs Tochter: Elizaveta Petrovna

Diese Persönlichkeit, auf die die Unzufriedenen ihre Hoffnungen richteten, fand sich in Gestalt von Elizaveta Petrovna. Wenn man so will, war die Tochter Pëtrs I. in den dynastischen Unübersichtlichkeiten seit ihres Vaters Tod vier Mal „übergangen" worden. Dass sie sich offensichtlich in dieses Schicksal gefügt und ihr Leben am eigenen kleinen Hof eingerichtet hatte, bedeutete freilich nicht, dass ihre grundsätzlichen Ambitionen auf den Thron erloschen waren. Zunächst gab sich Elizaveta gelassen, auch als mit Anna Ivanovnas Thronbesteigung ein dynastischer Bruch zu Lasten der petrinischen Linie erfolgte. Elizaveta zog sich zurück und fand sich mit ihrer Zweitrangigkeit scheinbar ab. Dass das Verhältnis zu ihrer regierenden Cousine eher gespannt war, verwundert angesichts der zumindest diskutierenswerten Thronansprüche Elizavetas kaum. Da Letztere jedoch keine Anstalten machte, gegen ihre Cousine aufzubegehren, beschränkten sich deren Maßnahmen auf kleinere Nadelstiche, wovon etwa die Kürzung von Elizavetas jährlicher Dotierung sowie Eingriffe in ihr Privatleben zeugten. Pëtrs Tochter fand sich jedoch in ihrer Rolle zurecht, in dem Ukrainer Aleksej G. Razumovskij einen treuen Partner und bei Teilen des Volkes sowie der Garden durchaus Sympathie, wozu neben ihrem hübschen Äußeren wohl auch ihre fröhliche, lebenslustige Art beitrug. Auch gegenüber Anna Leopol'dovna gab Elizaveta ihre genügsame Zurückhaltung zunächst nicht auf, obwohl sich ihr tiefer Hass gegen die Regentin belegen lässt.

Hellhörig wurde die lebenslustige Einunddreißigjährige in jedem Fall, als nach Annas Regentschaftsübernahme zum wiederholten Male Gerüchte auftauchten, sie solle ins Kloster geschickt werden. Was wirklich daran war, ist kaum zu rekonstruieren, wohl aber die gezielte Instrumentalisierung durch interessierte Kreise. Zu diesen zählten – neben einer Reihe von Elizaveta nahe stehenden Adelsfamilien, u.a. den Voroncovs und Šuvalovs – auch der französische Botschafter, der mit einem Thron- auch auf einen bündnispolitischen Wechsel im Sinne Frankreichs hoffte. Leicht ließen sich, auch durch pekuniäre „Überzeugungsarbeit", für die populäre Elizaveta die Garden mobilisieren, während die Regierung Anna Leopol'dovnas als

Fremdherrschaft diffamiert wurde. Am 24. November 1741 wurden unter anderem die Granden Ostermann, Münnich, Löwenwolde und Golovkin verhaftet, während Elizaveta selbst in den Winterpalast spazierte und die konsternierte Anna über ihre Absetzung informierte. Sie starb 1746 – wie später auch ihr Gemahl Anton Ulrich – in der Verbannung, während der kleine Ivan sein weiteres Leben kläglich in Gefangenschaft fristen sollte. Ostermann, Münnich und die anderen Verhafteten wurden zum Tode verurteilt, jedoch auf dem Schafott von Elizaveta zur Verbannung begnadigt; somit war der Staatstreich nicht nur unspektakulär, sondern auch unblutig vollzogen worden. Die 1742 und 1743 in Form angeblicher Auflehnungen gegen Elizavetas Herrschaft zu beobachtenden Nachwehen wurden durch entschiedenes Durchgreifen rasch beruhigt. Erneut zeigte sich die neue Kaiserin „gnädig", indem sie etwa die Beschuldigten der so genannten Lopuchin-Affäre, die im Wesentlichen aus Tratsch und Gerede von Seiten der Familie von Pëtrs I. erster Ehefrau Evdokija Lopuchina bestand, nicht hinrichten, sondern nur verbannen ließ, freilich nicht ohne den „Schwätzern" vorher in einem öffentlichen Schauspiel die Zungen herausreißen zu lassen.

Die Regierung Elizavetas wurde lange Zeit von einer patriotisch bewegten Historiographie zur Epoche der Gesundung des russischen Reiches von der jahrelangen „Fremdherrschaft" stilisiert. Mit Pëtrs Tochter, so der Tenor, sei den schädlichen Umtrieben der Deutschen ein Ende gesetzt und eine nationale Konsolidierung Russlands eingeleitet worden. Schon in der Zeit selbst mussten die vorangegangenen Jahre als Negativfolie herhalten, schließlich gab es kein besseres Mittel, den Staatsstreich zu legitimieren. In Wirklichkeit standen die zwanzig Jahre unter Elizaveta Petrovna eher im Zeichen einer grundsätzlichen Kontinuität, nicht nur in den Regierungsgeschäften, sondern auch im kaiserlichen Lebensstil. Trotz eines beachtlichen anfänglichen politischen Impetus Elizavetas entwickelte sie sich rasch zu einer Art „Ballkaiserin", die höfisch-kulturellen Attraktionen europäischen Typs ungleich mehr abgewinnen konnte als der ermüdenden Politik im Detail. Schon Zeitgenossen beklagten, dass Elizaveta zwar über das Potential einer selbsständigen Herrscherin verfüge, dieses aber nicht nutze.

So konzentrierte sich die der Abwechslung so sehr zugewandte Kaiserin bald auf die endlose Abfolge von Bällen, Maskeraden und Festen, die am immer glanzvoller werdenden Petersburger Hof ausgerichtet wurden. Tausende von Kleidern und Schuhen, häufig direkt aus Paris importiert, füllten die Kammern der Paläste, sehr zum Leidwesen der Hofgesellschaft, von der Elizaveta die gleiche Extravaganz einforderte, die sie selbst mit ihrem Prinzip, kein Kleid zweimal zu tragen, an den Tag legte. Der exorbitante Luxus wurde zum Statussymbol der aristokratischen Gesellschaft, die freilich gegenüber der Kaiserin den Nachteil hatte, sich nicht in der Staatskasse bedienen zu können.

Daneben ging die Kaiserin gerne und häufig zur Kirche und ins Theater, weshalb in Ergänzung zu den ausländischen Gastspielen 1756 auch ein russisches Theater in St. Petersburg eingerichtet wurde. Unterschied sich Elizaveta in ihrem Lebensstil nicht nennenswert von ihren Vorgängerinnen, so war auch ihr Hof alles andere als „russisch" geprägt. Nicht nur, dass seit Elizavetas Zeit am Hof und im Hochadel die französische Sprache kultiviert wurde – das Ausland gab auch den Ton in der sich entfaltenden Musikkultur vor, es lieferte Vorbilder für die Anfänge eines literarischen Lebens und es spiegelte sich in der beachtlichen Bautätigkeit wider. Als Großmeister des „russischen Barock" sollte der Italiener Bartolomeo Francesco Rastrelli in die Geschichte eingehen, dessen weltliche und sakrale Prachtbauten bis heute in St. Petersburg (Smolnyj-Kloster, neuer Winterpalast, Sommerresidenz in Carskoe Selo), aber auch in Moskau und Kiev zu bewundern sind. In diesen Kontext des kulturellen Ausbaus fallen auch die Gründung einer Akademie der Künste 1757 sowie der ersten russischen Universität in Moskau zwei Jahre zuvor. Weitere Bildungseinrichtungen für den Adel – etwa das Smolnyj-Institut für Adelsfräulein 1746 und das Marinekadettenkorps 1752 – ergänzten den zivilisatorischen Aufschwung der höheren Schichten. Auch die Akademie der Wissenschaften in St. Petersburg wurde weiter ausgebaut, wobei sich zu den ausländischen Gelehrten nun auch Russen, allen voran der Universalgelehrte Michail V. Lomonosov, gesellten. Kurzum, Russland näherte sich auf kulturellem Gebiet weiter den europäischen Vorbildern an, wobei Elizavetas diversifikatorisches Interesse zur Komplimentierung des Utilitarismus ihres Vaters mit schöngeistigen Komponenten erheblich beitrug.

Doch Elizavetas Faible für Vergnügung und Kurzweil darf nicht zur Vorstellung einer in jeder Hinsicht unpolitischen Kaiserin verleiten. An ihrem selbstherrscherlichen Anspruch ließ Pëtrs Tochter nie einen Zweifel aufkommen. Insbesondere in den Anfängen ihrer Regierung konnte man durchaus ihren Wunsch beobachten, alles in die eigenen Hände zu nehmen. Dabei war es ihre oberste Maxime, auf den Grundlagen ihres Vaters aufzubauen. So wurde noch im Dezember 1741 der Senat wieder als oberstes Regierungsorgan unter der Aufsicht eines Generalprokurors eingesetzt, während das Ministerkabinett aufgelöst wurde. Die Entscheidungen in allen Fragen behielt sich die Kaiserin vor, zur Erleichterung dieser Aufgabe schuf sie sich – wie Pëtr – eine persönliche Kanzlei, deren Leiter Ivan A. Čerkasov alle Anliegen zur Unterschrift vorbereitete. Eine neu eingerichtete „Konferenz" aus hohen Amts- und Würdenträgern sollte darüber hinaus bei aktuellen Problemen zur Beratung einberufen werden.

Mit Elizavetas Distanzierung von den unmittelbaren Vorgängerregierungen ging selbstredend auch ein Kaderwechsel in der Spitzenpolitik einher. Die Getreuen der vergangenen Jahre – die Šuvalovs, Michail I. Voroncov, Aleksej P. Bestužev-Rjumin – erhielten nun Rang und Einfluss, der mit Elizavetas im Lauf der Jahre nachlassender Eigenaktivität im politischen Bereich stetig wuchs. Dass die Betreffenden ihren Aufstieg der Nähe zur Herrscherin verdankten, folgte durchaus der für Russland traditionellen politischen Kultur. Während Voroncov und Bestužev-Rjumin vor allem auf dem Gebiet der Außenpolitik um die Macht konkurrierten, dominierte im Inneren seit Ende der vierziger Jahre der Šuvalov-Clan, wofür abermals persönliche Beziehungen den Ausschlag gaben: Elizaveta hatte Gefallen an dem Hofpagen Ivan I. Šuvalov gefunden und den um 18 Jahre Jüngeren zu ihrem Liebhaber gemacht, als die Leidenschaft für Aleksej Razumovskij nachließ. Während Ivan Šuvalov seinen großen Einfluss – im Einklang mit den Interessen seiner Gönnerin – nicht zuletzt in der Förderung von Kunst, Kultur und Wissenschaft zur Geltung brachte, nutzte sein Cousin Pëtr I. Šuvalov die Nähe zur Kaiserin, um in innen-, wirtschafts- und militärpolitischen Fragen den Ton anzugeben. Dass beide Cousins in der Personalpolitik des intrigendurchsetzten Hofes wesentliche Rollen spielten, verstand sich dabei geradezu von selbst.

In seiner Machtstellung agierte Pëtr Šuvalov ebenso dynamisch wie korrupt, seine wirtschaftspolitischen Modernisierungsanliegen waren stets eng verzahnt mit skrupelloser Selbstbereicherung. Unter seiner Ägide wurde eine extensive Produktionssteigerung erreicht, die Verlagerung der Zollerhebung auf die Außengrenzen führte zu einem Aufschwung des Binnenhandels, aber auch einer Einkunftssteigerung für den Fiskus. Gleichem Ziel dienten auch Steuerreformen, die die – eher schwerer einzutreibende – Kopfsteuer reduzierten und dafür Alkohol und Salz verteuerten. Weitere kreditpolitische Maßnahmen v.a. zu Gunsten des Adels bedingten einen generellen wirtschaftlichen und frühindustriellen Aufschwung, den der mächtige Staatsmann etwa durch eigene Monopole in nicht zu unterschätzendem Maße für sich selbst nutzte. Während die dominante Stellung des Adels im russischen Wirtschafts- und Sozialgefüge weiter ausgebaut wurde, erhöhte sich der Druck auf die Bauern: Intensivierten adeligen Zugriffsrechten und steigenden Abgabenlasten standen als Ausgleichsventile nur die bäuerliche Flucht oder die verzweifelte Erhebung zur Verfügung. Auch in dem aus dieser Konstellation ersichtlichen Fehlen eines tieferen Problembewusstseins für die Lage auf dem Land zeigte sich eine grundsätzliche, zu Pëtr I. und darüber hinaus zurückreichende Kontinuität: Adressaten der wirtschaftlichen Modernisierung waren Adel und, in eingeschränktem Maße, Kaufmannschaft.

Weitere gesellschaftspolitische Fragen wurden ebenfalls im petrinischen Sinne angegangen: Die Rangtabelle wurde in ihrer den Sozialstatus bestimmenden Funktion gestärkt; Pëtrs Vorstellungen zur Kleider- und Barttracht im Wesentlichen bestätigt; der Ausbau eines policeystaatlichen Regelwerks für das städtische Leben weiter verfolgt. Der Wunsch nach Regelung zeigte sich auch in Elizavetas Plan, die seit Pëtrs Tod erlassenen Gesetze vom Senat mit dessen Vorgaben in Einklang bringen zu lassen, ein Ansinnen, das 1754 auf Anregung Pëtr Šuvalovs zugunsten der Einrichtung einer Gesetzbuch-Kommission aufgegeben wurde, die eine neue, das Uloženie von 1649 ablösende fundamentale Gesetzeskodifizierung erarbeiten sollte. Die Kommission nahm zwar ihre Arbeit auf, brachte sie jedoch nicht zum Abschluss und wurde Jahre nach Elizavetas Tod, im Jahre 1766, geschlossen, als Kaiserin Ekaterina II. einen eigenen Anlauf zur legislativen Sammlung unternehmen sollte. Praktische Resultate jenseits einer juristischen Kodifizierung entstanden aus Elizavetas Abneigung gegen die Todesstrafe. Zwar wurde sie angesichts einer nicht zu unterschätzenden Kriminalität – wohl auch aufgrund von

Widerständen in Senat und Synod – nicht abgeschafft (wie man im Übrigen auch an barbarischen Bestrafungen und Foltermethoden durchaus festhielt), doch die Kaiserin umging das Problem, indem sie keines der ihr vorgelegten Todesurteile unterzeichnete.

Nicht zuletzt diese Haltung wurde zum Anlass für Elizavetas Charakterisierung als milde und gütig (die freilich seit jeher zu den standardisierten Epitheta „guter Zaren" gehörten). Die Milde der Kaiserin hatte jedoch ihre Grenzen dort, wo sie auf eine in ihrer naiven Religiosität unaufgeklärte, auch gegen den Pragmatismus Pëtrs I. verstoßende Intoleranz trafen: Für Juden, Protestanten, armenische Christen oder Muslime hatte Elizaveta wenig Verständnis; ihr einziges Konzept schien zu sein, den Andersgläubigen das Leben möglichst schwer zu machen und sie zur Konvertierung zu bewegen. Dementsprechend wich die Kaiserin auch in ihrer Haltung gegenüber der Orthodoxen Kirche vom Weg des Vaters ab, indem sie 1753 die Rückgabe der Klostergüter unter die Jurisdiktion der Kirche verfügte und damit für eine Pause im Säkularisierungsstreben des 18. Jahrhunderts sorgte. Auch in der ukrainischen Frage lieferte Elizavetas persönliche, von ihrem Vertrauensverhältnis zu Razumovskij mitbestimmte Haltung den Grund für ein Innehalten in der von Pëtr begonnenen domestizierenden Eingliederungspolitik. Höhepunkt des Entgegenkommens gegenüber „kleinrussischen Wünschen" war die nochmalige Bestellung eines Hetmans (Kosakenführers) im Jahre 1750. Dass ausgerechnet Kiril G. Razumovskij, der Bruder des Favoriten, diesen Posten übernahm, verweist abermals darauf, dass die traditionell praktizierte Vetternwirtschaft auch unter Elizaveta intensiv kultiviert wurde.

Doch all diese persönlich geprägten Eingriffe der Kaiserin im Bereich der inneren Politik machen eher den Eindruck von Punktualität. Außer einer grundsätzlichen Anlehnung an das Werk ihres Vaters schien Elizaveta nicht über große Visionen für die politische Gestaltung ihres Reiches zu verfügen. Bei allem Anspruch auf selbstherrscherliche Eigengewalt überließ sie in der Praxis vieles ihren Günstlingen, deren Eigeninteressen sich mit Elizavetas Vorlieben und einem an gemeineuropäischen Tendenzen orientierten Zeitgeist zu einer pragmatischen, freilich auch diffusen Fortführung der petrinischen Grundlagen vereinten. Ähnliches galt für Russlands Außenverhältnis, wobei dieses Feld der Kaiserin wohl doch interessanter schien als die Regierungsarbeit im Inneren. Schließlich spielte man seit Pëtr I. im „Konzert" der Mächte mit, war damit die Kaiserin auch Teil der prestigeträchtigen Welt der europäischen Monarchien. Diplomatische, kriegs- und bündnispolitische Fragen waren in den Herrschern und ihren Gesandten personifiziert, machtpolitische Raison und persönliche Neigungen, diplomatisches Kalkül und höfische Intrige untrennbar verknüpft. Für Elizaveta offenbarte sich eine – im Vergleich zum legislativen Detail – ungleich faszinierendere Welt, an der sie Anteil nahm, eine Welt voller Glanz und Inszenierung, voller Gerüchte und Tratsch, voller Skandale und Unerhörtheiten, voller Beziehungen, Freundschaften und Feindschaften und schließlich: voller Ambition und Prestige.

Im rein kriegerischen Sinne hatte Russland unter Elizaveta gleich zu Beginn eine Bewährungsprobe erfolgreich bestanden: Schweden war noch im Sommer 1741 der Versuchung unterlegen, Russlands mögliche Schwäche nach dem Tod Anna Ivanonvas im Sinne einer Revision des Friedens von Nystad auszunutzen. Die Kalkulation war jedoch nicht aufgegangen, der Frieden von Abo (August 1743) bestätigte nicht nur die Nystader Bestimmungen, sondern bescherte Russland noch einige zusätzliche Gewinne aus dem finnländischen Territorium. Die zweijährige Auseinandersetzung hatte freilich noch einen diplomatischen Nebeneffekt: Sehr zum Leidwesen der in kultureller Hinsicht frankophilen Elizaveta präsentierte sich Frankreich als Vermittler wenig russlandfreundlich. Für Russlands führenden Außenpolitiker Bestužev-Rjumin bot die Enttäuschung der Kaiserin die Gelegenheit, seine gegen Frankreich und gegen das im Österreichischen Erbfolgekrieg allzu offensiv auftretende Preußen gerichtete bündnispolitische Konzeption eines Zusammengehens mit England und Österreich durchzusetzen, die ihren Niederschlag zwar nicht in einer direkten kriegerischen Involvierung Russlands, aber doch in beträchtlicher diplomatischer Einflussnahme fand. Dabei verschlangen sich mit Elizavetas Antipathie gegen den „Störenfried" Friedrich II. von Preußen abermals Kalkül und Emotion ineinander. Bestuževs britische und österreichische Vertragspolitik wurde bis Mitte der 1750er Jahre fortgeführt, bis 1756 das „Renversement des alliances" Russland vor Probleme stellte: Der verhasste Friedrich verband sich mit dem russischen Partner England, während sich auf der anderen Seite die Freundesmacht Österreich und der Feind Frankreich annäherten.

Mit dem Ausbruch des „Siebenjährigen Krieges“ musste Russland seinen Verpflichtungen als Bündnispartner Österreichs gegen die neue englisch-preußische Koalition nachkommen. Auch wenn die russischen Truppen Preußen gegenüber durchaus erfolgreich agierten, brachte der Krieg den Petersburger Hof völlig durcheinander. Die Kaiserin befand sich in schweren gesundheitlichen Krisen, ihr Ableben schien absehbar. Der Thronfolger sympathisierte offen mit dem Kriegsgegner Preußen, seine Gattin galt als anglophil und damit ebenfalls als gegen die aktuelle Bündnissituation positioniert. Ob es Bestuževs alte probritische Sympathien waren oder der Wunsch, sich mit dem künftigen Kaiserpaar gut zu stellen – der alternde Kanzler näherte sich den beiden an, eine Entwicklung, die Bestuževs Neidern nicht verborgen blieb. Man unterstellte ihm verschwörerische Absichten und sorgte für seinen Sturz, wobei Elizaveta das Todesurteil für ihren Außenpolitiker nach bewährtem Muster in Verbannung umwandelte. Bestuževs alter Konkurrent, Vizekanzler Michail I. Voroncov, nahm 1758 dessen Posten ein. Unterdessen brachten die russischen Armeen die Militärmacht Preußen an den Rand der Niederlage. Doch der in Preußen sehnlichst erwartete Tod Elizavetas nach Jahren des gesundheitlichen Niedergangs am 25. Dezember 1761 bedingte den Rückzug Russlands aus dem Siebenjährigen Krieg, über die Gründe wird noch zu sprechen sein.

Die Geschichtswissenschaft hat sich seit jeher etwas schwer getan, die Zeit Elizaveta Petrovnas als eigenständige Phase der Geschichte des 18. Jahrhunderts zu beschreiben. Aus der historischen Vogelperspektive scheint ihre Herrschaft – wie die ihrer Vorgänger – zwischen den „Kolossen“ Pëtr I. und Ekaterina II. in der Versenkung zu verschwinden, obgleich ihre Regierung 20 Jahre währte. Dazu trägt wohl nicht unerheblich bei, dass Elizaveta zwar über ein selbstherrscherliches Auftreten verfügte, dieses jedoch nur bedingt für die politische Gestaltung des Landes einsetzte. Im Gegensatz zu Pëtr I. war sie keine „Macherin“, die sich rigoros der Umformung der Verhältnisse nach eigenen Vorstellungen gewidmet hätte. Im Gegensatz zu Ekaterina II. investierte sie ihre Kultiviertheit nur in die schöngeistige, nicht aber die staatstheoretische Sphäre und ließ ihre Publikumswirkung vorwiegend im höfischen Glanz, weniger in der öffentlichen, politisch intendierten Inszenierung erstrahlen. Auch im imperialen Sinne nach außen konnte sich Russland unter Elizaveta nur behaupten, jedoch nicht annähernden Zugewinn wie bei Pëtr und Ekaterina erlangen. Dabei lassen sich verschiedene Aspekte ihrer Zeit durchaus in die großen Kontinuitätslinien des 18. Jahrhunderts einordnen: die Annäherung an die europäische Hochkultur, der wirtschaftliche Ausbau, die legislativen Ordnungsabsichten. Dass es sich dabei jedoch einerseits mehr um Fortführung als um Innovation handelte, andererseits mehr um selbstläuferische Entwicklung als systematische Implementierung, macht das Dilemma aus. Im Koordinatensystem von persönlichem Anspruch und Desinteresse, nepotistischer Konkurrenz, traditionsbewusster Anlehnung und diffuser Modernisierungsabsicht entsteht für die Historie jenes gleichermaßen beachtliche wie beschränkte Bild von Elizaveta, das sie selbst wohl durchaus akzeptiert hätte: „Pëtrs Tochter“.

V. Absolutismus, Aufklärung und Expansion: Die deutschen Erben der Dynastie (1761–1796)

1. Aufgeklärter Absolutismus nach preußischem Vorbild: Pëtr III. Fëdorovič

Elizavetas Nachfolger, Pëtr III. Fëdorovič, mit dem streng genealogisch gesehen aus der Dynastie der Romanov diejenige der Romanov-Holstein-Gottorp wurde, regierte nur ein halbes Jahr. Ende Juni 1762 wurde er von seiner Ehefrau Ekaterina Alekseevna gestürzt und wenige Tage später liquidiert. Die Geschichtsschreibung hat die Thronusurpation Ekaterinas stets mit viel Sympathie begleitet, schien es sich doch bei jenem Pëtr III. um ein grässliches Monstrum zu handeln, von garstigem Äußeren und debilem Inneren, unfähig nicht nur zur Regierung, sondern auch zu einem gesitteten, würdevollen Leben. Man unterstellte Pëtr Dummheit bis an die Grenze des Schwachsinns, klassifizierte ihn als grob und vulgär, zugleich als kindisch und albern, warf ihm engstirnige Tyrannei vor und hielt ihn für einen besinnungslosen Alkoholiker. Pëtr ging als dynastischer Abschaum in die Geschichte ein, der alles Abstoßende in sich zu vereinen schien und dessen Ausschaltung geradezu eine natürliche Notwendigkeit in sich besaß. Das Problem dabei war nur, dass sich die Geschichtsschreibung oft ausschließlich auf Quellen gründete, die seine Todfeindin Ekaterina und ihr nahe stehende Personen hinterlassen hatten. Deren Bemühungen, den gestürzten Kaiser zu diskreditieren, um sich selbst im rechten Licht erscheinen zu lassen, wurden allzu eilfertig und unreflektiert aufgegriffen, so dass ein einzigartiges Zerrbild entstand. Erst jüngere Studien haben sich von der historiographischen Dienstbarkeit gegenüber Ekaterina befreit und versucht, aufgrund gewissenhafter Analyse zu einer realistischeren Würdigung Pëtrs III. zu gelangen, auf der die folgenden Ausführungen aufbauen.

Wenden wir uns zunächst nochmals der Zeit Elizaveta Petrovnas zu. Die Nachfolgefrage hatte die Kaiserin schon früh beschäftigt. In ihrer Jugend waren diverse Heiratsprojekte, etwa mit dem jungen Ludwig XV. von Frankreich oder dem Herzog Karl August von Holstein aus verschiedenen Gründen gescheitert. Spätestens mit ihrer Thronbesteigung verbot sich eine Heirat aus staats- und dynastiepolitischer Räson, da das Land nicht einem ausländischen Ehemann „ausgeliefert“ werden konnte; zugleich stand damit fest, das Elizaveta keinen legitimen Nachfolger gebären würde. Die Kaiserin klärte die Frage schon im ersten Jahr ihrer Herrschaft, indem sie sich für den Sohn ihrer 1728 verstorbenen, mit dem Herzog Karl Friedrich von Holstein-Gottorp verheirateten älteren Schwester Anna Petrovna, Karl Peter Ulrich entschied. Noch 1742 übersiedelte der damals 14-jährige, nach dem Tod des Vaters verwaiste Neffe nach Russland, wo er im Zuge der orthodoxen Umtaufe den Namen Pëtr Fëdorovič annahm. Für den jungen Karl Peter Ulrich kam diese Wendung überraschend, war er doch als Großneffe der schwedischen Königin Ulrike Eleanore für die schwedische Thronfolge im Gespräch gewesen und hatte seine Akkulturation im norddeutsch-skandinavischen Milieu des Protestantismus erfahren. Dies schien umso mehr angezeigt, als eine mögliche „russische Karriere“ als Enkel Pëtrs I. nach der Inthronisation Annas aus der ivanischen Linie verbaut schien. Erst Elizavetas Staatsstreich schuf eine neue Konstellation, die die plötzliche Umorientierung auf das Kaiserreich bedingte; der schwedische Ruf auf den Thron kam Ende 1742, nach Pëtrs Bestimmung zum russischen Thronfolger, zu spät.

Die frühen Prägungen sorgten wohl mit dafür, dass Pëtr vieles an Russland, seiner Orthodoxie und seiner ostslawischen Bevölkerung zeitlebens fremd blieb, beziehungsweise er die feste Absicht fasste, Russland nach mitteleuropäischem Vorbild umzuformen – in seinem grundsätzlichen Kern seit Pëtr I. kein Novum mehr. Weder machte der Thronfolger aus seinen Vorstellungen einen Hehl noch brachte er die Bereitschaft auf, sein Leben voll und ganz auf die neue Umgebung auszurichten, ganz im Gegensatz zu seiner für ihn gewählten Braut Sophie Friederike Auguste von Anhalt-Zerbst, die er 1745 als Ekaterina Alekseevna ehelichte. Während sie sich mit großem Eifer zu „russifizieren“

begann, blieb der Thronfolger innerlich und äußerlich ein Holsteiner; sein Interesse galt in starkem Maße dem norddeutschen Raum, sein großes Vorbild erblickte er im Preußenkönig Friedrich II., dessen straffen Absolutismus er, der von Kindheit an im Geiste eines erbarmungslosen militärischen Drills erzogen wurde, bewunderte. Die Bildung, die der Thronfolger in Russland erhielt, war vielseitiger, doch wurde deutlich, dass sich der von seinem Erzieher Jakob Stählin (Štelin) als durchaus guter Schüler beschriebene Jüngling weiterhin vor allem für militärische Fächer interessierte. Dass Pëtr sich in der Gesellschaft von Offizieren und Soldaten wohl fühlte, gerne „Krieg“ spielte und ein Faible für Exerzieren und Paraden ausbildete, kommentierte man später abschätzig, wogegen die ähnlich gearteten Leidenschaften seines Großvaters als Keimzelle kommender Größe beschrieben wurden. Dabei war Pëtr III. in seinen Beschäftigungen durchaus kultivierter als sein großer Namensvetter: Er liebte die Musik, spielte selbst auf mehreren Violinen, interessierte sich für die Malerei, sammelte Bücher und las sie auch.

Dass der Thronfolger sich immer mehr in seine eigenen Welten zurückzog, lag nicht zuletzt an wenig erfreulichen Zügen der höfischen Umgebung. Nach seiner Bestimmung zum Thronfolger glaubte Elizaveta offensichtlich, ihre Schuldigkeit getan zu haben: Weder kümmerte sie sich um den Jungen noch bereitete sie ihn auf seine künftigen Aufgaben vor – schließlich war die Kaiserin erst in ihren Dreißigern und mit anderen Dingen beschäftigt. Auch die ihm angetraute Ekaterina interessierte sich nicht für Pëtr, sondern vielmehr für den russischen Thron. Seit ihrer Übersiedelung nach Russland verfolgte sie konsequent ihr Ziel, Kaiserin zu werden – ob mit Pëtr oder ohne. Dass es grundsätzlich auch „ohne“ ging, demonstrierte sie durch ihre offensichtlich schon bald nach der Hochzeit einsetzende Untreue. Ihre Behauptung, Pëtrs angebliche sexuelle Unreife habe sie in jahrelanger Enthaltsamkeit darben lassen, darf wohl nicht allzu ernst genommen werden. So ist es auch im Kontext einer früh zerrütteten Ehe zu sehen, dass Pëtr später – neben anderen Affären – eine Liaison mit Elizaveta R. Voroncova, der Nichte des Kanzlers, einging, während seine Gattin ihm in intimer Abenteuerlust alles andere als nachstand.

Den diversen Intrigen und Sticheleien der beiden einander bald nur noch in Feindschaft verbundenen Ehegatten soll hier keine weitere Aufmerksamkeit geschenkt werden; ohnehin steht nur eine einseitige Quellenbasis zur Verfügung, deren zahlreiche haarsträubenden Anekdoten über Pëtrs Debilität bestenfalls als unglaubwürdig einzustufen sind. Die Atmosphäre bei Hofe war jedenfalls angespannt, wozu die Tatsache, dass Pëtr mit zunehmendem Alter immer mehr eigene, Elizavetas Politik gegenüber kritische Vorstellungen ausbildete, mindestens ebenso beitrug wie die zahlreichen menschlichen Pikanterien. Für ernste Zusammenstöße sorgte Pëtrs ablehnende Haltung gegenüber Russlands Engagement im Siebenjährigen Krieg, hinter der sicherlich der Wunsch nach einer Koalition mit Preußen im holsteinischen Interesse stand, die jedoch auch die Frage tangierte, inwieweit die Feindschaft zu Preußen Russland dienlich sein könnte. Es verwundert nicht, dass Pëtr nach Elizavetas Tod zügig auf eine Beendigung des Kriegszustandes mit Preußen und die Anbahnung einer bündnispolitischen Verständigung im Ostseeraum, die unter anderem auch eine gemeinsame Haltung in der polnischen Frage beinhaltete, hinarbeitete. Die Einschätzung, dass Pëtr damit den russischen Armeen den Sieg geraubt hätte, stimmt nur zum Teil: Weder hatte Preußen kapituliert noch waren die russischen Kräfte unerschöpflich, im Gegenteil – der Krieg belastete mit seinen Opfern das Kaiserreich schwer. Im Übrigen war auch ein Separatfrieden Österreichs mit Preußen in der Diskussion, was den ganzen Krieg nur noch sinnloser gemacht hätte.

Die Zielstrebigkeit, mit der Pëtr in seiner kurzen Zeit auf dem Thron nicht nur den außenpolitischen Kurswechsel anbahnte, sondern auch im Inneren eine Politik im Sinne des Aufgeklärten Absolutismus initiierte, legt nahe, dass er seine Jugendzeit längst nicht nur, wie von Ekaterina behauptet, mit dümmlichen Puppenspielen zugebracht hatte. Stattdessen muss er, der sich übrigens auch in eine Freimaurerloge integrierte, politische Konzeptionen entwickelt haben, die durchaus dem europäischen Zeitgeist entsprachen. In diesem Sinne gab es vieles, was den ehrgeizigen, doch von den Regierungsgeschäften fern gehaltenen Thronanwärter stören konnte: die zunehmende politische Lethargie seiner Tante, die Vetternwirtschaft innerhalb der Aristokratie, der schlechte Zustand der Garden, die rückwärtsgewandte religiöse Intoleranz – all dies verdichtete sich zu einem unbefriedigenden, den Anforderungen absolutistischer Leistung widersprechenden

Bild von den russischen Zuständen, an deren Änderung sich Pëtr mit Energie und Willensstärke machte, sobald er die Verantwortung trug.

Das halbe Jahr, das Pëtr nach seiner Thronbesteigung im Dezember 1761 blieb, barst schier über vor autokratisch-legislativer Aktivität. Mit einer Fülle von Erlassen und Resolutionen machte sich der Kaiser an die Umgestaltung seines Reiches nach Kriterien rationaler Sinnhaftigkeit und Effizienz. Pëtr hatte feste Vorstellungen und keine Scheu, diese zu verwirklichen. Zugrunde lag ihnen die Konzeption eines policeystaatlich wohlgeordneten, aufklärerisch-vernünftigen Absolutismus, dessen Regelwerk alle Institutionen und Gesellschaftsteile zu erhöhter Leistungsfähigkeit für das Reich und damit das „allgemeine Gute" bewegen sollte. Auf der höchsten exekutiven Ebene versuchte Pëtr III., die personalistischen Strukturen von Elizavetas Regierung in Richtung behördlicher Stringenz zu verändern, indem er die „Konferenz" auflöste und zunächst den Senat und die Kollegien in ihren ursprünglichen Funktionen bestätigte. Das Vorbild des absolutistischen Preußen bewog ihn später zur Konzipierung eines „Generaldirektoriums", das wohl als künftige Oberinstanz der Zentralverwaltung gedacht war. Abgeschafft wurde auch die Geheime Kanzlei, in deren auf Denunziation und Gewalt fußenden Umtrieben Pëtr zu Recht eine Quelle der Destabilisierung und judikativen Aushöhlung erblickte. Es fügte sich in diesen Kontext ein, dass der Kaiser jene Partien aus dem Strafrecht, die die Folterung von Zeugen ermöglichten, eliminieren ließ. Riefen diese Maßnahmen durchaus Zustimmung hervor, so galt das erst recht für einen von Pëtrs größten politischen Schritten – die Befreiung des Adels von der Dienstpflicht am 18. Februar 1762. Damit sollte keineswegs die führende gesellschaftliche Gruppe von jeglicher Pflicht gegenüber dem Vaterland entbunden werden, vielmehr ging es darum, das Verhältnis des Adels zum Staat auf eine neue Grundlage zu stellen. Wenngleich Adelige nun – in Friedenszeiten – ihren Abschied nehmen konnten, erwartete die Monarchie das freiwillige Engagement im gemeinsamen Interesse. Man versprach sich davon einerseits eine höhere Professionalisierung und Effizienz in einer verschlankten Verwaltung, andererseits eine bessere Nutzung des ökonomischen Potentials des Adels, dem bestimmte Grundrechte und -privilegien bestätigt wurden.

Gleichzeitig jedoch wollte man sich bei der wirtschaftlichen Ankurbelung nicht nur auf die Nobilität verlassen, weshalb Pëtr das adelige Manufakturmonopol abschaffte und weitere Maßnahmen zur Handelsförderung und -ausweitung einleitete. Dass der Kaiser dabei auch auf die Kaufmannschaft setzte, zeigte seine Zustimmung zu dem Vorschlag, Kaufmannssöhne zu praktischen Studien ins Ausland zu senden. Generell schien Pëtr ein Ausbau der in Russland nur rudimentär vorhandenen Ansätze eines Stadtbürgertums nach deutschem Vorbild vorzuschweben, wozu auch seine Vorschriften zu einer geregelten Stadtentwicklung gehörten. In den Kontext einer Handelsintensivierung ordnete sich die Einrichtung einer Staatsbank mit der Ausgabe von Papierbanknoten ebenso ein wie das Ansinnen, die Landwirtschaft in den kommerziellen Kontext miteinzubeziehen. Wenngleich der Kaiser hinsichtlich des sozialen Status der Bauern in den konventionellen Bahnen einer antiemanzipatorischen patriarchalischen Fürsorge verblieb, erblickte er doch zu Recht in der russischen Agrarökonomie ein für die Volkswirtschaft bis dato weitgehend ungenutztes Potential. Während es Importe einzuschränken galt, sollte die eigene Getreideproduktion intensiviert und exportfähig gemacht werden.

Pëtrs Konzept der Ressourcenmaximierung bezog auch die Kirche mit ein. Dass der Kaiser an längst geplante Säkularisationsvorhaben anknüpfte, hatte nichts mit seiner persönlichen Indifferenz gegenüber der Orthodoxie zu tun, sondern ist in Beziehung zu den staatskirchlichen Tendenzen des Zeitalters zu setzen. Pëtr III. verfügte die Überführung der kirchlichen Güter in die Verwaltung des Staates, wodurch die Kirchenbauern zu Staatsbauern wurden. Obgleich diese ökonomischen Maßnahme im Kontext allgemeiner Leistungssteigerung und beständigen Staatsausbaus zu sehen ist, wurde sie von Kirchenvertretern, kaum überraschend, als Angriff auf die Rechtgläubigkeit interpretiert. Dies galt umso mehr, als parallel dazu weitere Veränderungen des kirchenpolitischen Kurses initiiert wurden: Wie seinem Vorbild Friedrich II. von Preußen war es Pëtr III. egal, an welchen Gott beziehungsweise in welchem Ritus seine Untertanen glaubten. Für ihn hatte die Religion als Grundlage eines vernünftigen, effektiven Lebens zu dienen. So hob der Kaiser nicht nur die Verfolgung der Altgläubigen auf, sondern plante die Einführung der Religionsfreiheit im Russischen Reich, während diverse an lutheranischen Vorbildern ausgerichtete „Verbesserungen“ die Orthodoxie in der Praxis „vernünftiger“ und „sinnvoller“ machen sollten.

Insgesamt offenbart die kurze Regierungszeit Pëtrs III. eine beachtliche Aktivität im Sinne einer rationalen Regulierungspolitik. Es verwundert kaum, dass die verschiedenen Maßnahmen unterschiedliche Reaktionen zeitigten. Während die Adelsbefreiung ebenso wie die Abschaffung der Geheimkanzlei geradezu enthusiastisch aufgenommen wurden, war die Orthodoxe Kirche über den Störenfried empört. Weitere Unzufriedenheiten waren absehbar: Wer im Zuge des Thronwechsels seinen Posten verloren hatte, grummelte ohnehin, darüber hinaus passte dem Adel das Engagement zugunsten der kaufmännischen Stadtbürger nicht, die Staatsdiener sehnten sich bald zurück nach dem Laisser-faire der vergangenen Jahre, die Garden litten unter den erhöhten Anforderungen, die Pëtr an „seine“ Elitetruppen stellte, wobei die Einführung von Uniformen nach preußischem Muster nur ein äußerliches, wenn auch in seiner Symbolwirkung verstörendes Moment war. Am Unerträglichsten schien dem Militär jedoch die immer konkreter werdende Perspektive eines Feldzugs gegen Dänemark im Holsteinischen Interesse. Dennoch vermögen die kleinen und großen Unzufriedenheiten mit der neuen, reformistischen Politik den gewaltsamen Sturz Pëtrs ebenso wenig zu erklären wie seine immer wieder angeführte hochfahrende, arrogante, rücksichtslose Art, schließlich gehörten die Umsetzung innenpolitischen Willens und kriegspolitischer Ambition sowie ein selbstherrscherlicher Habitus zu den zarischen Prärogativen.

Entscheidend war vielmehr die gezielte konspirative Absicht Ekaterina Alekseevnas. Längst waren die ehelichen Verhältnisse so sehr zerrüttet, dass die ehrgeizige junge Gemahlin um ihr Lebensziel, den russischen Thron, fürchtete. Darüber, ob Pëtr tatsächlich gedachte, die ungeliebte Gattin abzuschieben, erlaubt die Quellenlage keine ernsthaften Aussagen. In jedem Falle stand aufgrund der völligen Entfremdung zu Pëtr bestenfalls ein einflussloses, zurückgesetztes Leben an der offiziellen Seite des verhassten Kaisers zur Aussicht. Damit war Ekaterina nicht bereit sich abzufinden. In der langen Zeit an Elizavetas Hof hatte sie es verstanden, durch Klugheit und Charme ein Netzwerk von Staatsmännern und Offizieren aufzubauen, die ihr teils bedingungslos ergeben waren. Geschickt nutzte sie punktuelle Unzufriedenheiten mit der Politik des Kaisers, um das Bild einer Staatskrise zu zeichnen, die nur durch den Sturz Pëtrs zu ihren Gunsten zu lösen sei. Wie schon bei vergangenen Kämpfen um den Thron ließen sich die Garden, durch des Kaisers erhöhte Leistungsanforderungen ohnehin verärgert, einspannen, so dass Ekaterina rasch beachtliche Kräfte zur Verfügung hatte. Am 28. Juni 1762 ließ sie sich in St. Petersburg zur Kaiserin ausrufen, während Pëtr im weit außerhalb der Hauptstadt gelegenen Sommerschloss Oranienbaum verhaftet wurde. Überraschend an dem Ganzen war die Passivität Pëtrs, der keinen nennenswerten Widerstand leistete. Ob er die Lage als aussichtslos einschätzte? Ob er Ekaterina unterschätzte? Ob er spontan die Überlegung fasste, Russland seiner Frau zu überlassen und selbst zurück nach Holstein zu gehen? Ekaterina jedenfalls war entschlossen, die Angelegenheit sicher zu Ende zu bringen. Während Pëtr unter Arrest gestellt und zu einer demütigenden Abdankung gezwungen wurde, diffamierte sie ihn in verlogenen Manifesten nicht nur als zur Regierung unfähig, sondern als Verräter an den Interessen Russlands, wofür der Friedensschluss mit Preußen und der angebliche Plan, die Orthodoxie durch eine andere Religion zu ersetzen, herhalten mussten. Pëtr gegenüber zeigte sich Ekaterina skrupellos. Während sie ihn offensichtlich mit falschen Perspektiven einer möglichen Ausreise zu beruhigen versuchte, klügelte sie längst eine finale Lösung aus. Ein abgesetzter Pëtr hätte eine ständige Gefahr für sie dargestellt, ob unter Arrest im Inland oder im ausländischen Exil. Es gab nichts zu diskutieren – der verhasste Gatte musste beseitigt werden. Eine offizielle Aburteilung und Hinrichtung war undenkbar, dafür war Ekaterinas Position als Usurpatorin, zu deren Gefolge bis dato nur Teile der hauptstädtischen gesellschaftlichen und militärischen Elite zählten, zu unsicher. Es fiel ihr jedoch nicht schwer, in ihrer Entourage bereitwillige Schergen zu finden, die den Kaiser ohne viel Aufheben um die Ecke brachten. Es fiel wohl Aleksej G. Orlov, dem Bruder von Ekaterinas aktuellem Liebhaber Grigorij, zu, Pëtr am 6. Juli 1762 zu erwürgen. Offiziell war der Kaiser an einer „Kolik“ verstorben.

Mit dem Staatsstreich begann eine gigantische Verleumdungskampagne gegen Pëtr III. Für die Usurpatorin bestand die einzige Möglichkeit, sich Legitimität zu erarbeiten, in der Selbststilisierung als Retterin des Vaterlandes vor einem schädlichen Ungeheuer. Dass die kurze, aber vielversprechende Regierung Pëtrs von da an nur noch zur grotesken Episode verkam, lag in erster Linie an der verbindlichen Vorgabe des Diskurses durch eine ausgewiesene Selbstdarstellerin, deren Beredsamkeit die Historiker allzu gerne auf den Leim gegangen sind. Dabei hätte schon der häufig so bewundernde Blick auf die unbestrittenen politischen Leistungen Ekaterinas das Lügengebäude zum Einsturz bringen müssen. Wenn Pëtr der infantile Idiot und verräterische Volksfeind war, als den ihn Ekaterina präsentierte, warum setzte sie dann – nach verschieden langen „Anstandspausen" – seine Politik konsequent fort? Dass Ekaterina als „aufgeklärte Absolutistin" par excellence in die Geschichte eingehen konnte, verdankte sie – neben ihrem Talent zur Selbstinszenierung und ihrer Koketterie mit französischen Philosophen – nicht zuletzt den politischen Konzepten, die ihr der verhasste Gatte vorgegeben hatte.

2. Aufgeklärter Absolutismus als Selbstinszenierung: Ekaterina II. Alekseevna

Für ihre Fortführung des Aufgeklärten Absolutismus nahm sich Ekaterina II. erheblich mehr Zeit, als sie ihrem Gatten zugestanden hatte: Mehr als 34 Jahre, bis zu ihrem Tod am 6. November 1796, saß sie auf dem russischen Thron. In dieser langen Ära fanden bemerkenswerte Entwicklungen im Kaiserreich statt, sowohl im Inneren wie im Äußeren. Der ehrgeizigen mitteldeutschen Prinzessin gelang es, als „Große" in die Geschichte einzugehen, wobei für die Entstehung des Bildes von der ersten wirklich würdigen Nachfolgerin Pëtrs des Großen politische Leistung, langes Regieren und geschickte Selbstinszenierung ineinandergriffen. Vieles an ihr war Aufsehen erregend: Ihre Biographie, die sie aus einem Duodez-Fürstentum ohne jegliche Legitimation auf den russischen Kaiserthron führte; ihr privater Lebenswandel, der sie mindestens 12 Liebhaber verschleißen ließ; ihre betont aufgeklärte Haltung, mit der sie vor allem Europa zu beeindrucken gedachte; ihr politisches Interesse, das seinen Niederschlag in bedeutenden Reformmaßnahmen im Reich fand; ihre skrupellose Härte in der Außenpolitik, dank derer Russland sein Territorium maßgeblich erweitern konnte; schließlich die Widersprüchlichkeit ihrer Person im Spannungsfeld von Aufklärung und Autokratie, die sie bis heute als eine umstrittene Gestalt erscheinen lässt.

Nach dem Staatsstreich vom Sommer 1762 gab es für Ekaterina nur eine Priorität – die usurpierte Macht musste gesichert werden. Dies fiel ihr leichter als erwartet: Pëtrs Passivität, seine zügige Liquidierung und die gestartete Propagandakampagne ließen einen nennenswerten Widerstand überhaupt nicht erst aufkommen. Auch die mit Pëtrs Tod verbundene Überlegung, dass seine Ehefrau dem Herkommen nach allenfalls zu einer Regentschaft, nicht aber zum eigenen Kaisertum berechtigt sei, wurde rasch im Keim erstickt. Nikita I. Panin stand als Kurator des 1754 geborenen Pavel Petrovič mit seiner Meinung, der Sohn habe seinem Vater auf den Thron zu folgen, unter Ekaterinas Entourage recht alleine da. Zudem war Panin seine eigene Karriere wichtiger als staatsrechtlicher Prinzipialismus, so dass sich auch dieser Albtraum Ekaterinas bald in Luft auflöste.

Was die ersten politischen Schritte anging, so galt es, die richtige Balance zu finden zwischen der erforderlichen Absetzung vom verteufelten Vorgänger und der Fortsetzung seiner Politik, die ja in etlichen Punkten nicht nur Ekaterinas Vorstellungen entsprach, sondern auch im Interesse des Landes angezeigt schien. So hob Ekaterina im August die Säkularisation wieder auf, machte sich damit bei der Orthodoxen Kirche lieb Kind, um das ganze Vorhaben anderthalb Jahre später, als sie sich sicher im Sattel fühlte, getreu den Vorstellungen Pëtrs III. erneut durchzuführen. Gleichzeitig gab sich Ekaterina betont rechtgläubig und russisch, umgab sich demonstrativ mit Russen, ließ – im Gegensatz zu ihrem Gatten – eine eindrucksvolle Krönungszeremonie inszenieren und scheute auch nicht den Griff in die Staatskasse, um die Bevölkerung wohl zu stimmen und die Verschwörer noch fester an sich zu binden. Die Loyalität zu Ekaterina, so die Botschaft, zahlte sich in barer Münze aus. Gegenüber dem Adel, der von Pëtrs Befreiungsmanifest sehr angetan war, lavierte Ekaterina geschickt: Weder hob sie es auf noch bestätigte sie es. Den entstehenden Schwebezustand versuchte sie, durch eine betont konziliante Haltung gegenüber der Aristokratie aufzufangen, die in vielfältiger Weise in bestehende und neu geschaffene Gremien einbezogen wurde, um der Gefahr einer Solidarisierung gegen die Kaiserin vorzubeugen. Sie ließ beraten, diskutieren und Projekte entwerfen – und entschied doch in autokratischer Manier selbst, was sie davon realisieren wollte.

Die lavierende Ambivalenz auf dem Feld politischer Gestaltung sollte sich bald als ein durchaus erfolgreiches Charakteristikum von Ekaterinas Herrschaft erweisen: Sie förderte unter reger eigener Teilnahme den reformerischen Diskurs, ob sie freilich etwas in die Tat umsetzte, entschied sie als Selbstherrscherin alleine. Dabei fuhr sie auch in den konkreten Realisierungen zweigleisig: Die Reform der Staatsbehörden vollzog sich nie ohne die Beibehaltung, wenn nicht Stärkung der persönlichen Prärogativen. Bei aller rhetorischen und gedanklichen Aufgeschlossenheit zumindest der frühen Jahre gab Ekaterina doch die Zügel niemals aus der Hand. Ihre diesbezügliche Entschlossenheit demonstrierte sich auch in ihrer viel gepriesenen aufklärerischen Programmschrift, der „Instruktion“ für die Kommission zur Verfertigung eines neuen Gesetzbuches. Das schon unter Elizaveta angegangene, im Lauf der Jahre jedoch ergebnislos festgefahrene Anliegen einer legislativen Systematisierung aufgreifend, berief Ekaterina Ende 1766 Deputierte des Adels, der Städte, der Staatsbauern und der „Fremdvölker“ nach St. Petersburg zur Diskussion ein. Als programmatischen Rahmen verfertigte sie aus den Gedanken französischer Philosophen jene Instruktion, die in ihrer aufgeklärten Haltung ganz Europa beeindrucken sollte. Unter den Kernaussagen war freilich auch die entschiedene Festschreibung der Autokratie, da das Land anders gar nicht regierbar sei.

Der dem Aufgeklärten Absolutismus innewohnende Grundwiderspruch zwischen aufklärerisch-vernünftiger Libertät und absolutistischem Anspruch des Herrschers zeigte sich damit bei Ekaterina II. besonders krass. Während Joseph II. in Österreich, Friedrich II. in Preußen und auch Pëtr III. in Russland sich kurzerhand an die entschiedene Umsetzung einer neuen Politik machten, für die sie aus dem rationalistischen Zeitgeist schlicht jene Vorstellungen übernahmen, die für ihren wohlzuordnenden Staat sinnvoll und nützlich schienen, lud Ekaterina aus intellektuellem Ehrgeiz heraus ihr Vorhaben mit den philosophischen Reflexionen der Franzosen auf, die sie mit der gesellschaftlichen Realität ihres Reiches nicht in Einklang bringen konnte. Das Schicksal jener Gesetzgebenden Kommission spricht Bände: Zwar reisten über 400 Abgeordnete an und trugen ihre – je nach

Stand – sehr unterschiedlichen Interessen vor, deutlich wurde freilich vor allem, dass das Land anstelle aufgeklärter Gedankenspiele vor allem konkreter Reformen bedurfte. Ekaterina musste, in den Worten des Historikers Bruce Lincoln, erst eine aufklärende Herrscherin sein, bevor zu sie zur aufgeklärten Herrscherin werden konnte. Diese Konstellation sorgte gemeinsam mit dem ungeschmälerten autokratischen Anspruch der Kaiserin dafür, dass deren aufgeklärte Neigungen, wie sie sich etwa auch in der Korrespondenz mit der französischen Geistesprominenz manifestiert hatten, im Bereich fürstlicher Koketterie verblieben. Schick und erfrischend war die ungewöhnliche Konversation für Ekaterina allemal, dabei demonstrierte sie dem westlichen Ausland ihre scheinbar unerhörte Progressivität, während sie sich zu nichts verpflichtete. Zugespitzt, aber nicht zu Unrecht beschrieb der russische Historiker Ključevskij die Instruktion als Etappe in Ekaterinas Biographie, nicht aber in der Geschichte des Landes: Nachdem sich die Beratungen ergebnislos festgefahren hatten, wurde die ganze Veranstaltung Ende 1768 aus äußeren Vorwänden auf den St. Nimmerleinstag verschoben. Ganz ergebnislos ging man dennoch nicht auseinander: Ekaterina hatte immerhin beachtliches Informationsmaterial über die unterschiedlich gelagerten Zustände und Interessen in ihrem Reich erhalten; wichtiger für sie war aber wohl, dass ihr die Deputierten, die in ihrer eingeschränkten Repräsentativität als eine Art von „Landesversammlung" fungieren konnten, den Titel „die Große" zueigneten. Bedenkt man, dass ihre Thronursurpation erst wenige Jahre zurücklag und Ekaterina bis dato außer der Beseitigung ihres Gatten kaum eigenständige herrscherliche Leistungen vorzuweisen hatte, wird daraus ein eindrucksvoller Beleg für ihre Fähigkeit zur Selbststilisierung.

In der konkreten politischen Reform verblieb Ekaterina zunächst in den traditionellen, von Pëtr I. vorgegebenen Bahnen: Die Arbeit des Senats sollte durch eine Aufgliederung in Departements effizienter werden, Pëtrs „Auge" in Form des Generaprokurors erfuhr eine erneute Aufwertung als entscheidendes persönliches Scharnier zwischen Kaiserin und oberster Staatsverwaltung. In dieser etablierten sich – auch dies ein Grundcharakteristikum der politischen Kultur Russlands in der frühen Neuzeit – einflussreiche Clans, die die Gunst Ekaterinas genossen. Dass in diesem Zusammenhang gerade auch die Sympathisanten von

1762 großzügige Förderung erfuhren, verstand sich von selbst. Eine wesentliche Weiterentwicklung stellte dagegen die Reform der regionalen Verwaltung von 1775 dar. Sie gestaltete die 11 großen bisherigen Gouvernements in 40 neue, im Hinblick auf die Bevölkerungszahl ungefähr vereinheitlichte, um. Mehrere Gouvernements wurden gemeinsam einem Generalgouverneur als oberstem Statthalter der Zentralmacht unterstellt. Die 1719 zur Untergliederung eingeführten Provinzen wurden abgeschafft, auf der unteren Ebene dafür eine neue Kreisgliederung eingeführt. Ziel der Reform war es zum einen, die administrative Präsenz des Staates auf dem Land deutlich zu erhöhen, da sich gezeigt hatte, wie schwer es der Zentralmacht fiel, in den weit entfernten Gebieten ihren Ordnungsanspruch aufrecht zu erhalten. Zur Erleichterung dieses Anliegens sollte zum anderen die adelige und städtische Gesellschaft in das Verwaltungsgeschäft stärker mit einbezogen werden und mehr Verantwortung für das allgemeine Landeswohl übernehmen. Während die Städte zur Wahl von Bürgermeistern und Räten animiert wurden, sollte der Adel auf Kreisebene einen Landeshauptmann mit polizeilicher Zuständigkeit, auf Gouvernementsebene einen vom Gouverneur zu bestätigenden Adelsmarschall zur generellen ständischen Interessenvertretung wählen.

Anlass für die Neuregelungen war nicht nur das absolutismustypische Streben nach „Verstaatung" des Herrschaftsgebietes, sondern auch die konkrete Erfahrung von 1773/74 wie verletzlich die Staatsmacht an der Peripherie war. Wie ein Orkan war damals ein großer Aufstand über die südöstlichen Reichsteile hinweg geweht. Er begann weit draußen im Grenzgebiet am Fluss Jaik und erfasste das Land zwischen Ural und Volga. Schon 1772 war unter den am Jaik siedelnden Kosaken Unruhe ausgebrochen, die durch den Einsatz von Gewalt scheinbar befriedet werden konnte. Doch mit dem Eintreffen des Abenteurers Emel'jan I. Pugačëv brach im September 1773 eine erneute Rebellion aus. Dem charismatischen Führer schloss sich eine heterogene Sammlung von Unzufriedenen an, die nun mit verzweifelter Gewalt eine Verbesserung ihrer jeweiligen Situation herbeiführen wollten: Zu den Kosaken, die im Lauf des 18. Jahrhunderts ihre ursprünglichen Freiheiten als wilde Grenzlandtruppen immer mehr eingebüßt hatten, gesellten sich aufbegehrende Leibeigene, Altgläubige (an deren Benachteiligung Ekaterina nach dem Sturz des Gatten im

Zuge ihrer Annäherung an die Orthodoxie festhielt) und nichtrussische Völker des Südostens, deren Wut sich ebenso gegen die Staatsadministration wie gegen die Gutsbesitzer richtete. Unter Führung Pugačevs, der sich zeitweise als nur totgeglaubter Pëtr III. ausgab, zogen die Horden mordend und brennend durch das Land; zum Opfer fielen ihnen all jene, die sie für ihre Lage verantwortlich machten: Gutsbesitzer, Staatsbeamte, Militärs, Geistliche. Des Aufstands Herr zu werden war gar nicht so einfach. Erst als nach dem Ende des russisch-türkischen Krieges weitere militärische Kräfte zur Verfügung standen, begann in der zweiten Jahreshälfte 1774 die allmähliche Niederschlagung der bedrohlichen Rebellion. Die Rädelsführer, allen voran Pugačev, wurden hingerichtet, die aufrührerischen Jaik-Kosaken aufgelöst und der Fluss in „Ural" umbenannt. Doch neben diesen symptombezogenen Maßnahmen galt es, Vorsorge für die Zukunft zu treffen. Zu größeren gesellschaftspolitischen Veränderungen, etwa hinsichtlich der Leibeigenschaft, sah sich Ekaterina aus Rücksicht auf den staatstragenden Adel nicht in der Lage. So blieb als Ausweg nur die Verstärkung der Kontrolle durch den Ausbau des Staatsgefüges in der Provinz und die Verbesserung der Organisiertheit des Adels.

Eine spätere Bestätigung dieser auf die oberen Schichten setzenden Politik erfolgte durch die Gnadenurkunden an den Adel und die Städte aus dem Jahr 1785. Der Nobilität wurden ihre Privilegien sowie die korporativen Rechte aus dem Zusammenhang der Gouvernementsreform garantiert und Pëtrs III. Befreiung von der Dienstpflicht endlich von Ekaterina wiederholt. Wie der Adel wurden auch die Städter in sechs Gruppen eingeteilt, was zu einer Rationalisierung der sozialen Ordnung in der Stadt führen sollte. Wie der Adel auf Gouvernements- und Kreisebene sollte auch die Stadtbevölkerung, je nach Gruppenzugehörigkeit, mehr selbstverwaltende Aktivität entfalten. Der Versuch, ständisch geprägtes Wirken zu initiieren, verweist auf einen wesentlichen Unterschied des russischen Sozialgefüges im Vergleich zu West- und Mitteleuropa: Es fehlte die jahrhundertealte Tradition des ständischen Gegengewichts zur monarchischen Zentralmacht. Diese Konstellation machte es der Zentrale freilich nicht leichter, das Land zu regieren, im Gegenteil, es fehlte ein verlässlich funktionierender Unterbau. So kam es zur auf den ersten Blick paradoxen Situation, dass Ekaterina als Absolutistin Interesse am Ausbau ständischer Korporationen zeigen musste, wogegen die europäischen Monarchen seit dem 17. Jahrhundert alle Energien darauf verwandt hatten, die Rechte solcher Korporationen zu beschränken. Doch auch Ekaterina handelte im Selbstverständnis einer absoluten Herrscherin, ging es ihr doch nicht darum, ständische Freiheiten zu etablieren, sondern die zu schaffenden Stände von vornherein der staatlichen Zentralmacht dienstbar zu machen. „Gesellschaft als staatliche Veranstaltung" hat Dietrich Geyer in einem nahezu legendär gewordenen Aufsatz jene Konstellation genannt und damit auf den inhärenten Widerspruch einer Mobilisierung des Sozialkörpers nach staatlicher Vorschrift hingewiesen. Genau hierin lag dann auch der Grund, dass das Ansinnen trotz aller publizistischen Wirkung nicht allzu erfolgreich war. Die ungeminderten Kontroll- und Zugriffskompetenzen der Zentrale ließen das ohnehin schwache Interesse des Adels, sich in der Provinz als freiwillige Hilfsbeamte des Staates zu engagieren, noch weiter sinken, war es doch für adelige Aktivposten viel attraktiver, eine Karriere im Militär oder in der hauptstädtischen Verwaltung anzustreben. Auch in den Städten blieb das Interesse aus, wozu gleichermaßen die anders gearteten Interessen der Kaufmannschaft wie die unumgehbare Oberkompetenz des – adeligen – Stadthauptmanns beitrugen.

Eine weitere Schwierigkeit bei der administrativen Mobilisierung der Gesellschaft stellte seit langem das schlechte Bildungsniveau dar. Auch hier ergriff Ekaterina die Initiative. Neben dem Ausbau bzw. der Ergänzung der elitären hauptstädtischen Einrichtungen (Kadettenanstalten, verschiedene Fachschulen, Smol'nyj-Institut), die den Bedarf an Bildung und Qualifikation im Reich längst nicht decken konnten, schwebte der Kaiserin wie schon Pëtr I. die Grundlegung einer allgemeinen Elementarbildung vor. Nach wie vor bot nur das geistliche Schulwesen Möglichkeiten einer Volksbildung. Überlegungen, im Rahmen der Säkularisation auch die geistlichen Elementarschulen dem Interesse von Staat und Gesellschaft zu unterwerfen und sie zu einem Netz allgemein bildender Schulen auszubauen, wurden jedoch verworfen. Stattdessen bereitete seit 1782 eine Schulkommission unter dem von Joseph II. empfohlenen Serben Fëdor I. Jankovič de Mirievo ein neues, abgestuftes Schulsystem vor, das 1786 beschlossen wurde. Für das Dorf war eine zweiklassige Schule vorgesehen, für den Kreis eine dreiklassige, für das Gouvernement eine vierklassige.

Die Lehrerausbildung lag einheitlich in den Händen der „Hauptvolkslehranstalt“ in St. Petersburg und folgte – ebenso wie die Lehrpraxis in den Schulen – österreichischen und preußischen Vorbildern. Mit einem durchdachten System waren jedoch die Schwierigkeiten längst nicht ausgeräumt: Von der Planung in St. Petersburg zur Umsetzung in den Weiten des Reiches war es ein langer, steiniger Weg, der gleichermaßen von Lehrermangel wie von Desinteresse der angesprochenen Klientel bestimmt war. Die Geschichtsschreibung schwankt deswegen seit jeher in der Beurteilung von Ekaterinas Bildungspolitik: Legte sie beachtliche Grundsteine oder greift erneut die katharinäische Typik – große Pläne, wenig Ergebnisse?

Leichter tut man sich bei der Beurteilung von Ekaterinas Politik auf dem Sektor der höheren Bildung – es gab sie praktisch nicht. Für Universitäten interessierte sich die Kaiserin nicht. Anders verhielt es sich mit der Akademie der Wissenschaften, von der sie sich nicht nur praktischen Nutzen aus der Forschertätigkeit heraus versprach, sondern auch eine Steigerung ihres Prestiges, sollte ihr St. Petersburg doch als ein kultivierter Mittelpunkt Europas gelten. So verwundert es nicht, dass das schon unter Elizaveta begonnene Aufblühen des Kulturlebens seine Fortsetzung nahm. Kunst und Malerei, Literatur und Theater, Musik und Oper etablierten sich weiter als feste Bestandteile des höfisch-adeligen Lebens im europäischen Geist. Auch das Publikationswesen nahm einen Aufschwung, was der literarisch selbst befleißigten Ekaterina grundsätzlich nur recht sein konnte. Doch Publikation bedeutete die Entfaltung von Gedanken und die Gedanken entzogen sich dem autokratischen Zugriff. Ekaterina machte, vor allem in ihrer zweiten Regierungshälfte, unmissverständlich deutlich, dass sie unter Bildung und Kultivierung nicht Emanzipation und Befreiung verstand, dass es auch nicht jedem gegeben war, im Geiste libertärer Vernünftigkeit zu räsonieren, wie sie es einst für sich in Anspruch genommen hatte. Spätestens mit dem Schock der Französischen Revolution, die in ihrer Dimension das Verständnis der Kaiserin überstieg, fiel die Maske aufklärerischen Wohlwollens. Kritik war unzulässig, die Zensur wurde intensiviert und Verstöße hart geahndet. Selbst die Werke Voltaires, mit dessen philosophischen Ruhmesfedern Ekaterina sich früher so gerne geschmückt hatte, ließ sie verbieten. Wer Kaiserin und Reich kritisierte, wie etwa Aleksandr N. Radiščev in seiner 1790 veröffentlichten „Reise von Petersburg nach Moskau“, fand sich in Sibirien wieder (und konnte sich glücklich schätzen, dem Schafott entgangen zu sein).

Überhaupt geben Ekaterinas letzte Jahre kein allzu glückliches Bild von der Kaiserin ab: Der Reformimpetus war ebenso wie die aufgeklärte Faszination erloschen, gegenüber Kritik reagierte die Kaiserin empfindlich, im politischen Leben St. Petersburgs triumphierte eine Art lethargischer Nepotismus, ihren Sohn Pavel strafte Ekaterina mit Verachtung bis hin zur wohl recht konkreten Überlegung, ihn zugunsten seines Sohnes Aleksandr von der Thronfolge auszuschließen. Die gealterte Kaiserin tröstete sich mit einer Reihe von jugendlichen Liebhabern, deren Begeisterung für die zwischen 16 und 38 Jahre ältere Ekaterina sich wohl vornehmlich aus der Perspektive favoritären Einflusses speiste. Wirkliche politische Bedeutung erlangten freilich nur drei ihrer Liebhaber: Platon A. Zubov (in der „Gunst“ von 1789 bis 1796) durch seinen intriganten Nepotismus, zuvor, in glücklicheren Zeiten, Grigorij G. Orlov (1761–1772), der mit seiner Sippschaft Ekaterina auf den Thron geholfen hatte, sowie Grigorij A. Potëmkin (1774–1776). Letzterer galt nicht nur als Ekaterinas größte Liebe, sondern auch als fähiger Staatsmann und Feldherr, dem die Kaiserin große kriegspolitische Triumphe und Verdienste bei der Integration der im Süden neu erworbenen Gebiete verdankte, wobei den berühmten, eine falsche prosperierende Realität vorspiegelnden „Potëmkinschen Dörfern“ weniger Bedeutung zukommt, als es die Prominenz der Redewendung suggeriert. Potëmkin erhielt nicht umsonst den Titel eines „Durchlauchtigsten Fürsten von Taurien“, nachdem er die Halbinsel Krim samt umliegender Gebiete dem Russischen Reich einverleibt hatte.

Klaffen bei Ekaterinas innerer Politik oft Anspruch und Realität weit auseinander, so fügt sich ihr außenpolitisches Agieren zu einer beachtlichen Erfolgsgeschichte zusammen. Wie schon im Inneren, knüpfte die Kaiserin auch hier an ihren Gemahl an: War dessen Annäherung an Preußen anlässlich des Staatsstreiches noch als verräterisch verteufelt worden, kristallisierte sich der Kurs doch bald als nützlich und sinnvoll heraus. Wenn auch Panins Idee eines „Nordischen Systems“ unter Einschluss Preußens, Englands und Dänemarks als hauptsächlichen Bündnispartnern in der Praxis nicht allzu weit gedieh, sollte sich die Kooperation mit Preußen doch als beständig erweisen. Schon 1763/64 war man nach dem Tod König Augusts III. in der polnischen Frage zu einer einvernehmlichen Lösung gelangt: Stanisław Poniatowski, der Jahre zuvor mit Ekaterina das Bett geteilt hatte, bestieg den polnischen Thron. Auf diesem zeigte sich freilich der polnische Aristokrat recht eigenwillig – zu Ekaterinas großer Enttäuschung war er nicht bereit, als Petersburger Marionette zu dienen, und initiierte eine Politik zur Stärkung der monarchischen Gewalt, auch zur Abwehr ausländischer Einflussmöglichkeiten in der „Adelsrepublik". Die russische Unterstützung der polnischen Adelsopposition beschwor 1767/68 größere, schließlich auch bewaffnete Verwicklungen herauf. Hier sah nun der Sultan seine Zeit gekommen. Einen russischen Machtzuwachs im ostmitteleuropäischen Raum fürchtend, griff der ewige Konkurrent um Donauraum und Schwarzes Meer im September 1768 an. Die osmanischen Truppen waren freilich den russischen Streitkräften so sehr unterlegen, dass sich bald nur noch die Frage nach dem Ausmaß russischer Territorialgewinne stellen sollte. Die Nachbarmächte Preußen und Österreich waren angesichts einer einseitigen Vergrößerung des Russischen Reiches alarmiert. Schließlich einigte man sich darauf, sich gemeinschaftlich in Polen zu „bedienen", im Gegenzug würde Russland seine Ansprüche an das Osmanische Reich geringer halten als möglich. Der 1772 abgeschlossene Vertrag zur ersten Teilung Polens sprach Ekaterina II. die polnischen Gebiete östlich von Düna und Dnepr zu, während Friedrich II. durch den Erwerb „Westpreußens" Ostpreußen mit dem übrigen Teil des Königreichs verbinden konnte und Österreich Galizien übernahm. Der 1774 mit den Türken abgeschlossene Frieden von Küčük-Kainardžij bescherte Russland ein kleines, aber wichtiges Dreieck zwischen dem Unterlauf des Dnepr und dem Bug sowie einige Festungen am Azovschen Meer.

Ekaterinas Ambitionen im Süden gingen jedoch weiter. Ihr „griechisches Projekt" sah die Beendigung der osmanischen Herrschaft in Europa zugunsten der Restitution einer griechischen Monarchie unter ihrem zweiten Enkel Konstantin, dessen Namensgebung nicht von ungefähr kam, vor. Die Reaktionen auf den vergangenen russisch-türkischen Krieg hatten freilich gezeigt, dass Zurückhaltung geboten war und das Projekt auf absehbare Zeit Vision bleiben musste. Die Expansion im Süden aber wurde weiter vorangetrieben. Nachdem Russland 1783 die inneren Schwächen des Krimchanats ausgenutzt und es durch

Truppeneinmarsch als „Neurussland" annektiert hatte, versuchte der Sultan 1787 abermals sein Glück und erklärte Ekaterina den Krieg. Der Friede von Jassy 1791/92 bestätigte jedoch nicht nur die Annexion des ehemaligen Chanats, sondern sprach Russland auch noch das Land zwischen Bug und Dnestr zu. Währenddessen hatte auch Schweden die Stärke der russischen Großmacht erfahren müssen. In der irrigen Annahme, Russlands Engagement im Süden würde die Perspektive einer Revision im Ostseeraum eröffnen, hatte man 1788 Kampfhandlungen eröffnet, deren einziges Ergebnis eine Bestätigung des Status quo zwei Jahre später war.

Einer endgültigen Klärung harrte noch die polnische Frage. Ohne viel Aufheben machte Ekaterina im Zusammenhang mit der Französischen Revolution eine jakobinische Gefahr in Polen aus und ließ einmarschieren. 1793 verständigte man sich mit Preußen auf eine zweite Teilung, die für Russland riesige Gebietsgewinne auf heutigem weißrussischen und ukrainischen Territorium brachte. Dass man sich in Polen, etwa in Form des Kościuszko-Aufstandes dagegen wehrte, kam den gierigen Nachbarn nur recht: 1795 tilgte man Polen in einer dritten Teilung von der Landkarte, indem sich das Russische Reich Litauen und die polnischen Gebiete östlich des Bug einverleibte, während Preußen und Österreich den Rest unter sich aufteilten. Auf eindrucksvolle Weise war es Ekaterina gelungen, die von Pëtr dem Großen begründete Stellung als europäische Großmacht auf ein ungeheures Maß auszudehnen. Der „Westen" – das waren nun im territorialen Sinne Österreich und Preußen. Russland war ein gutes Stück weiter nach Europa vorgedrungen, während es auch im Süden des Kontinents zur dominanten Macht geworden war. Doch die neuen Grenzen sorgten nicht nur für Prestigesteigerung und Herrschaftserweiterung, sondern schufen auch neue ethnisch-nationale Konfliktlinien, die den Romanovs – insbesondere im polnischen Fall – noch manch schlaflose Nacht bereiten sollten. Doch für Ekaterina als Kind eines pränationalen Absolutismus lagen solch kommende Probleme außerhalb der Vorstellungswelt.

Vielleicht rechtfertigt der imperiale Erfolg am ehesten Ekaterinas selbststilisierendes Denkmal für Pëtr I., das sie vom Bildhauer Falconet für das Neva-Ufer in St. Petersburg schaffen ließ. „Petro primo Caterina secunda" – dass das kühne Reiterstandbild

Karte 3: Das europäische Russland in der zweiten Hälfte des 18. Jahrhunderts

nicht nur dem dynamischen Vorgänger gewidmet war, sondern auch den Anspruch Ekaterinas auf Gleichrangigkeit beinhaltete, ist offenbar. Doch trotz der Mehrung des Reiches und einer nicht zu bestreitenden innenpolitischen Aktivität, welche Ekaterina ohne Zweifel in ihrer historischen Bedeutung über ihre Vorgängerinnen erhebt, drängt sich der Eindruck auf, dass Ekaterina die Große vor allem auch im Anspruch und in der Eigeninszenierung „groß" war. Davon abgesehen, dass sie bei etlichen ihrer bedeutsamen Entscheidungen doch auch auf den Schultern anderer stand, existierten zahlreiche Probleme fort. Ihr Sohn Pavel jedenfalls, dessen Ausschluss von der Thronfolge sie nicht mehr hat realisieren können, brannte vor Ungeduld, die Dinge in seinem künftigen Reich zu verändern. Es gab genügend zu tun.

VI. Späte Höhepunkte absolutistischer Herrschaft: Vom überregulierten Policeystaat zum „nikolaitischen System“ (1796–1855)

1. Ungeliebter Sohn, ungeliebter Kaiser: Pavel Petrovič

Neben Ekaterinas über 34-jähriger Herrschaft nahm sich die Regierungszeit ihres Sohnes Pavel, die weniger als fünf Jahre dauerte, für die Historiographie im Allgemeinen als eine unbedeutende, unerfreuliche Episode aus. Nach der aufgeklärten Ekaterina schien mit Pavel abermals ein hässlicher, kleingeistiger, realitätsfremder, willkürlicher Despot am Werke zu sein, dessen Ermordung im Jahr 1801 die – womöglich gar aus Wahnsinn resultierende – Unqualifiziertheit für den Thron zirkelschlussartig zu belegen schien und ihn in Kontinuität zu seinem Vater Pëtr III. stellte. Lange Zeit sah und beschrieb die Geschichtswissenschaft Pavel ausschließlich im negativen Licht und offenbarte damit doch nur vorschnell ihr Unverständnis gegenüber den Anliegen von Ekaterinas Sohn. Dass einerseits er das Wirken seiner die Biographen so sehr beeindruckenden Mutter mehr als skeptisch beurteilte und andererseits Ekaterina selbst mit ihrem Sohn nichts anzufangen wusste, verstärkte noch die Voreingenommenheit der Historie. Dabei folgte Pavels Regierung durchaus ihrer eigenen Logik, die sich nicht auf die böswillige Tyrannisierung seiner Untertanen reduzieren lässt, sondern in einer konsequenten, zuweilen kompromisslosen, zuweilen übersteigerten Fortführung des utilitaristischen, staatszentrierten Absolutismus petrinischer Prägung liegt. Mit Pavel erreichte die Vision vom wohlgeordneten Policeystaat ihren überregulierten Höhepunkt, der gleichzeitig ihre mangelnde Praktikabilität offenbarte. Aus sozialen Gesichtspunkten waren für dieses Scheitern freilich die Einstellungen der Elite entscheidend; der aristokratische Diskurs vom Tyrannen Pavel darf nicht verdecken, dass sich der Kaiser bei unterprivilegierten Kreisen, denen seine Vorschriften für das „Allgemeine Wohl“ weniger Einschränkung als vielmehr Fürsorge bedeuteten, durchaus der Beliebtheit erfreute.

Von seinen knapp 57 Lebensjahren agierte Pavel nicht einmal fünf Jahre als Kaiser, weshalb zunächst seine lange Zeit als Thronfolger Betrachtung finden soll, zumal in ihr wesentliche Grundlagen seines späteren monarchischen Handelns gelegt wurden. Obwohl seine Geburt als Thronerbe im Jahr 1754 aus dynastischer Sicht ein freudiges Ereignis darstellte, war Pavels Kindheit von schweren Hypotheken belastet. Das miserable Verhältnis seiner Eltern, aufgrund dessen gar Pëtrs III. Vaterschaft in Frage stand, das rasch sinkende Interesse seiner Großmutter Elizaveta, die den Knaben von verschiedenen Ammen aufziehen ließ, schließlich die Ermordung seines Vaters im Jahr 1762 – all das musste Auswirkungen auf die Psyche des Jungen haben, den man zwar als intelligent und lebendig, aber auch als nervös bis zur Exaltiertheit beschrieb. Zwar erhielt er eine gute, aufgeklärten Prinzipien folgende Bildung, seine Mutter behandelte ihn jedoch kalt und abweisend. Spätestens seit Panins nicht unbegründeter Idee, nach Peters Sturz seinen Sohn unter Ekaterinas Regentschaft auf den Thron zu bringen, war Pavel für die Mutter angesichts ihrer fehlenden Legitimation vor allem eines: Konkurrent. So verwundert es auch nicht, dass Ekaterina II. ihren Sohn nach Erreichen der Volljährigkeit in keiner Weise an den Staatsgeschäften beteiligte. Stattdessen durfte Pavel 1773 heiraten; Auguste Wilhelmine von Hessen-Darmstadt, umgetauft Natal'ja Alekseevna, starb freilich schon drei Jahre später bei einer Fehlgeburt. Zuvor hatte es Ekaterina nicht lassen können, ihren Sohn über eine angebliche Affäre Natal'jas mit Pavels Jugendfreund Andrej K. Razumovskij zu unterrichten. Im selben Jahr ehelichte Pavel Sophie Dorothea von Württemberg-Mömpelgard. Als Marija Fëdorovna sollte sie ihm eine in Harmonie verbundene Ehefrau sein, die ihm zehn Kinder, darunter vier Söhne schenkte. Dass Ekaterina II. die beiden erstgeborenen Söhne Aleksandr und Konstantin dem jungen Paar entzog und selbst auf künftige dynastische Aufgaben vorbereiten wollte, sorgte für weitere Spannungen mit Pavel.

Darüber hinaus zeigten sich spätestens seit 1774 ernstzunehmende politische Differenzen: Pavels „Überlegung über den Staat im Allgemeinen und über die zu seiner Verteidigung nötigen Streitkräfte" verärgerte Ekaterina nicht nur als Anmeldung politischen Mitsprachewillens, sondern auch in ihrer inhaltlichen Kritik an der aktuellen russischen Politik. Wie sein Vater hatte Pavel eine intensive Preußenfaszination ausgebildet und forderte Umgestaltungen in Land und Armee nach dem Vorbild des Nachbarn. Explizit kritisiert wurde die Kriegspolitik gegenüber dem Osmanischen Reich, in Pavels Sicht hatte eine innere Reorganisation der äußeren Expansion voranzugehen. Ekaterina wertete Pavels Einlassungen im Sinne einer innerfamiliären Majestätsbeleidigung und beteiligte den Sohn erst recht nicht an der Politik. Zu dessen Verdruss avancierte Ekaterinas aktueller Günstling Potëmkin auch in der politischen Gestaltung; diverse private Nadelstiche wie etwa die Schenkung von 5000 Rubeln an den Liebhaber anlässlich von Ekaterinas Geburtstag, während der Sohn mit einer Uhr vorlieb nehmen musste, schmückten Pavels Zurücksetzung emotional aus.

Eine Reise nach Preußen 1776, im Zuge derer der Thronfolger von Friedrich II. in höchsten Ehren empfangen wurde, festigte – ebenso wie seine große Europareise von 1781/82 – Pavels Begeisterung für die preußischen Verhältnisse. Die Ordnung von Staat und Heer gefiel ihm mehr als alles andere, während er selbst an den europäischen Höfen durchaus positive Eindrücke zu hinterlassen wusste. Es schien, als ob man den „russischen Hamlet" am Hof seiner Mutter bedauerte; in Österreich weihte Joseph II., der im herrscherlichen Mutter-Sohn-Verhältnis seine ganz eigenen Erfahrungen gemacht hatte, den russischen Thronfolger in geheime Akten der bilateralen Diplomatie ein. Der Bruch zur Mutter schien nicht mehr zu kitten. Während sich die politischen Meinungsverschiedenheiten intensivierten, demonstrierten beide, was sie von der jeweils anderen Seite hielten. Als Nikita Panin, nicht nur Pavels Kurator in dessen Jugendjahren, sondern insbesondere in der Neigung zu Preußen eine Art politischer Weggefährte, 1783 – längst bei der Kaiserin in Ungnade gefallen – starb, ließ es sich Pavel zur Empörung seiner Mutter nicht nehmen, bei den Funeralien präsent zu sein. Für solche Unbotmäßigkeiten rächte sich Ekaterina, indem sie Pavels Hof in das etwa 50 Kilometer außerhalb St. Petersburgs gelegene Schloss Gatčina abschob (die ausladende Anlage war durch den Tod ihres ehemaligen Liebhabers, Graf Orlov, gerade „frei geworden") und ihn finanziell knapp hielt. Während Ekaterina ihren Liebhabern das Geld hinterher warf, musste der Thronfolger bisweilen Bekannte und Verwandte „anpumpen“. Schon in jenen Tagen dürften erste Gerüchte über eine mögliche Ausbootung Pavels zugunsten seines Sohnes Aleksandr aufgetaucht sein.

Pavels Residenz in Gatčina sollte in ihrer Getrenntheit vom katharinäischen Hof Folgen zeitigen. Ähnlich wie für seinen Urgroßvater Preobraženskoe wurde Gatčina zu einem Experimentierfeld eigener Vorstellungen. Pavels militärische Begeisterung schlug sich in der Gründung einer Art von Privatarmee nieder, die, in St. Petersburg belächelt, sich vorwiegend aus Angehörigen weniger begüterter Familien und etlichen Ausländern rekrutierte und tagtäglich unter Pavels Beteiligung ein intensives Drill- und Exerzierreglement durchzuführen hatte. Mit einem sich ausbildenden Kreis an Vertrauten erörterte Pavel nicht nur politische Fragen, sondern versuchte die Realisierung seiner Überzeugungen „en miniature“ im Bereich seiner Residenz. Seine „Regierungsprinzipien“ von 1788 bündelten diese in einer Art Programmschrift. Der Thronfolger zeigte sich darin als überzeugter Autokrat, der am – aufgeklärt-absolutistischen – Ziel allgemeiner Glücksseligkeit zu arbeiten habe. Dazu war es in Pavels Verständnis vor allem nötig, Ordnung zu schaffen – Ordnung in der Politik (wo ein Kaiserlicher Rat den Herrscher unterstützen sollte), Ordnung in den Finanzen (bei denen es entgegen der katharinäischen Praxis zwischen Staat und Kaiser zu differenzieren galt), Ordnung in Militär und Gesellschaft (wozu ein adeliger Privilegienabbau und die Wiedereinführung einer Dienstpflicht erforderlich schienen), Ordnung in den Außenverhältnissen (was ein stabiles Bündnisverhältnis zu Preußen und anderen Nordmächten bedingte). Ekaterina hätte gerne dafür gesorgt, dass der politische Ehrgeiz ihres Sohnes auf ewig im Reich der Gedankenspiele verblieben wäre. Doch den von der Gesellschaft als legitim erachteten Thronfolger auszuschalten, war trotz Pëtrs I. Nachfolgegesetz gar nicht so einfach, zumal Pavel und seine Ehefrau an einen freiwilligen Verzicht nicht im Entferntesten dachten. Der heranwachsende Aleksandr mochte zwar von der Perspektive einer direkten Thronbesteigung angetan sein, doch gab es auch Bindungen an den Vater. In jedem Fall realisierte Ekaterina ihr Vorhaben nicht, so dass Pavel am 6. November 1796 den Kaiserthron bestieg.

Angesichts der beschriebenen Vorgeschichte verwundert es nicht, dass Pavel zunächst darum bestrebt war, sich von seiner Mutter symbolisch zu distanzieren. So ließ er die Überreste von Pëtr III. nach einer posthumen Krönung neben Ekaterina in der Peter- und Pauls-Kathedrale beisetzen. Teilnehmer der Pugačëv-Rebellion, die zwanzig Jahre zuvor seinen Vater verehrt hatten, ließ er ebenso begnadigen wie die Freidenker Radiščev und Nikolaj I. Novikov, deren kritischer Geist sie bei Ekaterina in Ungnade hatte fallen lassen. Am Tag seiner Krönung im April 1797 erließ Pavel ein neues Thronfolgegesetz, in das seine eigene Situation eingeflossen war: Die Primogenitur wurde von nun an verbindlich festgelegt. Parallel zu derlei Grundsatzhandlungen konnte sich Pavel nun endlich an die so lange vorbereitete politische Gestaltung machen. Handlungsbedarf war für den Kaiser durchaus gegeben. Trotz – und zum Teil wegen – Ekaterinas äußerem Erfolg befand sich das Reich in einer problematischen Situation. Die Finanzlage war schlecht, wofür die beiden „klassischen" monarchischen Haushaltsposten, die Militärausgaben und die persönliche Hofhaltung, Verantwortung trugen. In Armee und Verwaltung erblickte Pavel Korruption, Nepotismus und Ineffizienz – Makel, die seinen Vorstellungen vom wohlgeordneten Staat nach preußischem Vorbild eklatant widersprachen. Der Kaiser machte sich daran, die Dinge nach seinem Geschmack zu ordnen – und stieß damit viele, die sich an das spätkatharinäische Laisser-faire gewöhnt hatten, vor den Kopf. Wenngleich er von einer dezidierten „Abrechnung" absah, gelangten doch neue Personen, ausgewählt nach den Kriterien von Pflichterfüllung und Inkorrumpiertheit, in höhere Stellungen. Den Senatoren, die unter Ekaterina zum Teil Jahre nicht zusammengekommen waren, schrieb Pavel Anwesenheitspflicht vor und die zentrale Administration sollte im Zuge einer Ersetzung der Kollegien durch Fachministerien effizienter werden – ein Plan, den freilich erst Aleksandr I. verwirklichen konnte. Bürokratische Rationalisierung und Effektivisierung waren die Leitlinien von Pavels politischer Konzeption, das schloss auch mit ein, dass Posten stärker als bisher nach Kompetenz und Leistung im Dienst zu besetzen waren und weniger nach Beziehungen und Prestige. Die Ernennung von Beamten auf dem Land anstatt ihrer Wahl sollte in Pavels Verständnis zu einer höheren Professionalisierung und Pflichterfüllung führen, dem gleichen Ziel sollte die partiell zu beobachtende

Militarisierung der Verwaltung führen, wobei dem Kaiser durchaus eine klare Kompetenzabgrenzung militärischer und ziviler Stellen vorschwebte.

Durch eine förmliche Regelungswut versuchte Pavel, die absolutistische Idee zu ihrer Vollendung zu führen, was auch die Gesellschaft des Reiches nicht unberührt lassen konnte. Jeder Stand hatte mehr als bisher zum allgemeinen Wohl beizutragen. Sehr zum Verdruss des Adels griff die Monarchie wieder stark in dessen Rechte ein. Der privilegierte Stand wurde zu Steuerleistungen herangezogen, in extremen Fällen auch Körperstrafen unterworfen, die Adelsversammlungen abgeschafft. Während Ekaterina II. auf die freie, europäisierende Kultivierung des Adels gesetzt hatte, forderte Pavel Dienst und Pflichterfüllung ein. Der Kaiser wollte das Ende der schicken Vergnügungs- und Bereicherungsgesellschaft, der Adel sollte sich seine Stellung wieder durch die Leistung für den Staat verdienen. Damit die bessere Gesellschaft sich leichter tat, die richtige Lebensweise zu finden, erließ der Kaiser eine Vorschrift nach der anderen. Strenge Policeyverordnungen regelten das städtische Leben, egal ob es sich um die zu tragende Kleidung, die erwünschte Essenszeit oder den Zeitpunkt der Nachtruhe handelte: Alles und jedes sollte rational und peinlich genau festgelegt sein. Bis zu einem gewissen Grade lag der Regelungsmanie auch die Verschrecktheit über die Auswirkungen der Französischen Revolution zugrunde, die der autokratische Ordnungsfanatiker zutiefst verabscheute. Die Schließung von Druckereien, das Verbot „gefährlicher" Wörter, der Rückruf der im Ausland studierenden jungen Russen – diese und weitere Maßnahmen sollten eine Infizierung mit dem revolutionären Bazillus von vornherein unterbinden.

Doch den Adel störten – neben den zahlreichen lebensweltlichen Einschränkungen – noch weitere Maßnahmen des Kaisers. So verloren sie ihr Monopol auf den Erwerb von Leibeigenen als Arbeitskräfte, was eindeutig auf die gewerbliche Mobilisierung der städtischen Schichten zielte, wodurch dem Adel im Manufakturbereich ökonomische Konkurrenz zu erwachsen drohte. Und wenngleich der Kaiser nicht an der Leibeigenschaftsordnung zu rütteln gedachte, so schränkte er doch die von den Bauern zu leistenden Frondienste quantitativ ein, schließlich sollten sie nicht von Belastungen erdrückt werden, sondern die Gelegenheit zum effizienteren Wirtschaften im Gesamtinteresse der Bevölkerung bekommen. Was die Gutsbesitzer von dem Erlass hielten, muss man wohl nicht näher ausführen.

Die Stimmung unter der Nobilität verschlechterte sich durch Pavels absolutistischen Zugriff zusehends. Man sehnte sich nach dem recht unbehelligten Leben vergangener Jahre zurück und begann sich, vor allem in der Hauptstadt, zu fragen, ob der Kaiser denn ganz richtig im Kopf sei. Dass etwa ein falscher oder ausgelassener Gruß bereits zur Verhaftung führen konnte, mochte zwar Pavels Auffassung vom absoluten Gehorsam der Untertanen gegenüber dem Kaiser entspringen, wurde aber – wie vieles andere – als Ausdruck eines der Zeit unangemessenen Despotismus empfunden. Dabei war Pavel, nach allem, was wir wissen, weder wahnsinnig noch grundlos tyrannisch, sondern in seiner Regelungs- und Ordnungswut eher ein konsequenter Pedant. Seinen eigenen Tagesablauf legte er ebenso konsequent fest wie den seiner Untertanen, die von anderen eingeforderte Bescheidenheit im Lebensstil legte er auch selbst an den Tag.

Seine große persönliche Leidenschaft galt dem Militär, ein Feld, das wie kaum ein anderes strenge Reglementierung geradezu erforderte. Der Kaiser erblickte ein reiches Betätigungsfeld: Misswirtschaft und Ineffizienz mussten ausgemerzt, die Organisation gestrafft, die Ausbildung vereinheitlicht werden. Wie schon sein Vater machte sich Pavel durch die Einführung neuer, nach preußischem Muster gearbeiteter Uniformen unbeliebt, obgleich Experten bestätigten, dass sie bequemer und zweckmäßiger gewesen seien als die alten. Das Problem lag jedoch in der Selbstgefälligkeit des Militärs – hatten doch die ruhmreichen Armeen (in den alten Uniformen) für Ekaterina ungeahnte Erfolge errungen. Pavel freilich hatte seine eigenen Vorstellungen von Erfolg; Disziplin und Effizienz gehörten als unentbehrliche Grundlagen dazu. Mit dem bisweilen lockeren und amüsanten Gardedienst früherer Jahre (in den man sich zum schnelleren Aufstieg schon bei der Geburt hatte einschreiben können) war es nun vorbei; Ernst, Pflichtbewusstsein und tatsächliche Leistung sollten in die Regimenter einkehren. Gewährleisten mussten dies nicht zuletzt Pavels Offiziere aus Gatčina, die nun in den neu formierten Garden aufstiegen. Unter Ekaterina hatten sich die elitären Adelssöhne nicht nach Gatčina gedrängt, nun ärgerten sie sich über die zahlreichen Deutschen, Ukrainer und Kurländer, die aus Pavels personellem Reservoir in die Prestigetruppen integriert wurden.

Was einen tatsächlichen Einsatz der Armee anging, so zögerte Pavel. Zwar war er grundsätzlich für einen Kampf gegen den französischen Ungeist zu gewinnen, doch war seine Haltung insgesamt eher defensiv, auf die Konsolidierung der inneren Verhältnisse gerichtet. Doch das napoleonische Zeitalter erlaubte es der europäischen Großmacht Russland nicht, abseits zu stehen. Als Napoleon 1798 auf dem Weg nach Ägypten die Insel Malta besetzte, war für den Kaiser, der seit Oktober 1797 in einer Art konservativem Sendungsbewusstsein auf päpstliche Bitte als Großmeister des Malteser Ordens fungierte, der Zeitpunkt zum Eingreifen gekommen. Es ist sicher bezeichnend für den zugespitzten Autokratismus Pavels, dass er aufgrund eines unzweifelhaft persönlichen Anstoßes in den so genannten Zweiten Koalitionskrieg gegen Frankreich eintrat. Allerdings wäre es bei den Ausmaßen der europäischen Auseinandersetzungen nur eine Frage der Zeit gewesen, bis Russland ohnehin verwickelt worden wäre. Der persönliche Faktor blieb freilich latent: Als der Koalitionspartner England Ansprüche auf Malta erhob, fühlte sich der russische Kaiser verraten. Da zudem auf dem europäischen Kriegsschauplatz, wo die russischen Truppen fern der Heimat im abstrakten europäischen Interesse durchaus erfolgreich kämpften, Meinungsverschiedenheiten mit dem anderen Partner, Österreich, über Strategie und Ziele ausbrachen, verfügte Pavel Anfang 1800 den Rückzug. Auf der Suche nach einer bündnispolitischen Neuorientierung zeichnete sich zur allgemeinen Überraschung eine Annäherung an Frankreich ab. Der gewitzte Napoleon hatte Pavels maltesische Schwäche erkannt und ihm bezüglich der Insel Perspektiven ins Auge gestellt. Zudem konnte sich der Korse mit seinen alleinherrscherlichen Absichten dem russischen Kaiser durchaus als antirevolutionärer Ordnungsfaktor präsentieren. Der abrupte Wechsel konnte jedoch, obwohl der eher hilflose Versuch, England in Indien zu treffen, immerhin die Annexion des Georgischen Königreiches 1801 mit sich brachte, der St. Petersburger Aristokratie nicht recht plausibel gemacht werden – die Hinwendung zum nachrevolutionären Frankreich war in ihren Augen ebenso unverzeihlich wie der Bruch mit dem geschätzten England.

So griffen äußere und innere Gründe ineinander, dass Pavel einflussreichen, anglophil ausgerichteten Kreisen des Hochadels immer unerträglicher erschien. Im Kontext von Pavels Gesellschaftspolitik sorgte der außenpolitische Flirt mit Napoleon in den Adelspalästen erst recht für Angst und Schrecken. Es entstand die Vision einer antiadeligen, genauer: antiaristokratischen Herrschaft eines nicht mehr zurechnungsfähigen Despoten, dessen willkürliche Tyrannei die Lebensweise der höchsten Gesellschaftsschicht existentiell zu bedrohen schien. Der tiefere Sinn von Pavels absolutistischer, auf Leistung und Loyalität gegenüber dem Staat zielender Politik erschloss sich seinen Gegnern im Inneren nicht. Ihre Loyalität galt, so war man es gewohnt, weniger dem Reich als vielmehr der Person des Herrschers, der in seinem rigiden autokratischen Selbstverständnis wenig tat, um seine politische Umgebung zu überzeugen. Durch eine scheinbar launenhafte, unberechenbare, unverständliche Politik hatte Pavel jene Loyalität verwirkt, sein Sturz schien legitim.

Der Thronfolger Aleksandr war in die reifenden Staatsstreichpläne seit dem Jahr 1800 eingeweiht. Wie später noch so oft wusste er nicht recht, was er tun sollte. Einerseits war die Vorstellung ungeheuerlich, andererseits aber doch attraktiv, so dass er schließlich seine Einwilligung zur Ausschaltung des Vaters gab. Seine Forderung, Pavel dürfe kein Leid geschehen, ist angesichts früherer Umsturzkonstellationen in Russland, aber auch angesichts Pavels Charakters bestenfalls als naiv zu bezeichnen. Dass der Kaiser nicht freiwillig seinen Hut nehmen würde, musste jedermann klar sein. Die Verschwörer, die in der Nacht vom 11. auf den 12. März in das Michaelsschloss eindrangen, um sich des ungeliebten Kaisers zu entledigen, stammten vornehmlich aus dem Hochadel und dem Offizierskorps, auch der englische Botschafter spielte seine unrühmliche Rolle. Die meisten der Aristokraten hatten ihre Karriere unter Ekaterina gemacht und sehnten sich nach ihren Posten, ihrem Einfluss und dem angenehmen Leben zurück. Rationale, staatsrechtliche Gründe für den Umsturz gab es nicht; vielmehr entsprang die Aktion einem emotional-persönlichen Unzufriedenheitskonglomerat. Der in St. Petersburgs besseren Kreisen nach Pavels – entweder von einem Degen oder einem um den Hals gelegten Schal hervorgerufenen – „Schlaganfall“ ausbrechende Freudentaumel war freilich nicht von allzu langer Dauer. Aleksandr fühlte sich nach dem gewaltsamen Tod seines Vaters getäuscht (oder redete es sich zumindest ein), während die Aristokraten, sofern ihre Karriere nicht dank Pavels empörter Witwe ihr Ende fand, bald feststellen mussten, dass die Aufhebung einzelner als bedrückend empfundener Dekrete wenig an der autokratischen Kompetenz zur Eigenwilligkeit änderte. Zudem musste der zweite Zarenmord innerhalb von 40 Jahren für eine latent misstrauische Haltung bei den künftigen Herrschern sorgen – eine Konstellation, die sich für die Gesellschaft, die Aristokratie eingeschlossen, nicht unbedingt vorteilhaft auswirkte. Pavels disziplinierender, militarisierender Staats- und Herrscherzentrismus sollte nicht nur die kommenden Regierungszeiten seiner Söhne, sondern lange Jahrzehnte des russischen 19. Jahrhunderts prägen.

2. Aufbruch, Triumph und Desillusionierung: Aleksandr I. Pavlovič

Die Ära Aleksandrs I. gilt in der Geschichtswissenschaft als eine äußerst ambivalente, der Kaiser selbst als rätselhaft und in seinen Zielsetzungen schwankend. Gemeinhin neigt die Historie dazu, seine Regierungszeit in zwei Phasen einzuteilen, eine liberale bis 1812/15 und eine restaurative danach. Jüngere Forschungen dagegen verweisen auf eine grundlegende Kontinuität in Aleksandrs Auffassungen und Handlungen, die – trotz sich wandelnder Akzentsetzungen – den Kaiser weniger widersprüchlich erscheinen lässt, als es so manche Äußerlichkeit nahe legt. Aleksandrs Biographin Janet Hartley zufolge änderte der Kaiser weniger seine Grundhaltungen als vielmehr die Ausdrucks- und Gestaltungsformen, in welche sie gekleidet waren.

1801 war Aleksandr mit dem Ziel angetreten, nach Pavels übersteigerter Regelungsabsicht den aufgeklärten Absolutismus im Stile seiner Großmutter Ekaterina zu reetablieren. Bedenkt man die Diskrepanz zwischen aufgeklärtem Wort und absolutistischer Tat als Grundcharakteristikum katharinäischen Regierens, so müssen etliche von Aleksandrs „Zweigleisigkeiten" weniger verwundern: Über Konstitutionen in Russland zu reden, ohne sie zu verwirklichen; das Prinzip der Erbmonarchie zu kritisieren, ohne es zu ändern; die Leibeigenschaft zu verachten, ohne sie abzuschaffen; die Rechte der Bevölkerung zu würdigen ohne sie zu gewährleisten. Derlei Diskrepanzen machen Aleksandr nicht notgedrungen zu einem schwachen, unentschlossenen Zaren, der nicht den Mut aufbrachte, seine Ziele zu realisieren, sondern ordnen ihn zunächst ein in jenes bekannte Missverhältnis von aufgeklärter Deliberation und autokratischer Praxis, das Ekaterina ohne jeden Selbstzweifel überspielen konnte. Freilich hatten sich die Zeiten geändert. Die Durchsetzung der Französischen Revolution mit ihren gesellschaftlichen und politischen Folgen für den Rest Europas hatte den Grat auch für den russischen Herrscher schmaler werden lassen. Die Erwartungen, die sich nun – seitens der Zeitgenossen, aber auch der Historiker – mit dem libertären Diskurs verknüpften, waren gestiegen. Dass ein Monarch sich aufgeklärt gab, genügte nicht mehr als die Welt begeisternder Selbstzweck; sofern den Worten keine Taten folgten, war Enttäuschung abzusehen. Noch ein Weiteres kam hinzu: Die Stilisierung von Pavels Regierung als despotischer Würgegriff lud dem zur Befreiung gerufenen Nachfolger Anforderungen auf, denen dieser – kein Revolutionär, sondern Nachfolger auf dem Autokratenthron – im soziopolitischen Kontext seines Landes nicht gerecht werden konnte. Zwar war Aleksandr durchaus in der Lage, mit seinen jeweiligen Gesprächspartnern die Themen abzuhandeln, an welchen jenen besonders gelegen war; in der konkreten politischen Ausgestaltung jedoch musste er Selbstherrscher bleiben. Gegen seinen Willen war niemals Politik zu machen, weder am Anfang noch am Ende seiner Zeit: Der Kaiser war resolut in seinen Entscheidungen, mochte er sich auch, ob aus eigener intellektueller Überforderung oder aufgrund einer offenen Geisteshaltung, von wechselnden Konzeptionen anderer gedanklich faszinieren lassen.

Mit ganz unterschiedlichen Ideen war Aleksandr schon in Kindheit und Jugend in Berührung gekommen. Als Ekaterinas Enkel und Pavels Sohn hatte er zwei ganz unterschiedliche Facetten des aufgeklärten Absolutismus kennen gelernt – das gelehrt-libertäre Gedankenspiel in St. Petersburg und das autoritäre Exerzierspiel in Gatčina. Das Zerrissensein zwischen den unterschiedlichen Welten an den verfeindeten Höfen dürfte für den Heranwachsenden weniger anregender Kontrast als psychische Belastung gewesen sein, Gleiches galt für die Überlegungen, ihn unter Umgehung seines Vaters auf den Thron zu bringen. Unter seinem Vater setzte sich die Zweigleisigkeit seiner Lebenswelt fort: Mit einem Kreis aristokratischer Freunde diskutierte er über politische und soziale Reform, in seiner Dienstkarriere etablierte er sich in Pavels militarisierter Herrschaftsstruktur. Doch entgegen mancher Fantasie über ein ungezwungenes Leben fernab des Throns erwies sich Aleksandr im entscheidenden Moment durchaus als zielstrebig: Er billigte den Sturz seines Vaters und stand als Erlöser zur Verfügung. Freilich sollte ihn der Regizid in mehrfacher Hinsicht belasten. Nicht nur der Druck, es anders und besser zu machen als sein Vater, lag ihm schwer auf den Schultern, sondern auch das Bewusstsein, welche schrecklichen Konsequenzen ein Versagen seinerseits haben könnte. Aleksandrs ständiges Misstrauen; seine Furcht vor übergroßem Einfluss hochadeliger Clans; seine Neigung anderen zu suggerieren, er sei ihrer Meinung; schließlich die Bespitzelung vor allem der hauptstädtischen Gesellschaft – all das speiste sich nicht zuletzt aus der Erfahrung von 1801. Am quälendsten jedoch waren wohl die Schuldgefühle, ohne die Aleksandrs spätere religiöse Bewegtheit kaum zu erklären ist. Auf die bohrenden Fragen seiner Mutter nach dem Verlust des geliebten Gatten dürfte er zeitlebens keine befriedigenden Antworten gefunden haben.

Aleksandr befand sich also nach seiner Thronbesteigung trotz des Jubels der Petersburger Bevölkerung in keiner einfachen Lage. Zunächst tat er das, was man von ihm erwartete – er hob Pavels Einschränkungen dem Adel gegenüber wieder auf, bestätigte die alten Rechte, amnestierte die in Ungnade Gefallenen und zog etliche policeystaatliche Regelungen, etwa zur Kleidung oder zur Zensur, wieder zurück. Die Maßnahmen verfehlten ihren Eindruck nicht. Vor der Negativfolie Pavels erschien Aleksandr als „guter Zar“, der der Gesetzlichkeit wieder zu ihrem Recht verhalf. Den Rahmen und die Qualität dieser Gesetzlichkeit bestimmte freilich nach wie vor der Kaiser, eine Einschränkung seiner Prärogativen lehnte Aleksandr zu jeder Zeit ab. Was er dagegen anerkannte und in seinen Anfangsjahren durchaus erfolgreich praktizierte, war die Notwendigkeit, den autokratischen Anspruch rhetorisch mit den Anliegen der politisch relevanten Schichten in Einklang zu bringen. So ließ er – darin Ekaterina durchaus ähnlich, aber inhaltlich viel weiter über sie hinausgehend – diskutieren und Entwürfe anfertigen, äußerte sein Interesse und Gefallen – und verstaute alles gut gehütet in der Schublade seines Schreibtisches, wobei er selbst entschied, ob und wann er ein Blatt daraus hervorholte. Doch bei allem Bewusstsein für die Anforderungen des Zeitgeistes: dahinter nur demagogischen Zynismus zu vermuten, würde Aleksandrs Denken wohl nicht gerecht. Als Autokrat hatte er nicht nur das Recht zu regieren, sondern auch das Recht, über diese Regierung Überlegungen anstellen zu lassen, sofern er es für angezeigt hielt – verpflichtet war er aber zu nichts.

Auch selbst nahm er am aufgeschlossenen Diskurs durchaus Teil. Im Kreise seiner langjährigen Vertrauten, die bis 1803 ein „Inoffizielles Komitee" bildeten, diskutierte man in aufgeklärter Grundhaltung über die Reform der Autokratie – wohlgemerkt über die Reform, nicht über die Abschaffung. Der illustre Club aus dem polnischen Magnaten Adam Czartoryski, dem ukrainischstämmigen Karrierediplomaten Viktor P. Kočubej, dem Abkömmling einer der reichsten Familien Russlands Pavel A. Stroganov und dem Großgrundbesitzer Nikolaj N. Novosil'cev diente dem Kaiser vielmehr als vertrautes Beratergremium zur Bestimmung der eigenen Position gerade gegenüber aristokratischen Vorstellungen zur Beschneidung der autokratischen Macht. Die konkreten Maßnahmen zur Verbesserung der Administration des Reiches tasteten dann auch das selbstherrscherliche Prinzip nicht an. Gegenüber dem aristokratisch motivierten Vorschlag des Senators Gavrila R. Deržavin, dem Senat die exekutive, legislative und judikative Gewalt zu übertragen und ihm die einzelnen ausführenden Fachverwaltungen zu unterstellen, verhielt sich Aleksandr auf für ihn so typische Weise. Er zeigte sich interessiert und beeindruckt, lobte den Autor des Projekts – und entschied sich dagegen. Die Zurückdrängung des ehemals „Regierenden" Senats in oberste juristische und nominell die Administration kontrollierende Funktionen wurde damit festgelegt. Die Exekutive übten die 1802 teils neu geschaffenen, teils aus den Kollegien hervorgegangenen Ministerien für Inneres, Äußeres, Finanzen, Justiz, Krieg, Marine, Volksaufklärung und Handel (bis 1810) aus. Die Ressorts bildeten freilich kein Kabinett mit einem Premierminister an der Spitze. Zwar wurde auch diese Idee diskutiert, jedoch zugunsten einer direkten Ministerverantwortlichkeit gegenüber dem Kaiser – und damit zugunsten von dessen Machtposition – verworfen. Für die Erörterung besonders wichtiger Fragen wurde später die Institution des Ministerkomitees geschaffen, das freilich über den Status einer in Anwesenheit des Kaisers tagenden Versammlung ministerieller Individuen nicht hinauskam.

Die Neuschaffung des Bildungs- oder Volksaufklärungsministeriums signalisierte die Wichtigkeit, die man diesem Sektor beimaß. Entscheidende Motivation war freilich vor aufklärendem Wohlmeinen der Befund, dass es allenthalben an qualifiziertem Personal für die Verwaltung des Reiches mangelte. Ein Gesetz aus dem Jahr 1803 schuf sechs Verwaltungsbezirke, denen jeweils eine Hochschule zugeordnet wurde: In Moskau gab es bereits eine Universität, in St. Petersburg wurde das Pädagogische Institut 1819 zur Universität ausgebaut, in Vil'na das Kollegium zur Universität gemacht. Schon 1801 war in Dorpat eine Universität gegründet worden, Kazan' und Char'kov kamen neu hinzu. Die Universitäten erhielten weit reichende Autonomien und rekrutierten das Lehrpersonal zunächst verstärkt aus dem Ausland. Als Unterbau wurden in allen Gouvernements vierjährige Gymnasien eingeführt, auf Kreisebene zweijährige Kreisschulen etabliert, während im Dorf einklassige Kirchenschulen für eine Elementarbildung sorgen sollten. Die Reform stellte einen wesentlichen Schritt zur Homogenisierung des russischen Bildungswesens dar, obgleich – wie schon in der Vergangenheit – die Konzeption von Schulen noch nicht ihren sozialen Erfolg bedeutete, was übrigens auch auf den Adel zutraf, der wie bisher, entsprechende Mittel vorausgesetzt, seine Kinder gerne in privater Exklusivität erziehen ließ.

Zu den im Inoffiziellen Komitee diskutierten Fragen gehörte, selbstverständlich, auch die Leibeigenschaft. Zwar waren sich die edlen Teilnehmer in ihrer Ablehnung dieser unzeitgemäßen, im Ausland auch prestigezehrenden Einrichtung einig, doch schon aus Rücksichtnahme auf die Interessen des Adels war an eine Abschaffung nicht zu denken. Das 1803 erlassene Gesetz über die freien Ackerbauern ermöglichte zwar eine Emanzipation auf freiwilliger Basis, das verbreitete Widerstreben des Adels sorgte jedoch im Verbund mit geradezu astronomischen Loskaufpreisen dafür, dass die praktische Relevanz des Gesetzes gegen null ging. Der ab 1816 gestartete Versuchsballon einer Bauernbefreiung in den baltischen Provinzen war durch die Bestimmungen schwer belastet – die Bauern erhielten zwar ihre Freiheit, jedoch kein Land, womit sich die traditionelle Abhängigkeit unter ökonomischen Vorzeichen fortsetzte. Dabei hatte Aleksandr auch die russischen Bauern keineswegs vergessen. Als sich nach dem Sieg über Napoleon die privilegierten Stände an Belohnungen erfreuen durften, kündigte der Kaiser an, auch die Bauern würden ihre Belohnung erhalten – und zwar von Gott.

Auch Michail M. Speranskij, Aleksandrs führendem politischen Kopf in den Jahren 1807–1812, waren bei seiner Ablehnung der Leibeigenschaft die Hände gebunden. Generell schwebte dem begabten Popensohn Speranskij, der im Regierungsapparat Karriere und in diesem Zuge Aleksandrs persönliche Bekanntschaft gemacht hatte, die allmähliche Angleichung Russlands an das fortgeschrittenere Europa vor. Sein großes, vom Kaiser in Auftrag gegebenes Verfassungsprojekt von 1809 sah eine rechtsstaatliche, rational geordnete Ausgestaltung der Monarchie vor. Unterhalb der unangetasteten kaiserlichen Ebene sollten sich ein Ministerrat (Exekutive), der Senat (Judikative) und eine beratende Duma (Legislative) die Gewalten teilen. Abermals lagen Entwurf und Realisierung weit auseinander, wobei Aleksandrs Zögerlichkeit gegenüber einschneidenden Maßnahmen und der Widerstand der konservativen Gesellschaft in der Erklärung für das Scheitern nicht voneinander zu trennen sind. Was 1810 herauskam, war ein Staatsrat (Gosudarstvennyj sovet, im Deutschen oft auch als „Reichsrat" bezeichnet) mit beratender Funktion in Exekutive und Legislative, die freilich den Autokraten in seiner Machtentfaltung in keiner Weise einschränkte.

Es kam bei Aleksandrs Misstrauen gegenüber dem Hochadel wohl nicht von ungefähr, dass er gerade dem aus niederem Rang aufgestiegenen Speranskij sein Vertrauen schenkte. Ebenso nachvollziehbar ist die heftige Abneigung, die das konservative Establishment gegenüber dem allzu klugen, verstörend progressiven Parvenu hegte. Protegiert von Kaiser Pavels Witwe Marija Fëdorovna begann ein Kreis aus konservativen Staatsmännern und Hofgrößen gegen Speranskij zu intrigieren. Zum Stolperstein für den eifrigen Bürokraten, der inzwischen den Posten des stellvertretenden Justizministers mit dem Amt des Staatssekretärs beim Staatsrat vertauscht hatte, wurde ein weiteres großes Projekt, an dem im Rahmen einer schon seit 1801 bestehenden Kommission gearbeitet wurde, der Entwurf für ein Zivilgesetzbuch. Die Tatsache, dass Speranskij sich stark vom Code Napoléon hatte beeinflussen lassen, wurde vor dem Hintergrund einer steigenden antifranzösischen Stimmung gezielt zur Diskreditierung des Verfassers benutzt. Zudem trug man dem Kaiser Gerüchte über angebliche wenig schmeichelhafte Äußerungen seines Vorzeigestaatsmannes zu, was auf den fruchtbaren Boden der monarchischen Eitelkeit fiel. Dennoch handelte Aleksandr bei Speranskijs Ausbootung 1812 weniger aus eigener Überzeugung als willfährig gegenüber den mehrheitlichen Erwartungen. Den Verlust seines fähigen Bürokraten bezeichnete er später als „Opfer an den Zeitgeist", und er fühlte sich dabei, als ob man ihm seine rechte Hand genommen habe. Bezeichnenderweise – und zum Ärger der triumphierenden Clique – wurde Speranskij offiziell nur zeitweilig aus der Hauptstadt entfernt, ein Prozess gegen den „Verbrecher" und „Verräter" fand nie statt, er behielt seine Titel, sollte später in Sibirien wieder administrativ tätig werden und 1821 nach St. Petersburg zurückkehren.

Der Hintergrund von Speranskijs Sturz verweist darauf, wie eng innere Vorgänge mit der außenpolitischen Entwicklung verknüpft waren. Zum Zeitpunkt seines Falls herrschte nicht nur eine antifranzösische Aufgeregtheit im Land, sondern es wurde fest mit einer kriegerischen Auseinandersetzung mit Napoleon gerechnet. Aleksandrs zeitweilige Annäherung an den Kaiser der Franzosen war nicht zuletzt aus der Not geboren: Seit 1804 hatte Russland in einer dritten, seit 1806 in einer vierten Koalition erfolglos gegen Frankreich operiert. Die Niederlagen von Austerlitz (1805) und Friedland (1807), die Unterlegenheit Österreichs und der Zusammenbruch Preußens ließen dem russischen Kaiser im eigenen Interesse nur das Paktieren mit Frankreich. Im Frieden von Tilsit, wo sich die beiden Kaiser 1807 auf einem Floß in der Mitte der Memel trafen, erkannte Aleksandr die vollendeten Tatsachen der französischen Hegemonie in Europa an und willigte – gegen eigene Handelsinteressen – in die Teilnahme an der Kontinentalsperre sowie die Gründung des Großherzogtums Warschau ein. Russland nutzte die Lage, um mit französischer Rückendeckung 1809 Finnland und die Alandinseln von Schweden zu annektieren, während die sechsjährige Auseinandersetzung mit den Türken im Gewinn Bessarabiens resultierte. Der Pakt mit Napoleon konnte freilich für beiden Seiten nur ein Bündnis auf Zeit sein, seit 1810 stiegen die Spannungen, Anfang 1812 deutete sich die Neuorientierung Russlands zu England hin an.

Im Juni 1812 marschierte die zur Hälfte aus Soldaten der wenig begeisterten Verbündeten bestehende Grande Armée ohne Kriegserklärung, doch keineswegs überraschend ins Russische Reich ein. Die russischen Befehlshaber machten aus der Not der

Unterlegenheit bald eine Tugend. Das anfängliche verzweifelte Zurückweichen vor Napoleons Schlagkraft wurde bald zu einer gezielten, den Gegner nervierenden und schwächenden Strategie ausgebaut. Man wich Schlachten aus und stellte sich erst bei Borodino westlich von Moskau dem großen Kampf. Der Ausgang blieb unentschieden und die Russen wichen weiter zurück, ja, sie gaben sogar Moskau auf, so dass der Aggressor im September in die verlassene alte Hauptstadt einzog. Napoleons Triumph schien vergebens, zumal Moskau – aus welchen Gründen auch immer – abbrannte und damit erst recht keinen strategischen oder logistischen Wert mehr besaß. Der abzusehende Winterbeginn ließ den Franzosen die Entscheidung zum Rückmarsch treffen, der für die ausgezehrte Armee zur Katastrophe geraten sollte. Die russischen Truppen stießen nach und sorgten gemeinsam mit Schnee, Hunger und Krankheit dafür, dass Ende 1812 von der mächtigen Russlandstreitmacht Napoleons fast nichts mehr übrig war.

Um den Napoleon-Bezwinger scharten sich die europäischen Staaten zum „Befreiungskrieg" gegen das napoleonische Frankreich, schließlich zog Aleksandr I. im März 1814 triumphal in Paris ein. Der Siegeszug durch Europa befriedigte den russischen Kaiser ungemein, nicht nur gegenüber den europäischen Mächten, sondern auch gegenüber der eigenen Gesellschaft, die seiner Bündnis- und Kriegstaktik in den Jahren zuvor Kritik entgegengebracht hatte. Nun aber war der Kaiser auf dem Höhepunkt seines Ansehens und gedachte bei der Neuordnung Europas ein gewaltiges Wort mitzureden. Freilich machte der „Befreier Europas" den Vertretern der übrigen Staaten bald Angst. In Wien, Berlin und London war man nicht daran interessiert, einen französischen Hegemon durch einen russischen zu ersetzen. So gestalteten sich die Verhandlungen im Umfeld des Wiener Kongresses gar nicht so einfach, wie es sich Aleksandr vorgestellt haben mag. Was am Ende zusammen mit der Domestizierung Frankreichs herauskam, war eine grundsätzliche Restauration der bisherigen Verhältnisse, die Russlands Vormachtstellung in Osteuropa zwar bestätigte, aber doch wenig nach Europa hin ausbaute. Sein Ziel eines einheitlichen Polens unter seiner Herrschaft erreichte Aleksandr nicht, stattdessen erhielt er das rumpfartige „Kongresspolen" zugesprochen, über das er in Personalunion herrschen sollte.

Aleksandr hatte sich in Wien bereit erklärt, dem Königreich Polen eine Verfassung zu gewähren. Diese fiel recht liberal aus:

Der König beziehungsweise sein Statthalter bildeten zusammen mit einem Staatsrat die Exekutive, der aus König, Senat und gewählter Deputiertenkammer bestehende Sejm (Reichstag) die Legislative, wobei der König gegen die Beschlüsse des Sejm Einspruch einlegen konnte. Das Königreich erhielt von Russland getrennte nationale Einrichtungen, darunter auch die Armee, darüber hinaus wurden auch die Glaubensfreiheit und die Unverletztlichkeit der Person garantiert. Doch obwohl die russischen Kaiser die polnische Verfassung mit einem Eid zu beschwören hatten, sollte die Praxis – schon unter Aleksandr I. – gegenläufige Entwicklungen zeitigen. Ein in der Verfassung nicht vorgesehener russischer Regierungskommissar sowie die Unterstellung der polnischen Armee unter den Befehl des Statthalters waren Vorboten einer Aushebelung und späteren Sistierung der Verfassung.

Das konstitutionelle Zugeständnis an Polen bedeutete nicht, dass Aleksandr seine autokratische Grundeinstellung aufgegeben hätte, im Gegenteil. Gegenüber den in Aufruhr geratenen Gesellschaften Europas verfolgte der Kaiser die Aufrechterhaltung der monarchischen Legitimität, wie es in der „Heiligen Allianz" vom September 1815 zwischen Russland, Österreich und Preußen unter späterem Einschluss fast aller anderen europäischen Staaten festgeschrieben worden war. Zwar sollte die Allianz im praktischen Sinne keine großen Wirkungen zeigen, doch war sie ein Symbol für die unerschütterlichen restaurativen Absichten des russischen Kaisers und der übrigen konservativen Regierungen in Europa. Aleksandr freilich hatte zunächst noch ganz andere Vorstellungen mit dieser nicht umsonst als „heilig" betitelten Allianz verknüpft. Die Errettung Russlands aus existenzbedrohender Not im Jahre 1812 scheint beim Kaiser zu einer religiösen Offenbarung geführt zu haben, ohne Gottes Beistand schien die Entwicklung nicht erklärbar. Zur Verankerung eines allgemeinen christlichen Aufschwungs förderte der Kaiser seit Ende 1812 den russischen Ableger der englischen Bibelgesellschaft, während er sich selbst auf seinem Zug durch Europa kurzzeitig von der schwärmerischen Erweckungsbewegung aus dem Umfeld der die Haute Volée fesselnden Mystikerin Juliane von Krüdener in den Bann ziehen ließ. Dass der österreichische Außenminister Fürst von Metternich Aleksandrs Entwurf einer Heiligen Allianz als „laut tönendes Nichts" bezeichnete und sein englischer Kollege Viscount Castelreagh sich Sorgen um den Geisteszustand des russischen Kaiser machte, hing vor allem damit zusammen, dass Aleksandrs neue Erleuchtungen als programmatische Grundannahmen in den Text stark eingeflossen waren. Die Umfunktionierung der „Heiligen Allianz“ von einer christlich-brüderlichen Monarchengemeinschaft zu einer mehr politischen Absichtserklärung ging im Wesentlichen auf Aleksandrs nüchterne Verhandlungspartner zurück.

Immer wieder hat man den vermeintlich konservativeren Geist von Aleksandrs Regierung nach 1815 mit jenem obskuren Mystizismus in Verbindung gebracht, dabei jedoch übersehen, dass der Kaiser sich recht schnell wieder von Krüdeners Einsichten distanzierte. Daran änderte auch das Fortbestehen der in Petersburgs höchsten Kreisen eingewurzelten Bibelgesellschaft und der steigende politische Einfluss ihres Vorsitzenden Aleksandr N. Golicyn – seit 1816 Bildungsminister, doch schon seit 1803 Oberprokuror des Heiligen Synods – nichts. Mit dem konservativen Golicyn verband den Kaiser schon in früheren Jahren ein Vertrauensverhältnis; dass er nach dem Wiener Kongress die Bildungspolitik im reaktionären Geist vor allem durch die Knebelung der liberalen Universitäten prägen konnte, dürfte mehr auf die Furcht vor sozialer Unruhe als auf mystische Erweckung zurückzuführen sein. Betrachtet man Aleksandrs Regierungshandeln genau, so wird auch in der so genannten zweiten Hälfte jene charakteristische Ambivalenz zwischen reformerischer Überlegung und zurückhaltender Praxis deutlich. 1817/18 ließ der Kaiser Projekte zur Bauernemanzipation entwerfen, die freilich mit Rücksicht auf den staatstragenden Adel wieder in der Schublade verschwanden. Zur gleichen Zeit arbeitete Novosil’cev im kaiserlichen Auftrag einen neuen Verfassungsplan aus, der im ganzen Reich Statthalterschaften mit 2-Kammern-Vertretungen aus ernannten und gewählten Mitgliedern sowie eine Reichsduma aus Senats- und Statthalterschaftsvertretern vorsah und – man erahnt es – abermals nicht realisiert wurde.

Aleksandr blieb sich und seiner Zögerlichkeit treu – und er schien im Inneren wie im Äußeren Bestätigung dafür zu finden. In Europa war die Gesellschaft in Bewegung geraten: Ob in Spanien oder Portugal, ob in Neapel, Serbien oder Griechenland, die Forderungen nach Emanzipation waren laut vernehmbar. Besonders akut gestaltete sich für Russland das griechische Beispiel. Der Aufstand der orthodoxen Glaubensbrüder gegen die Herrschaft der Osmanen brachte Aleksandr in eine unangenehme Zwickmühle. Galt es den Freiheitskampf der kulturell-religiös nahe stehenden Griechen zu unterstützen oder die Legitimität des herrschenden Sultans? Der Kaiser entschied sich im Sinne der Heiligen Allianz für die Legitimität und gegen den Aufstand. Auch in Polen hatte der Kaiser sein Ordnungsverständnis deutlich gemacht, indem er dem selbstbewussten Sejm klar machte, dass er die gegebene Verfassung jederzeit aufheben könne, sollte sich der Reichstag unbotmäßig verhalten.

Zu allem Überfluss waren die emanzipatorischen Ideen auch ins eigene Land gedrungen. Auf ihrem Feldzug durch Europa hatten die adeligen Offiziere Bekanntschaft gemacht mit fortschrittlichen politischen Ideen. Als Folge resultierten Geheimgesellschaften, die sich mit der Diskussion politischer Reformen Dinge anmaßten, die in Aleksandrs Verständnis nur ihm selbst zustanden. Eine Meuterei des Regiments Semenovskij gegen die Brutalität der Vorgesetzten im Jahr 1820 ließ bei Aleksandr die Alarmglocken erst recht schrillen, die Schreckensvision eines allgemeinen Aufruhrs machte sich breit. Der Kaiser gab Golicyn freie Hand für seine reaktionäre Bildungspolitik und ließ die Zensur ebenso verschärfen wie die geheimpolizeiliche Tätigkeit intensivieren. 1822 wurden die Geheimgesellschaften verboten. Zum mächtigsten Staatsmann im Reich avancierte endgültig der alte Weggefährte Kaiser Pavels, Aleksej A. Arakčeev, der freilich auch unter Aleksandr seine Karriere (u.a. als Artillerieinspektor und Kriegsminister) erfolgreich fortgesetzt hatte. Bis zum Tod Aleksandrs führte in der russischen Politik kein Weg mehr an Arakčeev vorbei. Dem Kaiser schien der gestrenge und loyale Offizier im Stande, jeglicher Unruhe vorzubauen. Wohlmeinenden Historikern erschien Arakčeev oft als „Sündenbock", der dem unsicheren Aleksandr einen reaktionären Kurs aufnötigte. Tatsächlich aber tat er nichts anderes als die Anweisungen seines Herrn pflichtbewusst auszuführen.

Dies galt auch für die schon 1810 konzipierten, aber erst 1817 eingerichteten „Militärkolonien", mit denen der Kaiser zwei Fliegen mit einer Klappe schlagen wollte. Durch die zwangsweise Zuweisung von Soldaten zu speziellen landwirtschaftlichen Siedlungen in Friedenszeiten sollte einerseits die agrarökonomische Produktion gesteigert, andererseits das Militärbudget gesenkt werden. Schnell wurde klar, dass es sich um eine vielleicht kluge, aber völlig realitätsfremde Idee handelte. Militär und Landwirtschaft funktionierten nach unterschiedlichen Prinzipien und konnten deshalb nur mit Druck von oben und brutalem Drill zusammengespannt werden. Obwohl das Experiment recht schnell als gescheitert angesehen werden konnte, hielt Aleksandr daran fest. Arakčeev hatte die Oberaufsicht, weshalb die Kolonien als Ausgeburt seiner Menschenverachtung in die Geschichte eingingen. Tatsächlich aber finden sich in der „Arakčeevščina", zu deren Schreckenssymbol jene Kolonien wurden, die entschlossenen autokratischen Züge des Kaisers wieder.

Die letzten Jahre Aleksandrs I. galten als unfroh. Längst hatte der Kaiser jene Popularität eingebüßt, die er vor der Negativfolie seines Vaters so leicht hatte erringen können. Längst war das Prestige der Niederringung Napoleons der Sorge über revolutionäre Umtriebe gewichen. Längst war die kurzzeitige Bibelschwärmerei von der militarisierenden Disziplinierung à la Arakčeev abgelöst worden. Längst waren die aristokratischen Visionen einer stärkeren politischen Einflussnahme an Aleksandrs Selbstherrschaft zerstoben. Auch der Kaiser selbst schien desillusioniert, sah er sich doch trotz diverser Verbotsmaßnahmen diffusen Anfeindungen von Seiten fortexistierender Geheimgesellschaften ausgesetzt. In dieser Konstellation unternahm er im Herbst 1825 mit seiner gesundheitlich angeschlagenen Frau eine Reise in den Süden. Nachdem man etwa einen Monat in der Umgebung des Schwarzen Meeres verbracht hatte, erwuchsen zu aller Überraschung aus einer anfänglich harmlosen Erkältung des Kaisers ernsthafte gesundheitliche Probleme. Sein Zustand verschlechterte sich von Tag zu Tag, am 19. November 1825 verstarb Aleksandr I. in Taganrog im Alter von 48 Jahren. Da Aleksandr bis dato recht gesund gewesen war, kamen sogleich Gerüchte auf, er sei nicht gestorben, sondern habe endlich seine bei verschiedenen Gelegenheiten geäußerten Fantasien über einen Rückzug vom Thron wahr gemacht und sich als Mönch in die Weiten Sibiriens zurückgezogen – eine Legende, die als widerlegt gelten kann. Einen eigenen Erben hinterließ Aleksandr nicht, seine Frau hatte ihm „nur" zwei Töchter geschenkt, die beide im Kindesalter verstorben waren. Die Nachricht von seinem Tod erreichte die kaiserliche Familie in St. Petersburg erst im Laufe des 27. November, wo Aleksandrs zweitjüngerer Bruder Nikolaj in Abwesenheit des älteren Konstantin, der in Warschau den Oberbefehl über die

Truppen des Königreiches Polen führte, als „Chef" des Hauses Romanov fungierte. Noch am selben Tag leistete Nikolaj den Eid auf Konstantin I., Kaiser von ganz Russland.

3. Die Personifizierung der Autokratie: Nikolaj I. Pavlovič

Konstantin I. sollte den russischen Thron niemals besteigen. Nachdem er in Warschau von seiner Proklamation zum Kaiser, die längst von den Garden, dem Staatsrat und weiteren Institutionen des Reiches beeidet worden war, erfahren hatte, reiste er nicht selbst nach St. Petersburg, sondern schickte einen Brief, der am 3. Dezember an seinem Bestimmungsort ankam. In ihm erklärte er seinen Verzicht auf den Thron gemäß den Abmachungen, die er mit Aleksandr I. getroffen hatte. Konstantin hatte nie den Thron angestrebt, auch dann nicht, als sich die Erbenlosigkeit seines älteren Bruders abzeichnete. Die entscheidende Motivation bestand weniger in einem angenommenen Unterlegenheitsgefühl gegenüber seinen Brüdern (zu Ekaterinas Zeiten fühlte er sich gegenüber dem Erstgeborenen vernachlässigt, nach dem Tod der Großmutter gegenüber den beiden nachgeborenen, erheblich jüngeren Brüdern Nikolaj und Michail), sondern in einer privaten Entscheidung: Konstantin Pavlovič war mit der polnischen Gräfin Joanna Grudzińska (Ioanna [Žanetta] Grudzinskaja) liiert, 1820 hatte er sich von seiner Frau Anna Fëdorovna, einer Prinzessin aus dem Hause Sachsen-Saalfeld-Coburg, scheiden lassen und seine große Liebe geehelicht. Die Bedingung für die Genehmigung der Scheidung und der zweiten, morganatischen Ehe durch Aleksandr I. war Konstantins ewige Thronentsagung für sich und seine – eventuellen – Nachkommen. 1823 verfertigte Aleksandr ein Manifest, in welchem er dem nächstältesten Bruder Nikolaj die Thronfolge zusprach, freilich wurde diese Urkunde unter strengster Geheimhaltung aufbewahrt, nur wenige hoch stehende Persönlichkeiten waren darüber informiert.

Nach Aleksandrs Tod wurde gemäß dem Willen des Verstorbenen das beim Staatsrat hinterlegte Manifest geöffnet und verlesen. Trotz seines eindeutigen Inhalts beharrten Nikolaj und die

Mehrheit der Würdenträger auf der Proklamation Konstantins zum Kaiser. Die entstehende, paradox anmutende Situation, dass die beiden Brüder den jeweils anderen zur Thronbesteigung aufforderten, hatte weder etwas mit einem viel zitierten „Großmutsstreit“ noch mit Nikolajs angeblicher Konsterniertheit zu tun. Für Konstantin war schlicht eine Trennung von seiner zweiten Frau undenkbar, für Nikolaj und den amtierenden Justizminister konnte ein persönliches Geheimmanifest Aleksandrs I. nicht das grundlegende, von Pavel erlassene Thronfolgegesetz aufheben. Viele Indizien sprechen dafür, dass Nikolaj von Konstantins Verzicht schon länger wusste. Was er aber in Treue gegenüber dem väterlichen Gesetz wollte, war eine offizielle Entsagung oder Abdankung seines älteren Bruders. Er bekam sie nicht und die Situation blieb weiter im Ungewissen, bis Nikolaj am 12. Dezember Warnungen vor einer bevorstehenden Rebellion im Lande erreichten.

Nun war Eile geboten: Um entschlossen durchgreifen zu können, musste Nikolaj mit aller Autorität ausgestattet sein. Am 13. Dezember 1825 entschied er sich, unter Hinweis auf seines Bruders Verzicht, die Kaiserwürde anzunehmen. Als am nächsten Tag die neue Vereidigung der Truppen stattfinden sollte, zeigte sich, dass die Warnungen berechtigt waren. Einige Offiziere leisteten den Eid nicht und brachten Teile der Petersburger Regimenter dazu, ihrem Beispiel zu folgen. Die als „Dekabristen“ (nach russ. „dekabr’“: Dezember) bezeichneten jüngeren Offiziere und Intellektuellen hatten seit dem Ende des napoleonischen Krieges in Geheimgesellschaften das Ziel politischer Veränderungen Russlands im demokratisierenden Sinn verfolgt, wobei die Vorstellungen von einer konstitutionellen Monarchie bis zur Republik reichten. Der Tod Aleksandrs I. sollte zum Fanal für einen Staatsstreich werden, dessen Erfolgsaussichten die merkwürdige dynastische Konstellation zu begünstigen schien. Doch die Aktion war schlecht vorbereitet und ihr fehlte jegliche gesellschaftliche Basis. Aktivisten gab es nur wenige, die übrigen mobilisierten Soldaten wussten nicht einmal genau, was sie taten. So fiel es dem neuen Kaiser recht leicht, die etwa 3000 auf dem Senatsplatz zum Putsch Versammelten mit loyalen Truppen zur Aufgabe zu zwingen – zwar nicht, wie anfangs versucht, durch verbale Überzeugungskraft, aber doch durch den Kanonendonner der Artillerie. Ein verspäteter Erhebungsversuch der ukrainischen „Filiale“ der Dekabristen wurde im Januar 1826 ebenfalls rasch niedergeschlagen. Das von Nikolaj, der sich persönlich an den Untersuchungen beteiligt hatte, zusammengestellte Oberste Kriminalgericht ordnete schreckliche Vergeltung an: Neben Verurteilungen zu Verbannung und Zwangsarbeit sollten 31 Aufständische erhängt, die fünf Rädelsführer gar gevierteilt werden. Der Kaiser schickte die 31 wie viele andere nach Sibirien und ließ die fünf erhängen.

Für Nikolaj hatte seine Herrschaft mit einem Albtraum begonnen, dessen Gespenster ihn nie wieder verlassen sollten. Die Furcht vor Revolutionen und das resultierende Misstrauen gegenüber gesellschaftlicher Aktivität prägten den Kaiser in seiner gesamten Regierungszeit, die die Historiographie meist in dunklen Farben geschildert hat. Nikolaj I. ging als eisenharter, kompromissloser, dabei intellektuell begrenzter Polizeimeister in die Geschichte ein, seine Epoche galt als Höhepunkt von Reaktion und Stagnation. Nikolaj schien als Despot in die Fußstapfen seines Vaters zu treten, ohne dessen mitunter grotesk anmutenden Aktionismus zu pflegen. Seine Herrschaft galt offensichtlich nur der Bewahrung von Ruhe und Ordnung, zu mehr schien seine beschränkte Persönlichkeit nicht in der Lage. Ließ sich bei Aleksandr I. noch die aufgeklärte Kontinuität zu Ekaterina II. ausmachen, so fand man in Nikolajs Jugend nur die Strenge des soldatischen Reglements. In der Tat hatte man bei ihm wenig Interesse an Geist und Kultur geweckt, entsprechend seiner Bestimmung als Nachgeborener war der Akzent auf das Militärische gelegt worden. Seine Erziehung war gekennzeichnet von Härte und Disziplin, seine spätere professionelle Betätigung als Generalinspekteur des Ingenieurswesens und als Gardekommandeur konnte ihn nur wenig auf die Aufgaben eines Monarchen vorbereiten. So ist es durchaus nachvollziehbar, neben dem Dekabristenaufstand (und, nicht zu vergessen, der traumatischen Erfahrung der Ermordung seines Vaters durch eine aristokratische Opposition) auch die soldatische Akkulturierung der frühen Jahre für gewisse Spezifiken von Nikolajs Regierungsstil verantwortlich zu machen.

Doch das Bild des dumpfen Gendarms, so realistisch manche seiner Züge auch sind, trügt. Zu sehr ist es aus dem Nachhinein, aus der Katastrophe des Krimkriegs und dem Wirken seines Sohnes heraus entstanden, als dass es in seiner Eindimensionaltät dem Gesamtphänomen Nikolajs I. gerecht werden könnte. In seiner Zeit wurde Nikolaj durchaus geachtet und geschätzt. Von seinem Erscheinungsbild überaus ansehnlich und elegant, im Auftreten streng und beherrscht, zutiefst aufrichtig und korrekt galt er vielen als ideale Figur für den Thron. Auch sein Familienleben erfüllte alle Erwartungen. Mit seiner Frau Aleksandra Fëdorovna (Friederike Louise Charlotte Wilhelmine von Preußen) verband ihn eine innige, vertraute Beziehung, die sich auch, als der alternde Kaiser eine Affäre mit der Hofdame Varvara A. Nelidova begann, fortsetzte. Aleksandra hatte ihrem Gatten zwischen 1818 und 1832 sieben Kinder geschenkt, darunter vier Söhne, die nicht nur die Thronfolge garantierten, sondern mit ihren späteren Familien das Haus Romanov zu einer weit verzweigten Großdynastie werden ließen. Endgültig vorbei waren die Zeiten des 18. Jahrhunderts, als man zum Teil händeringend nach Thronfolgern suchen musste. Allen seinen Söhne gedachte der Vater feste Betätigungsfelder zu: Aleksandr sollte ihm selbst nachfolgen, die übrigen herausragende militärische Aufgaben übernehmen: Konstantin die Flotte, Nikolaj das militärische Ingenieursweisen, Michail die Artillerie. Als Familienoberhaupt präsentierte sich Nikolaj gleichermaßen streng wie fürsorglich, seinen Kindern ließ er eine gute und vielseitige Bildung zukommen, und tatsächlich sollten sie das Andenken an ihren Vater zeitlebens in Ehren halten Die Familie gehörte zu den wenigen privaten Freuden, die sich Nikolaj gönnte. Von manch glänzenden Festen am Hof abgesehen, pflegte der Kaiser einen recht bescheidenen Lebensstil, in dem Arbeit und Pflichterfüllung den ersten Rang einnahmen. Ein fest geregelter Tages- und Wochenablauf mit regelmäßigen Inspektionen und Ministerempfängen machte den kaiserlichen Alltag aus.

In bester absolutistischer Tradition bekannte sich Nikolaj I. zur Pflicht gegenüber seinem Reich, die sich nicht nur in glanzvoller Repräsentation und hochrangigen Entscheidungen erschöpfte. Der Kaiser sah seine Verantwortlichkeit allumfassend, als patriarchalischer Landesvater hatte er sich um alles und jedes zu kümmern. Politik bestand für ihn in der Ausführung des kaiserlichen Willens, die Bürokratie hatte als verlängerter Arm seiner selbst zu dienen. Dieses „nikolaitische System" (Lincoln) sah eine Initiative „von unten" nicht vor, der Kaiser hatte mit seiner streng einzuhaltenden Gesetzlichkeit für das Wohlergehen seiner Untertanen zu sorgen. Dies bedeutete, dass wahrgenommene Defizite ausschließlich „von oben", d.h. aus autokratischer Initiative zu beheben waren. Fehlentwicklungen, das wurde Nikolaj und jenem Kreis erfahrener, angesehener Staatsmänner und Offiziere, die er in einem „Komitee des 6. Dezember“ 1826 um sich versammelte, recht schnell klar, gab es zuhauf: eine oft inkompetente und noch öfter korrupte Bürokratie; ein unterentwickeltes Gerichtswesen; die nicht zuletzt aus diesen Konstellationen resultierende administrative Willkür; die Bürde der Leibeigenschaft, die zwar den sozialen Staatsaufbau fundierte, doch eine ökonomische und prestigezehrende Belastung darstellte; die Ungerechtigkeit des Steuersystems, das vor allem die armen Schichten bedrückte; eine teure und auch schwerfällige Armee, die freilich zur Aufrechterhaltung der inneren und äußeren Sicherheit benötigt wurde.

Nikolaj war durchaus bereit, die wahrgenommenen Probleme in Angriff zu nehmen, seine Prämisse freilich, an der Autokratie im Grundsätzlichen nichts zu verändern, engte den Spielraum von vornherein ein. Dass Reformen gleichzeitig verbessern und bewahren sollten, machte sie zu einer heiklen Gratwanderung, bei der stets der eigenen Absicherung klarer Vorrang vor der Gefahr eines Fehltritts gegeben wurde. Unter diesen Voraussetzungen machte sich der Kaiser daran, die Dinge „in Ordnung“ zu bringen. Entsprechend seinem personalistischen Politikverständnis, das ihn die Ministerien allenfalls als ausführende Organe von an der Spitze getroffenen Entscheidungen wahrnehmen ließ, baute er seit 1826 die 1812 eingerichtete „Eigene Kanzlei Seiner Kaiserlichen Majestät“ aus. Während die erste Abteilung als eine Art kaiserliches „Personalbüro“ für Ernennungen, Auszeichnungen und Entlassungen von Staatsdienern zuständig war, sollte die zweite Abteilung unter Leitung von Michail Speranskij endlich das jahrzehntelange Anliegen einer neuen Gesetzeskodifikation nicht nur anpacken, sondern auch vollenden. Gesetzlichkeit und Verlässlichkeit waren dem Kaiser unabdingbare Grundlage für eine gerechte, erfolgreiche Regierung; dass er den durch allerlei Gerüchte vorbelasteten, in seiner juristischen Kompetenz aber herausragenden Speranskij zum Chef der Abteilung berief, demonstrierte einerseits seine Autarkie gegenüber dem aristokratischen Diskurs, andererseits seine Zielgerichtetheit in dieser Frage. In einer „Vollständigen Gesetzessammlung“ (Polnoe sobranie zakonov) von 1830 wurden alle Gesetze seit dem Uloženie von 1649 erfasst, der „Svod zakonov“ von 1833 stellte daraus eine Sammlung des geltenden Rechts zusammen.

Noch 1826 war auch die dritte Abteilung der Kanzlei etabliert worden, die als Geheimpolizei später zum Symbol des nikolaitischen Bespitzelungs- und Unterdrückungsstaates werden sollte. Für den Autokraten handelte es sich freilich um eine Institution im Interesse von Reich und Bevölkerung, sollte sie doch den Kaiser über alle Vorgänge im Land, vor allem über verdächtige Individuen und schädliche Umtriebe informieren. Obgleich das Trauma des Dekabristenaufstandes bei ihrer Einrichtung Pate stand, schuf Nikolaj damit keineswegs ein Novum, fast alle seiner Vorgänger hatten sich vergleichbarer Institutionen bedient. Zu ihrem Chef machte der Kaiser seinen engsten persönlichen Vertrauten, Aleksandr Ch. Benkendorf, der bis zu seinem Tod 1844 als „Chef der Gendarme“ für politische Quietät sorgen sollte.

Mit den neuen Abteilungen der Kanzlei war mit der Implementierung wesentlicher Grundlinien von Nikolajs Regierung begonnen worden: Gesetzlichkeit und ihre Überwachung. Zu dieser Gesetzlichkeit gehörte freilich auch die Leibeigenschaft. Der Kaiser konnte ihr nicht viel abgewinnen, noch mehr als ihre wirtschaftliche Hemmkraft bereitete ihm die rechtliche Stellung einer so großen Zahl seiner Untertanen Kopfzerbrechen. Nikolaj stand dem Adel, darin seinem Vater nicht unähnlich, ohnehin skeptisch gegenüber; die Ereignisse von 1801 und 1825 hatten ihm demonstriert, dass gerade der Adel, verdorben durch westeuropäische Einflüsse, für allerlei Unbotmäßigkeiten zu haben war. Der Kaiser trachtete danach, die ausländischen aufrührenden Ideen aus dem Zeitgeist zu verdrängen – und näherte sich dabei gerade einer Ideologie an, die aus den soziopolitischen Verwicklungen am Ende der europäischen Anciens Régimes entstanden war – dem Nationalen. In einer russischen nationalen Idee erblickte er ein Gegengift zu den europäischen Verwerfungen der Zeit, wobei für ihn das russische Element nicht etwa in einer Idealisierung der vorpetrinischen Zeit, sondern in der ideellen Bewahrung des nachpetrinischen Absolutismus bestand. Russland, so die Botschaft seines Bildungsministers Sergej S. Uvarov, war etwas anderes als Europa, das sich vom gemeinsamen Weg des 18. Jahrhunderts entfernt hatte. 1832 formulierte Uvarov seine berühmte, dem französischen Bekenntnis zu „Freiheit, Gleichheit, Brüderlichkeit“ entgegengestellte trinitäre Ideologie aus „Autokratie, Orthodoxie und Volkstum (narodnost’)“, die in Nikolajs Auffassung das russische Kaiserreich bestimmen sollte. Die – schwer übersetzbare – „narodnost'" besaß im ideellen Sinn dabei durchaus eine antiadelige Komponente, schließlich war die soziale Elite im russischen Volk (narod) nur eine verschwindende Minderheit gegenüber der Masse an Bauern, die in Nikolajs idealisierender Vorstellung in ihrer unhinterfragten Ergebenheit gegenüber dem „guten Zaren" doch die „besseren" Untertanen waren.

Insofern hatte Nikolajs Abneigung gegenüber der Leibeigenschaft ihren tieferen Sinn, der freilich an der harten Realität der sozialen Ordnung zerbrach. Wohl noch stärker als seine Vorgänger litt der Kaiser unter dem Widerspruch aus emanzipatorischem Gedanken und ordnungsbewahrender Zielsetzung. Neben der Angst vor sozialen Umwälzungen größten Ausmaßes, von denen die latenten Bauernunruhen schon einen Vorgeschmack zu geben schienen, hinderte Nikolaj auch die mangelnde Unterstützung seiner engen Berater an einer Veränderung der bäuerlichen Verhältnisse. Die Diskussionen mehrerer Geheimkomitees zur Bauernfrage verliefen im Sande, alle Projekte einer etwaigen Ablösung der Bauern trafen schon in der adeligen Bürokratie auf heftigsten Widerstand, wie sollten erst die Gutsbesitzer reagieren? So tat sich für die Leibeigenen nicht viel, sieht man von einzelnen Maßnahmen zur Einschränkung adeliger Willkür einmal ab. Was Nikolaj blieb, war, an die Freiwilligkeit des Adels zur Lösung der bedrückenden Frage zu appellieren – es kam einer Bitte an den Bock, den Garten zu verschonen, gleich. Dass die Bauern dem Kaiser durchaus am Herzen lagen, versuchte er bei denjenigen zu demonstrieren, die nicht auf privatem Gutsland, sondern auf Staatsland ansässig waren. 1835 erhielt die kaiserliche Kanzlei eine fünfte Abteilung (die vierte Abteilung widmete sich wohltätigen Einrichtungen unter der Schirmherrschaft der Kaiserin), der die Angelegenheiten der Staatsbauern oblagen. Unter der Leitung von General Pavel D. Kiselëv wurden Maßnahmen zur Verbesserung von Bildung und Agrartechnik sowie zum Schutz vor administrativer Willkür erarbeitet. Die Bemühungen wurden ab 1837 vom neuen Ministerium für die Staatsvermögen, ebenfalls unter Kiselev, weitergeführt.

Insgesamt blieb die Agrarwirtschaft freilich rückständig und ihre leibeigenschaftliche Verfasstheit hemmte weiterhin auch das Wachstum anderer ökonomischer Zweige. Dennoch war Nikolaj dem wirtschaftlichen Fortschritt, sofern er etwas davon verstand, gegenüber aufgeschlossen. Neben generellen Weiterentwicklungen in der Industrie markiert seine Zeit den Beginn des Eisenbahnzeitalters in Russland. Mochte Nikolaj auch mehr an die schnelle Beförderung von Soldaten als von Wirtschaftsgütern gedacht haben, hatte seine Hartnäckigkeit gegenüber den widerstrebenden Beratern Folgen. 1837 wurde zwischen St. Petersburg und der Sommerresidenz Pavlovsk die erste russische Eisenbahn in Betrieb genommen, 1851 wurde die zweigleisige Verbindung von der Hauptstadt nach Moskau, die „Nikolaj-Linie", fertiggestellt. Für Europas größten Flächenstaat hatte damit eine wichtige und erfolgreiche Entwicklung begonnen.

Auch auf anderen Gebieten erlebte das Land beachtliche Aufschwünge, zum Teil im Einklang mit, zum Teil entgegen Nikolajs Vorstellungen. Zweifellos war die Bildungspolitik seiner Zeit nicht nur konservativ, sondern reaktionär. Seinen Grund hatte dieser Umstand in der Tatsache, dass Bildung schlecht kontrollierbar war. Gegen Wissen und Qualifikation war auch für Nikolaj und seine Bildungspolitiker grundsätzlich nichts einzuwenden, ganz im Gegenteil: Die Defizite einer unterqualifizierten Beamtenschaft waren bestens bekannt. Das Problem war nur, dass Bildung, vor allem auf philosophischem, rechtlichem und politischen Gebiet die Menschen zu unnötigen, überflüssigen, ja, verwirrten Gedankengängen führen konnte. Der Wissenserwerb musste also, so wie die anderen Vorgänge im Reich, kanalisiert und geregelt werden. So sollte jeder Stand nur die Qualifikationen erhalten, die ihm zur Ausführung seiner gesellschaftlichen Pflichten vonnöten waren. 1828 schränkte man daher den Besuch von Gymnasien auf Adels- und Beamtensöhne ein, während für die Stadtbevölkerung die Kreis- und für die Landbevölkerung die Dorfschulen vorgesehen waren. Die Praxis der Auslandsstudien wurde eingeschränkt und bei der Zulassung zu Universitäten folgte man ebenfalls dem Prinzip sozialer Exklusivität. Die Universitäten selbst wurden abermals verstärkter Kontrolle unterworfen, 1835 verloren sie ihre Autonomierechte, 1848 folgte zusammen mit einer drastischen Reduzierung der Studentenzahlen auch die Einschränkung der Lehrfächer. In den Lehranstalten herrschte ein geradezu militärischer Drill, wer sich widersetzte oder gar konspirierte, flog nicht nur hinaus, sondern sah sich auch der Verhaftung ausgesetzt.

Die Bildungspolitik war der verzweifelte Versuch, die russische Jugend vor den „verderblichen", irreführenden Einflüssen aus dem Ausland zu schützen. Doch trotz aller einschränkenden

Maßnahmen ließ sich der Geist der Aufgeklärtheit kaum mehr zurückdrängen. Nicht nur junge Adelige, sondern auch Söhne der amorphen städtischen Mittelschicht fühlten sich von Bildung zunehmend angezogen. Die Idee einer Kanalisierung der Bildungsinhalte war zum Scheitern verurteilt: Diejenigen Kenntnisse, deren Vermittlung man zur Ausbildung einer fähigen Bürokratie benötigte, konnten in ihrer kreativen Fortführung nicht mehr gehemmt werden. Es war die Zeit Nikolajs, in der sich in Russland jene Generation „aufgeklärter Bürokraten" (Lincoln) zu formieren begann, mit deren Hilfe Nikolajs Sohn das System schließlich umgestalten sollte. Doch nicht nur auf dem Gebiet der Staatswissenschaften zeichnete sich ein Aufbruch ab, auch die grundsätzliche politische Philosophie suchte sich ihren Platz in Zirkeln und Salons, wobei gerade der neue Diskurs des Nationalen zu einem Brennpunkt der Diskussionen wurde. Wie war das Russische Kaiserreich in seinem Verhältnis zu Europa zu sehen? Wo lagen die Gemeinsamkeiten und Unterschiede? Welche Wege sollte man künftig beschreiten? Den petrinischen Weg der Westannäherung oder die Besinnung auf frühere, vom Westen angeblich unbeeinflusste Zeiten? „Westler" und „Slavophile" fanden unterschiedliche Antworten auf die Frage nach Russlands Bestimmung, waren sich jedoch einig in der grundsätzlichen Reformnotwendigkeit.

Den intellektuellen Aufschwung vermochte die Verschärfung der Zensur ebenso wenig aufzuhalten wie den literarischen und kulturellen. Das Zeitalter Nikolajs war auch das Zeitalter Aleksandr S. Puškins (den der Kaiser keineswegs, wie oft tradiert, geistig zu erwürgen suchte), Michail Ju. Lermontovs und Nikolaj V. Gogols. Es war die Zeit, in der Michail I. Glinka für die Anfänge einer nationalen russischen Musikkultur sorgte und das Theaterleben einen regen Aufschwung nahm. Auf Nikolajs Veranlassung wurde die Eremitage als öffentliches Museum geöffnet und St. Petersburg als imperiale Hauptstadt in großem Stil weiter ausgebaut, wobei wie schon im 18. Jahrhundert Ausländer oder ihre Abkömmlinge einen beträchtlichen Beitrag lieferten. Was Rastrellis Tätigkeit für die Mitte des 18. Jahrhunderts bedeutete, fand ihre Analogie im Wirken Karl I. Rossis, dessen spätklassizistische Bauten St. Petersburg viele seiner eindrucksvollsten Gestalten geben sollten, man denke nur an Schloss- und Senatsplatz, den heutigen Platz der Künste oder das Ensemble um das

Aleksandrinskij Theater. Aus kultureller Sicht stellten die 1830er und 40er Jahre ihr eigenes „Goldenes Zeitalter“ dar.

Russland war, so schien es, gefestigt und prosperierte, im Inneren wie im Äußeren, wo man weiterhin selbstbewusst im Stil einer imperialen Großmacht agierte. Seit dem 18. Jahrhundert hatte man gegenüber dem Osmanischen Reich Oberwasser, entsprechend gestaltete sich das russische Auftreten in der nach wie vor ungelösten „orientalischen“, d.h. hier vor allem griechischen Frage. Zwar teilte Nikolaj die Einschätzung seines Vorgängers, bei dem Befreiungskampf der Griechen handele es sich um eine Auflehnung gegen herrschaftliche Legitimität, doch galt es, noch andere Faktoren zu beachten. Neben dem Dauerbrenner der griechischen Kulturverwandtschaft, die durch ihren seit 1827 neuen Führer, den früheren russischen Außenminister Ioannis Capodistrias (russ.: Ioann Kapodistrija), noch stärker betont wurde, war das vor allem die Konkurrenz zu englischen und französischen Interessen im Mittelmeerraum. Um deren etwaigen selbstständigen Aktivitäten Vorbau zu leisten, einigte man sich 1826/27 auf ein gemeinsames Eintreten für einen autonomen griechischen Staat unter osmanischer Oberhoheit. Als der Sultan Widerstand leistete und die Dreierkoalition seine Flotte vernichtete, erklärte er Russland den Krieg, den der Friede von Adrianopel 1829 recht zügig zu russischen Gunsten beendete. Der russische Erfolg sensibilisierte wiederum die Westmächte, so dass eine neue gemeinsame Lösung für eine unabhängige griechische Monarchie gefunden werden musste. Russland gewann neben einigen Festungen an der Ostküste des Schwarzen Meeres das Donaudelta, die Schutzherrschaft über die Donaufürstentümer sowie die freie Durchfahrt von Handelsschiffen durch die Meerengen. Ein Defensivbündnis mit den Osmanen von 1833 festigte die Stellung Russlands, sehr zum Verdruss der Konkurrenten, auf dem Balkan weiter.

Auch in der polnischen Frage erregte das Kaiserreich den machtlosen Unmut der westlichen Staaten. Im November 1830 war ein Aufstand ausgebrochen, der sich die Wiederherstellung Polens in den alten Grenzen auf die Fahnen schrieb und im Januar 1831 den Romanovs die polnische Krone absprach. Von der westlichen Sympathie für ihren Freiheitskampf hatten die Polen freilich wenig und die überlegenen russischen Truppen unter Feldmarschall Ivan F. Paskevič setzten einige Monate später dem Spuk ein Ende. Es folgte ein strenges Strafgericht: Nikolaj hob die Verfassung auf und erließ stattdessen 1832 das „Organische Statut", das die Selbstständigkeit stark einschränkte und die Königskrönung, die eigene polnische Armee und den Sejm abschaffte. Es folgten Repressionen gegenüber der katholischen Kirche, die Schließung der Warschauer Universität, die drastische Verschärfung der Zensur und eine Politik der Russifizierung. Obwohl die konservativen Mächte Österreich und Preußen sich neutral verhielten und die Niederschlagung des Aufstandes billigten, hinterließ das russische Vorgehen einen üblen Eindruck in Europa. Russland, so schien es, war um jeden Preis zur Durchsetzung entschlossen und – das war noch bedenklicher – offensichtlich dazu in der Lage, ob in Polen oder auf dem Balkan. Eine neuerliche Demonstration seiner Stärke wie seiner antirevolutionären Rigidität lieferte Nikolaj im Zuge der Revolution von 1848/49, als es seine Truppen waren, die nach dem Hilferuf des jungen österreichischen Kaisers Franz Joseph den Aufstand in Ungarn niedermachten. Freilich hatte Nikolaj nicht nur aus monarchischer Solidarität in Erinnerung an die längst verblasste Heilige Allianz gehandelt, sondern im eigensten Interesse: Der mitteleuropäische Brandherd musste ausgetreten werden, bevor die Glut womöglich die Grenzen des eigenen Reiches erfassen konnte.

Hätte Nikolaj am Ende der 1840er Jahre Bilanz gezogen, er hätte durchaus zufrieden sein können. Eindrucksvoll hatte sich sein Land nach außen hin als Großmacht präsentiert, während im Inneren – von marginalen Unruhen abgesehen – Ordnung und Stabilität herrschten. Nach den kritischen fünf Jahren seines Vaters und der bisweilen aufgeregten, bisweilen deprimierenden Zeit seines Bruders hatte er das autokratische System gefestigt. Russland hatte seine Stärke ausgebaut und sich als souveränes konservatives Bollwerk präsentiert, das so manches Problem der europäischen Nachbarn nicht zu kennen schien. Weite Teile der eigenen Gesellschaft hätten, trotz mancher Einschränkungen, dieser Einschätzung wohl zugestimmt. Doch der Schein trog. Trotz des bürokratischen Ausbaus und der Verbesserung der Beamtenausbildung lag die Administration des Riesenreiches nach wie vor im Argen. Willkür und Korruption, Unfähigkeit und subordinatorische Feigheit dominierten allenthalben. Jüngere, gut gebildete, auch enthusiastische Kräfte befanden sich erst am Anfang ihrer Karriere und hatten in der eingefahrenen hierarchischen Verhaltenskultur ohnehin keine allzu große Chance, neue Wege zu beschreiten. In sozioökonomischer Hinsicht schienen alle Wege zu durchgreifenden Veränderungen verbaut, zumal mit den Jahren auch Nikolajs gestrenger Elan nachzulassen begann. Das nikolaitische System, die Zentrierung auf den Monarchen, der das Reich mit Hilfe seiner „Adjutanten" ausschließlich selbst im bewahrenden Sinne regieren wollte, hatte sich überlebt. Weder konnte der Arm des Monarchen überall hinreichen noch war er beweglich genug, um alle Herausforderungen der Zeit zu meistern. Somit trug die Vollendung des policeystaatlichen Absolutismus gleichzeitig den Keim der eigenen Überwindung in sich. Das Konzept erwies sich angesichts der gesellschaftlichen und wirtschaftlichen Erwartungen als unzeitgemäß. Wollte man die Autokratie effektiv und funktionsfähig erhalten, bedurfte es einschneidender Veränderungen, die zu initiieren Nikolaj I., selbst wenn er die Notwendigkeit erkannt haben sollte, nicht mehr in der Lage war.

Vor diesem Hintergrund kam dem Krimkrieg von 1853 bis 1856 die Rolle eines Katalysators zu. Der Konflikt entzündete sich an einer im politischen Konzert zweitrangigen religiösen Frage, die von Frankreich freilich mit Hintergedanken aufgeworfen worden war. Im Bemühen um eine Privilegierung der katholischen Christen des Osmanischen Reiches gegenüber den orthodoxen erblickte Napoleon III. die Chance, Russlands Status als Hauptprotektor der Christenheit im Nahen Osten zu unterminieren, was nur der Anfang der Zurückdrängung des russischen Einflusses sein sollte. Der Sultan widersetzte sich im Kontext einer antirussischen Stimmung allen Vermittlungsversuchen, während sich die europäischen Mächte in Stellung brachten: England und Frankreich kommandierten ihre Flotten in den östlichen Mittelmeerraum, Russland besetzte die Donaufürstentümer. Die religiöse Prestigeangelegenheit war längst in den Hintergrund getreten, es ging im Kern darum, wer sich im Zuge des abzusehenden Niedergangs des Osmanischen Reiches als dominante Macht im Balkan und Nahen Osten würde etablieren können. Ermutigt von französischer Unterstützung erklärten die Türken Russland im Sommer 1853 den Krieg. Als dieser für das Kaiserreich zwar verlust-, aber gleichzeitig erfolgreich zu verlaufen begann, griffen die Westmächte ein. Nikolaj, der diplomatischen Fehleinschätzungen unterlegen war, sah sich plötzlich in völliger Isolierung.

Am meisten schockierte ihn das Verhalten Österreichs, das unter dem Deckmantel vorgeblicher Neutralität skrupellos seine eigenen Interessen auf dem Balkan verfolgte und Russland zum Rückzug aus dem unteren Donauraum nötigte. Die schwere Enttäuschung über den Verrat Österreichs an der monarchischen Solidarität, die Nikolaj 1849 gegenüber Franz Joseph so wirkungsvoll realisiert hatte, sollten auch die künftigen russischen Kaiser niemals vergessen.

Der Krieg konzentrierte sich seit 1854 im Wesentlichen auf die Schwarzmeerhalbinsel Krim, auf der die Engländer und Franzosen gelandet waren. Der Kampf um die Hafenfestung Sevastopol', die vor dem Zusammenbruch ein Jahr lang der feindlichen Belagerung stand hielt, stand symbolhaft für den verlustreich tobenden Kampf, der beide Parteien an äußerste Grenzen führte. Am Ende erwies sich die koalitionäre Übermacht als entscheidend, Russland musste Anfang 1856 in einen Verlustfrieden einwilligen, der ihm unter anderem den Rückzug aus dem Donaugebiet und den Verzicht auf eine Schwarzmeerflotte auferlegte. Den Frieden schloss bereits Kaiser Aleksandr II., der seinen Vater im Februar 1855 beerbt hatte. Noch auf dem Totenbett hatte Nikolaj seinem Sohn gegenüber sein politisches Credo ein letztes Mal zusammengefasst: Er habe alles auf seine Schultern nehmen wollen, um ein geordnetes und glückliches Russland zu hinterlassen. Er wusste, dass er damit gescheitert war.

Mochte der militärische Misserfolg auch auf strategische und diplomatische Fehlleistungen und -einschätzungen zurückzuführen und mit der größeren Problematik nur mittelbar verknüpft sein, so öffnete er bedeutenden Teilen von Russlands Gesellschaft auf drastische Weise die Augen. Mit einem Mal schien sich das sichere Bollwerk der autokratischen Großmacht nur noch als Luftschloss zu präsentieren. Das Land war nicht in der Lage gewesen, den Ernstfall militärisch und ökonomisch zu überstehen. Schlagartig verbreitete sich das Bewusstsein, dass neuartige Anstrengungen unternommen werden mussten, um den Anforderungen von Gegenwart und Zukunft gerecht zu werden. Der Höhepunkt, auf den Nikolaj das russische Kaisertum geführt hatte, erwies sich plötzlich als eine gefährliche Sackgasse, als man realisierte, dass auf der anderen Seite des Gipfels ein steiler Abgrund lauerte. Bei aller Fassungslosigkeit hatten Nikolajs älteste Söhne, Aleksandr und Konstantin, dies verstanden. Vor ihnen stand die heikle Aufgabe, ein neues, verändertes Russland zu schaffen, ohne die Prärogativen der Autokratie aufzugeben. Die Dynastie hatte ihren Scheitelpunkt erreicht.

VII. Die Dynastie am Scheitelpunkt: Die Großen Reformen der russischen Autokratie (1855–1881)

1. Der Zar-Befreier: Aleksandr II. Nikolaevič

Eines der jüngsten und repräsentativsten Denkmäler für einen Romanov steht, geschaffen von Aleksandr I. Rukavišnikov, in Moskau vor der in den letzten Jahren wiedererrichteten großen Christ-Erlöser-Kathedrale, die von 1860–1883 erbaut worden und im Jahr 1931 dem antireligiösen Fanatismus der Bolschewisten zum Opfer gefallen war. Streng und entschlossen, in dekorierter Uniform mit kaiserlichem Mantel steht Aleksandr II. der Kirche zugewandt da, doch zur autokratischen Würde gesellt sich auch eine Art schicksalsergebener Ernst. Erhobenen Hauptes, ohne große Geste, die Hände eng am Körper nach unten hängend, das linke Bein zum leichten Schritt nach vorne angewinkelt, scheint der Kaiser durch die Kathedrale hindurchzublicken in die weiten Fernen seines Reiches. „Was da auch kommen mag, ich kann nicht anders", scheint er den zu ihm aufsehenden Betrachtern stumm mitzuteilen. Dass die Inschrift über dem Denkmal „nur" dem „Zaren-Befreier Aleksandr II." gewidmet ist, mag daran liegen, dass vor mehr als 2000 Jahren schon ein Makedonier den Titel „Alexander der Große" sich hat reservieren lassen; vielleicht hängt es auch mit der zurückgegangenen Neigung historischer Erinnerungskulturen zur Verklärung von Monarchen zusammen. In seiner Bedeutung für das Russische Reich jedenfalls steht Aleksandr II. Pëtr dem Großen nicht nach. In einer ganz anderen Zeit, unter ganz anderen Voraussetzungen machte er sich daran, ganz andere Probleme zu lösen, doch was ihn mit dem Giganten des frühen 18. Jahrhunderts verbindet, ist die einschneidende politische Umgestaltung seines Reiches, auch gegen teils heftige Widerstände.

Glaubt man manchen seiner Zeitgenossen, so traute man Aleksandr nach seiner Thronbesteigung während des Krimkrieges nicht allzu viel zu. Die Hoffnungen richteten sich vielmehr auf den Einfluss seines jüngeren Bruders Konstantin, der als unerschrockener aufgeklärter Freigeist galt, während man dem Kaiser Zögerlichkeit und Phlegmatie nachsagte. Doch, wie sich zeigen sollte, waren Aleksandrs Entschlusskraft und Hartnäckigkeit nicht zu unterschätzen. Zwar ließ er sich vor allem in den ersten Jahren seiner Regierung gerade vom Elan und Ideenreichtum seines Bruders anstecken, doch er war es, der die Entscheidungen zu treffen hatte und auch traf. Dass Aleksandr zwar Autokrat blieb, aber doch auf Meinungen anderer Wert legte, rührte wohl schon von seiner anspruchsvollen, umfassenden Erziehung her, für die neben dem geradlinigen Offizier Karl K. Merder vor allem der Dichter Vasilij A. Žukovskij verantwortlich zeichnete, die jedoch auch von führenden Staatsmännern Nikolajs I. ergänzt wurde. Dem Vater lag viel daran, dem Sohn die eigenen Versäumnisse zu ersparen, und ließ ihn auf die kommenden Aufgaben gründlich vorbereiten. Dazu gehörte die allmähliche Heranführung an die Regierungsgeschäfte ebenso wie eine ausgedehnte Reiseaktivität durch Russland und Europa.

Als Aleksandrs Zeit gekommen war, verbreitete sich sofort eine Art von Aufbruchsstimmung, die existentielle Krise des Krimkriegs hatte das Bedürfnis nach einem „Erlöser" entstehen lassen, der das Land in die Zukunft führen würde. Obgleich Aleksandr zu Lebzeiten seines Vaters niemals Differenzen zu diesem signalisiert hatte, beschritt er sogleich neue Wege: Die Zensur wurde ebenso gelockert wie die rigiden Universitätsreglements, Auslandsreisen und -kontakte wurden ermutigt, politische Gefangene, darunter auch Dekabristen und Teilnehmer an der polnischen Rebellion, amnestiert. Jenseits solcher punktueller Maßnahmen, die freilich große Symbolwirkung entfalteten, war dem jungen Kaiser von Anfang an klar, dass die Erhaltung der Größe von Reich und Autokratie eine Modernisierung des Landes bedingte, die ohne einschneidendste Maßnahmen aussichtslos war. Als größtes sozioökonomisches Übel galt aufgeklärten Staatsmännern und Intellektuellen die Leibeigenschaft, die zwar seit Generationen grundsätzliches Diskussionsthema, im politischen Handeln jedoch Tabu gewesen war. Nach den hilflosen Anläufen seines Vaters war Aleksandr entschlossen, die Frage zu klären. In einer Rede vor dem Adel in Moskau 1856 sprach der Kaiser die Abschaffung der Leibeigenschaft ohne Umschweife an: Es sei besser, wenn dies „von oben“ geschehe, als „von unten“, im Klartext: Wenn die Regierung das Problem nicht lösen würde, könnten die Bauern eines Tages die Sache in ihre eigenen Hände nehmen. Wie sein Vater setzte Aleksandr nicht nur auf die Einsicht und Mitarbeit des Adels, sondern auf dessen Initiative. Als diese jedoch erneut ausblieb, initiierte der Kaiser die Lösung des Problems auf bürokratischem Wege. Im Januar 1857 wurde, ganz in der nikolaitischen Tradition, ein Geheimkomitee ins Leben gerufen. Mit der Form dieses Gremiums übernahm Aleksandr freilich auch eine grundsätzliche Problematik: Um das Komitee mit Autorität auszustatten, musste er einflussreichste Persönlichkeiten berufen, die fast sämtlich aus dem konservativen Hochadel stammten und gegen „übereilte Schritte“ argumentierten. Einzig der betagte, angesehene, doch wenig durchsetzungskräftige Innenminister Sergej S. Lanskoj unterstützte aufrichtig das Ansinnen des Kaisers.

Da das Komitee allzu deutlich eine Verzögerungstaktik verfolgte, zog Aleksandr im Sommer 1857 seinen Bruder Großfürst Konstantin Nikolaevič hinzu, der mit seiner persönlichen Unabhängigkeit und seiner bekannten reformerischen Ungeduld die Dinge vorantreiben sollte. Um die feste Absicht seines Bruders wissend drängte Konstantin im Zusammenspiel mit anderen Reformgesinnten – u.a. Lanskoj und seinem Mitarbeiter Nikolaj A. Miljutin; dem engen Vertrauten des Kaisers, Jakov I. Rostovcov; seiner Tante, der Großfürstin Elena Pavlovna – das Komitee in den nächsten dreieinhalb Jahren zielgerichtet auf den Weg einer Bauernbefreiung mit Land. Anfang 1858 setzte der Großfürst die Publizität der Bemühungen durch. Das Geheimkomitee wurde zum „Hauptkomitee für die Bauernangelegenheiten“, dessen Vorsitz Konstantin Nikolaevič von Graf Aleksej F. Orlov 1860 übernehmen sollte. Gegen Ende des Jahres 1857 nutzte man eine aus den spezifischen Umständen im Nordwesten entstandene Petition des polnisch-litauischen Adels, seine Bauern befreien zu dürfen, dazu, den gesamten Adel des Reiches aufzufordern, über die Emanzipation zu beraten. Im ganzen Land sollten Adelskomitees zur Ausarbeitung von Vorschlägen entstehen. Damit war klar, dass es nicht mehr um das „ob“, sondern nur noch um das „wie“ einer Bauernbefreiung ging. Die Ausweitung der Diskussion auf den russischen Adel weichte – trotz vielfacher negativer Haltungen – die ablehnende Front der Petersburger Aristokraten auf.

Seit 1859 waren in einer Editionskommission engagierte „aufgeklärte Bürokraten“ unter Rostovcovs Leitung mit der Sichtung und Vereinheitlichung der Anregungen aus den Adelskomitees betraut. Einen schweren Schlag für die Reformer schien der recht plötzliche Tod Rostovcovs im Februar 1860 zu sein. Der gestrenge General hatte sich intensiv in die Angelegenheit vertieft und war, auch aus unbegrenzter Loyalität zu Aleksandr, von einem skeptischen Konservativen zu einem energischen Befürworter der Reform geworden. Als der Kaiser zur allgemeinen Überraschung den erzkonservativen, steinreichen, für seine Hochnäsigkeit bekannten Gutsbesitzer und Justizminister Viktor N. Panin zu Rostovcovs Nachfolger bestimmte, befürchteten die aufgeklärten Kreise das Schlimmste, der Bock schien zum Gärtner gemacht. Doch der Schachzug war wohl überlegt. Mochte Panin auch im Inneren die ganze Emanzipation ablehnen, die Loyalität des kultivierten Aristokraten gegenüber den Wünschen des Kaisers war stärker. Durch seine Indienstnahme wurde nicht nur das Widerstandspotential einer der einflussreichsten politischen Figuren marginalisiert, sondern auch die Chance erhöht, das konservative Establishment zu überzeugen.

Im Herbst 1860 schloss die Editionskommission ihre Arbeit ab und reichte die Ergebnisse an das Hauptkomitee weiter, wo die Konservativen weiterhin obstruktiv agierten. In einer abschließenden Phase handelten vor allem Konstantin Nikolaevič und Panin die endgültigen Bedingungen der Bauernbefreiung aus, die freilich noch im Staatsrat verhandelt werden mussten. Wie zu erwarten, versuchte die konservative Mehrheit, den Gesetzesentwurf zugunsten des Adels zu verändern. Der Kaiser bestätigte jedoch die Minderheitsvoten der Fraktion seines Bruders und unterzeichnete am 19. Februar 1861 das Befreiungsmanifest. Die leibeigenen Bauern wurden damit aus ihrer persönlichen Untertänigkeit sofort befreit, dennoch blieben die ökonomischen Beziehungen zwischen Gutsbesitzer und Bauer in einer mehrjährigen Übergangszeit, in der unter der Mitwirkung von Friedensvermittlern konkrete Arrangements getroffen werden mussten, dieselben wie vorher. Auch an der Bedeutung der althergebrachten Bauerngemeinde (obščina) als umfassendes Regulierungsorgan bäuerlichen Lebens und Wirtschaftens wurde festgehalten. Für die

Landablösung sollten die Bauern 20% des zu errechnenden Grundstückswertes zahlen, der Rest vom Staat vorgestreckt werden, was jahrzehntelange „Rückzahlungen" der Bauern bedingte. Die Emanzipation der Kronbauern wurde 1863 in die Wege geleitet, für die Staatsbauern 1866 ein Arrangement getroffen, das nach einer Übergangszeit ebenfalls langjährige Pachtzahlungen vorsah. Wenn auch die Bauern von den umständlichen Regelungen, die sie für lange Zeit zu Schuldnern machten, ebenso enttäuscht waren wie der Adel, der seine Grundrechte verletzt sah und um seine ökonomische Position fürchtete, markierte die Emanzipationsgesetzgebung doch einen wesentlichen Einschnitt in der russischen Sozialgeschichte, der eine ganze Reihe weiterer gesellschaftlicher und rechtlicher Veränderungen nach sich ziehen sollte.

Aus der Bauernbefreiung resultierte die Notwendigkeit einer Neuordnung der lokalen Verwaltung. Neben den verschiedenen Organen zur Regelung der komplexen Emanzipationsbestimmungen bedurfte es weiterer, gesamtgesellschaftlicher Institutionen zur Steuerung des sozialen Lebens auf dem Lande. Mit dem 1. Januar 1864 wurden mit den „Zemstva" Selbstverwaltungskörperschaften auf Gouvernements- und Kreisebene eingeführt. Zwar blieb die provinziale Regierungs- und Kontrollgewalt in den Händen des dem Innenministerium zugeordneten Gouverneurs, begrenzte Fragen von lokaler Bedeutung (Bildung, Medizin und Hygiene, wirtschaftliche und infrastrukturelle Fragen etc.) sollten aber nun von gewählten lokalen und regionalen Organen behandelt werden. In den Gouvernements und Kreisen wurden jeweils „Versammlungen" (sobranija) und exekutierende „Verwaltungen" (upravy) eingerichtet. Zwar waren die Adelsvertreter durch das Zensuswahlrecht klar bevorteilt, doch konnten ebenfalls Stadtbewohner und Bauern ihre Vertreter in die Zemstva wählen. Auch wenn die den Versammlungen vorsitzenden Adelsmarschälle in ihren Rechten gegenüber den Deputierten 1867 gestärkt wurden, ermöglichten die neuen Einrichtungen doch die begrenzte Partizipation der Gesellschaft an ihrer eigenen Administration. Trotz beschränkter Kompetenzen und der perpetuierten Macht der Gouverneure bildeten die Zemstva eine Keimzelle breiterer politischer Kultur und sozialer Aktivität in der Provinz. Auf diese sollten die Selbstverwaltungskörperschaften freilich auch begrenzt bleiben, ein überregionaler Zusammenschluss der Organe mit der Perspektive einer gesamtstaatlichen gesellschaftlichen Partizipation wurde bewusst verhindert. Nachgezogen wurde im Jahr 1870 nur auf städtischer Ebene, wo eine dem Funktionsprinzip der Zemstva ähnliche städtische Selbstverwaltung (Stadtduma) eingerichtet wurde, die eine lokale Exekutive mit einem vom Innenministerium zu bestätigenden Stadtoberhaupt wählte.

Begreift man die Politik Aleksandrs II. und seiner Staatsmänner als groß angelegten Versuch der Renovierung des maroden Reiches, so erscheint die Reform des Justizwesens nur als folgerichtig. Gerade hier lag vieles im Argen, administrative Willkür und lange, undurchsichtige Prozesse machten die Justiz des Kaiserreiches zu einem Sumpf der Ungerechtigkeit. Mit der im November 1864 verkündeten, seit 1862 vom Justizministerium, vor allem aber dem Staatsrat vorbereiteten Reform wurden grundlegende, fortschrittliche Rechtsstaatsprinzipien in Russland eingeführt: Mündlichkeit der Verfahren, die Zulassung von Anwälten, Untersuchungsrichter und Staatsanwälte, Geschworenengerichte, unabsetzbare (und damit unabhängige) Richter. Die weiterhin bestehenden Einschränkungen – eigene Gerichtsbarkeit für Geistliche, Soldaten und Bauern; zahlreiche und auch praktizierte Möglichkeiten administrativer und damit außergerichtlicher Rechtsakte; problematisches Rechtsbewusstsein bei den Geschworenen, aber auch in weiten Teilen der Bevölkerung – änderten nichts an der realen und symbolischen Wirkung, die das neue Rechtswesen in Russland entfalten sollte.

Weniger Willkür und mehr Rechte für die Betroffenen – das sollte auch die Leitlinie in der neuen Zensurpolitik sein. Allerdings konnte sich Aleksandr II. nicht zu einer Abschaffung der publizistischen Überwachung durchringen, obgleich sein Bruder Konstantin mit seiner eigenen staatsmännischen Tätigkeit den Kategorien von „Öffentlichkeit“ und „freier Erörterung“ zu höherer Anerkennung verholfen hatte. In der russischen Politik war man sich unsicher über Schaden und Nutzen von publikatorischer Freiheit, wohl hätte man gerne die stimulierende Wirkung offener Meinungsäußerung angenommen, doch fürchtete man, wohl nicht zu Unrecht, dass eine großzügige Liberalisierung nicht nur wohlmeinende Progressivität, sondern auch umstürzlerische Radikalität befördern würde. So beschränkten sich die neuen Zensurregelungen von 1865 auf die Abschaffung der Vorzensur, änderten aber wenig an der behördlichen Kompetenz zum Durchgriff. So war es dem Innenminister, dem der aufgeklärte Bildungsminister Aleksandr V. Golovnin den lästigen Ballast des Zensurwesens aufgebürdet hatte, möglich, die Zeitungen und Zeitschriften im Nachhinein nicht nur zu verwarnen, sondern auch auf Monate hinaus ihr Erscheinen zu unterbinden.

Jener Golovnin, der zu Russlands herausragenden aufgeklärten Staatsmännern zählte, zeichnete auch für die liberalisierende Neuorientierung der Bildungspolitik verantwortlich. Als enger Vertrauter des Großfürsten Konstantin Nikolaevič war er der gedankliche Kopf der „Konstantinovcy", der Parteigänger des Kaiserbruders, die sich durch eine staats- und kaisertreue Progressivität auszeichneten und nach der Durchsetzung der Bauernemanzipation für einige Jahre die ministerielle und bürokratische Landschaft dominierten. Unter der Protektion Konstantin Nikolaevičs 1862 zum Bildungsminister geworden, musste sich der selbst hochgebildete Golovnin der brennenden Universitätsfrage widmen. Zwar hatten sich seit Aleksandrs II. Regierungsantritt die Studienbedingungen etwas liberalisiert, doch gerade der einsetzende Zustrom an Studenten machte die Verantwortlichen nervös. Die folgenden Versuche, durch hohe Gebühren und Eintrittsexamina den Kreis zugelassener Studenten wieder einzuschränken, beschworen in der aufgewühlten Atmosphäre des Emanzipationsjahres 1861 bei erhöhter politischer Sensibilität der Studenten Unruhen in Kazan', Moskau und St. Petersburg herauf. Der als neuer Bildungsminister zu Hilfe gerufene Admiral Efimij V. Putjatin war zwar guten Willens, aber in seiner Problemlösungskompetenz recht einseitig. Auch dem Kaiser schien eine repressive Befriedung perspektivenlos, so dass Golovnin als Nachfolger Putjatins recht freie Hand für eine Neuregelung des Universitätswesens im reformerischen Geist erhielt. Sein Universitätsstatut von 1863 setzte stark auf die Hochschulen selbst und gab ihnen mehr Autonomie als je zuvor, mehr Geld für Forschung und Lehre, dazu mehr Professoren und öffnete sie für Angehörige aller Stände. Zwar gewährte es den Studenten nicht das Korporationsrecht und der Bildungsminister hatte immer noch die zu berufenden Professoren zu genehmigen; solange Golovnin das Ministerium führte, gab es in dieser Hinsicht freilich keine größeren Komplikationen. Die Schulangelegenheiten brachte der Bildungsminister ein Jahr später mit einem neuen Gymnasial- und einem neuem Elementarschulstatut in Ordnung. Die Gymnasien wurden für alle gesellschaftlichen Schichten geöffnet und konnten entweder einen „klassischen" Lehrplan mit Konzentration auf die alten und modernen Sprachen oder einen „modernen" mit Schwerpunkt auf Naturwissenschaften verfolgen; die Elementarschulen fielen nun partiell in den Kompetenzbereich der neuen Zemstva und konnten sowohl geistliche wie weltliche Lehrer einstellen.

Dass Golovnin im April 1866 seinen Hut nehmen musste, lag an einem dramatischen Ereignis, das wenige Tage zuvor geschehen war. Am 4. April hatte ein ehemaliger Student namens Dmitrij V. Karakozov in St. Petersburg auf Kaiser Aleksandr II. geschossen. Zwar schlug das Attentat fehl, doch die Hauptstadt war geschockt. Konservative Kreise beeilten sich, die Schuld für eine solche Entwicklung Golovnins liberaler Bildungspolitik und seinem Protektor Konstantin Nikolaevič in die Schuhe zu schieben. Obgleich Karakozov trotz einer obskuren Zirkelzugehörigkeit eher ein isolierter Wirrkopf war, schienen sich in dieser Art von gewalttätiger Opposition die ersten Folgen der liberalisierenden Politik zu zeigen. Unter dem Eindruck der Ungeheuerlichkeit neigte Aleksandr dazu, auf die warnenden Stimmen zu hören. Er ersetzte Golovnin mit dem konservativen Oberprokuror des Heiligen Synod, Graf Dmitrij A. Tolstoj, und verhielt sich von diesem Zeitpunkt gegenüber seinem Bruder und dessen Reformerkreis recht kühl. In der Geschichtsschreibung hat man 1866 als Wendejahr in der Regierung Aleksandrs II. aufgefasst. Der Reformeifer der frühen Jahre schien erlahmt, konservative Persönlichkeiten kamen verstärkt zu Rang und Einfluss, allen voran Graf Pëtr A. Šuvalov, der zum Leiter der Dritten Abteilung der kaiserlichen Kanzlei und damit zum Chef der Gendarme ernannt wurde. Durch seine persönliche Nähe zum Kaiser sollte er zur vielleicht einflussreichsten Figur der neuen konservativen Politik werden, bis er 1874 als Botschafter nach London abgeschoben wurde.

Der Fall des scheinbar allmächtigen Šuvalov, von dem neidische Kollegen unter den Staatsmännern gerne als „Pëtr IV." sprachen, verweist auf Charakteristiken von Aleksandrs Herrschaftsstil, die sich von Anfang bis Ende doch recht konsequent zeigen und die „Wende" von 1866 weniger als grundlegenden Prinzipienwechsel als vielmehr eine veränderte Akzentsetzung im Rahmen einer ganz bestimmten Regierungsart darstellen. Šuvalovs Entfernung aus der aktiven Politik verweist, erstens, darauf, dass

Aleksandr II. zwar auf vielen Feldern im Vergleich zu seinem Vater eine neuartige Politik betreiben ließ, doch in jeder Hinsicht ein Autokrat war. Mochte die bürokratische Durchdringung des Staates auch weiter fortschreiten und der Kaiser seine Minister stärker als je zuvor an der politischen Gestaltung teilhaben lassen – Aleksandr hielt die Fäden weiterhin straff in der Hand. Niemandem gestattete er über längere Zeit hinweg, sich zu einer beherrschenden Position aufzuschwingen, ja, es scheint, als ob die wechselnde Bevorzugung unterschiedlicher Persönlichkeiten und der jeweiligen Richtung, die sie vertraten, Teil eines gezielt angewendeten Systems gewesen wären; ein System, das sich um den Kaiser drehte, der als einzige Konstante je nach Erfordernis der Konstellation die geeigneten Wege auswählte. Šuvalov war bei weitem nicht der erste, der die Vergänglichkeit seines Einflusses zu spüren bekam: 1861 wurden Innenminister Lanskoj und sein Mitarbeiter Miljutin als „Dank“ für ihre Leistungen in der Bauernfrage vom Dienst befreit. Die Symbolfigur des Reformzeitalters, Großfürst Konstantin, sah sich latenten Schwankungen in der brüderlichen Gunst ausgesetzt, die besonders dann akut wurden, wenn der Ältere den Jüngeren eines zu großen Ehrgeizes verdächtigte. Die Dienste des berühmt-berüchtigten Michail N. Murav'ëv als General-Gouverneur der nordwestlichen Gouvernements nutzte der Kaiser, solange es ihm im Interesse der Befriedung des unruhigen Gebiets vonnöten schien, anschließend servierte er ihn auf Betreiben seiner zahlreichen Gegner recht kühl ab. Pëtr A. Valuev, als Innenminister von 1861 bis 1868 sicher eine der brillantesten Figuren der russischen Politik, rechnete beinahe täglich mit seiner Entlassung, obwohl ihn der Kaiser stets seines Vertrauens versicherte – die Beispiele ließen sich fortsetzen. Aleksandr II. behielt das Heft des Handelns in der Hand und machte immer wieder klar, dass im Ernstfall nur eines zählte: der Wille des Selbstherrschers.

Aus dem Gesagten ergibt sich zugleich, zweitens, dass sich der Kaiser bei seinen selbstherrscherlichen Entscheidungen durchaus von anderen beeinflussen ließ. Wenn jemand die Gunst, ob dauerhaft oder temporär, verlor, standen fast immer Ratgeber, die auch zu Profiteuren werden konnten, im Hintergrund. Um bei den Beispielen zu bleiben: Lanskoj und Miljutin wurden dem konservativen Establishment geopfert; Großfürst Konstantin war ohnehin eine Hassfigur für viele Konservative; er selbst wiederum hatte, ebenso wie Valuev und Šuvalov an Murav'ëvs Stuhl gesägt; und auch Letztere hatten ständige Feinde und Neider, die – zeitweise erfolgreich – darum bemüht waren, sie beim Kaiser im schlechten Licht erscheinen zu lassen. Die Kultur politischer Intrigen florierte, begünstigt durch die Personalität von Staatsaufbau und Regierungshandeln. Aleksandr stand dabei nur in seiner staatsrechtlichen Position über den Kabalen, nicht aber in der menschlichen Dimension. Sein Wille zur Durchsetzung der eigenen, uneingeschränkten Entscheidungskompetenz vereinte sich mit einer grundsätzlichen persönlichen Beeinflussbarkeit zu einer Unberechenbarkeit, die fast systemischen Charakter annahm. Im engeren Sinne fachpolitische Motivationen mochten dabei eine Rolle spielen, sie mussten es aber nicht.

Seit 1866 gesellte sich ein weiterer persönlicher Faktor hinzu, der das Verhältnis des Kaisers zu seinen Staatsmännern abermals verkomplizierte: Ekaterina M. Dolgorukaja. Im Privatleben war der Kaiser Mitte der 1860er Jahre unglücklich geworden. 1865 war der Thronfolger Nikolaj Aleksandrovič im Alter von 21 Jahren an einer kurzen, schweren Krankheit verstorben. In der kaiserlichen Familie mag manch einer an eine 10 Jahre zurückliegende Episode gedacht haben, als der 12-jährige Cesarevič Nikolaj seinem zweitjüngeren Bruder Vladimir prophezeit haben soll, dieser werde einst das Land regieren, da er selbst und Aleksandr Aleksandrovič, der zweitälteste Bruder, sterben würden. Hätte Aleksandr Aleksandrovič seinen Gefühlen nachgegeben und die von ihm verehrte Marija Ė. Meščerskaja geheiratet, wäre aufgrund der morganatischen Verbindung die Thronfolge tatsächlich dem als erheblich aufgeweckter geltenden Vladimir Aleksandrovič zugefallen – für manche Zeitgenossen eine attraktive Perspektive. Doch Aleksandr Aleksandrovič fügte sich in sein Schicksal und heiratete 1866 die Verlobte des verstorbenen älteren Bruders, die dänische Prinzessin Marie.

Währenddessen entfremdete sich das Kaiserpaar zunehmend: Der Tod des geliebten Nikolaj und die eigene schlechte Gesundheit ließen die Kaiserin in extremer Frömmigkeit und Zurückhaltung Zuflucht suchen. Der Kaiser dagegen fand Trost und neuen Lebensmut in der jungen Aristokratentochter Ekaterina Dolgorukaja, mit der ihn seit 1866 eine Liebesbeziehung verband. Es war keine der üblichen kaiserlichen Affären, wie sie in der Geschichte keine Seltenheit waren, sondern etwas „Ernstes". Die anfänglichen heimlichen Treffen verstetigten sich, mit der Zeit wusste das untrennbare Geflecht aus Hof, Aristokratie und hoher Politik über die Leidenschaft des Kaisers, aus der eine zweite, inoffizielle Familie mit drei Kindern resultieren sollte, Bescheid. Als Aleksander „Katja" in einem Flügel des Winterpalastes einquartierte, spätestens aber, als er sie im Juli 1880, gut einen Monat nach dem Tod der Kaiserin in einer intimen Zeremonie in Carskoe selo heiratete, wuchs sich die heftig betratschte Liaison in der Familie und der Hocharistokratie zum Skandal aus. Nur wenige Familienmitglieder – etwa Aleksandrs Brüder Konstantin und Nikolaj, die beide selbst seit langen Jahren zweite, inoffizielle Familien führten – zeigten sich Katja, die nach der Hochzeit in Anspielung auf den Dynastiegründer Zachar'in-Jur'ev den Titel „Durchlauchtigste Fürstin Jur'evskaja" erhalten hatte, gegenüber wohlwollend. Der Rest der kaiserlichen Umgebung verband die äußerliche Ehrerbietung mit abgrundtiefem Hass auf die Parvenue, die sich, so die Auffassung, wie eine Klette an den Kaiser geheftet hatte. Auch der Thronfolger, Aleksandr Aleksandrovič, konnte den „Verrat" seines Vaters an der Mutter niemals verwinden. Angesichts der Unselbstständigkeit seines politischen Denkens wird man auch der persönlichen Entfremdung zum Vater und zu dessen Bruder Konstantin, der sich ähnlicher familiärer Vergehen schuldig gemacht hatte, große Bedeutung für die immer konservativer werdende, vom Kurs des Vaters abweichende Haltung des Thronfolgers beimessen müssen. Doch bei aller Abneigung gegen sie – mit den Jahren war Katja zu einem ernst zunehmenden Faktor hinter den Kulissen geworden, unter anderem soll ihre Antipathie gegenüber Graf Šuvalov dessen „Sturz" 1874 wesentlich begünstigt haben. Wer das Wohlwollen des Kaisers genießen wollte, durfte es sich mit seiner Gefährtin nicht verscherzen.

Doch obwohl tradierte personalistische Zugänge die politische Kultur in hohem Maße prägten und Kategorien von Sympathie und Antipathie, Protektion und Intriganz größte Bedeutung behielten, wandelte sich das Feld politischer Gestaltung in Aleksandrs II. Regierungszeit insofern, als sich, wie vor allem Alfred Rieber betont hat, politische Interessengruppen ausbildeten, die sich nicht nur auf persönlichem Karrierestreben gründeten, sondern inhaltliche Zielsetzungen verfolgten. Von den aufgeklärt-autokratischen „Konstantinovcy" war schon die Rede, ebenso von ihrem konservativen Opponenten Šuvalov, der eine Art aristokratischer „Partei“ um sich sammelte. Um den langjährigen Finanzminister Michail Ch. Rejtern (Reutern), einen ehemaligen Protegé von Großfürst Konstantin, gruppierte sich ein wirtschaftsliberaler Kreis von „Ökonomisten“, der wiederum des Öfteren in Konflikt mit der „militärischen“ Partei um den Kriegsminister Dmitrij A. Miljutin geriet. Der tüchtige und energische, dabei loyale und bescheidene Miljutin, dessen Bruder einer der Aktivposten bei der Ausarbeitung der Bauernbefreiung gewesen war, zählte zu den wenigen Personen, denen der Kaiser sein langfristiges politisches Vertrauen schenkte. Der Kriegsminister war kein sturer Kommisskopf, sondern ein hochintelligenter Staatsmann, der von der Notwendigkeit der Reform der Autokratie im Interesse ihres Überlebens überzeugt war. Seinen eigenen großen Beitrag leistete er mit der Reform des russischen Heerwesens, auf deren Agenda die Kostenreduzierung bei gleichzeitiger Erhöhung der Schlagkraft stand. Verkleinerung des stehenden Heeres bei Erhöhung und schnellerer Mobilisierung von Reservisten sowie die Dezentralisierung in einzelne Militärbezirke bei gleichzeitiger Vereinheitlichung der nationalen Kommandostrukturen trugen ebenso zur umfassenden Modernisierung der Armee bei wie die stärkere Betonung von Bildung im Offizierswesen bei gleichzeitigem Fall der Standesschranken, eine Entwicklung, die 1874 in der Einführung der Allgemeinen Wehrpflicht gipfelte.

Bewähren konnte sich Russlands neue Armee 1877–78 im Krieg gegen die Türken. Der Balkan war angesichts des scheinbar unaufhaltsamen Niedergangs des Osmanischen Reichs seit langem im Blickpunkt der europäischen Mächte, Russlands Ambitionen waren zum letzten Mal im so folgenreichen Krimkrieg deutlich geworden. Seit Mitte der 1870er Jahre gärte es unter den slavischen Vasallen des Osmanischen Reichs. Erhebungen der Serben und Bulgaren wurden von den Türken grausam niedergeschlagen. Die ethnisch-kulturelle Verbundenheit zu den orthodoxen Südslaven brachte die Stimmung der russischen Öffentlichkeit zum Kochen. Obwohl Kriegsminister Miljutin wie auch der Kaiser selbst wenig begeistert waren – vom Finanzminister ganz zu schweigen –, drängte die national-religiöse Emotion zum Krieg. 1877 marschierte die russische Armee, unter persönlicher Beteiligung Aleksandrs und einer ganzen Phalanx an Großfürsten, in Bulgarien ein. Obwohl der Feldzug kein Spaziergang wurde (und selbstredend die Staatskasse teuer zu stehen kam), ließ der russische Sieg nicht lange auf sich warten.

Mit dem Frieden von San Stefano von 1878 schien Russland sein im Krimkrieg verlorenes Prestige als Schutzmacht der Balkanvölker wiederhergestellt zu haben: Serbien, Montenegro und Rumänien sollten ihr Territorium vergrößern und selbstständig werden, das beträchtlich erweiterte Bulgarien russisch besetzt und dem Osmanischen Reich nur noch tributpflichtig bleiben. Doch im Angesicht des russischen Triumphes mischten sich die übrigen europäischen Mächte ein. Auf dem Berliner Kongress 1878 sorgte Bismarck als „ehrlicher Makler" dafür, dass die russischen Pläne wesentlich beschnitten wurden. Österreich konnte seinen Anspruch auf Bosnien-Hercegovina realisieren, während aus dem konzipierten „großbulgarischen" Fürstentum nichts wurde. Die Russen mussten sich binnen neun Monaten aus dem verbleibenden „Rumpfbulgarien" zurückziehen. Dass Bessarabien wieder dem Kaiserreich zugeschlagen wurde, konnte die russische Verärgerung über die als feindliche wahrgenommene europäische, vor allem: deutsche Einmischung nicht dämpfen. Bismarck hatte sich als Schiedsrichter Europas geriert und am Kabinettstisch die russischen Erfolge wegreden lassen. Die Folge war längst nicht nur die persönliche Wut Aleksandrs II. auf Bismarck und seinen Onkel, den deutschen Kaiser Wilhelm I., sondern eine schwere Belastung des deutsch-russischen Verhältnisses. Wie bereits nach dem Krimkrieg sah man sich erneut von einer germanisch-mitteleuropäischen Macht auf undankbarste Weise verraten – hatte man doch Bismarcks Kriege zur deutschen Reichseinigung durch wohlwollende Neutralität gedeckt.

Die außenpolitische Demütigung war für Aleksandr II. umso schmerzhafter, als sich auch die inneren Entwicklungen Ende der siebziger Jahre mehr als unerfreulich zeigten. Seit Jahren schon entfalteten umstürzlerische Kreise ihre Aktivität. Vorbei waren die Zeiten, in denen sich gesellschaftliche Unruhe nur in letztlich harmlosen Universitätsrevolten und einzelnen „verrückten" Flugblättern einerseits oder in spezifischen Erhebungen im fernen Westen des Reiches andererseits manifestierte. Noch 1866 fragte der Kaiser den gestellten Attentäter, ob er Pole sei, was dieser mit den Worten: „Nein, ein echter Russe" beantwortet haben soll. Aleksandrs Vermutung, wer ihm nach dem Leben trachte, müsse aus Polen stammen, kam nicht von ungefähr, waren doch die dortigen Ereignisse 1863 zum ersten Fiasko in Aleksandrs Herrschaft geworden. Dabei war Aleksandr willens gewesen, auch im seit 1831 rigide unterdrückten Polen der kaiserlichen Herrschaft eine neue Qualität zu verleihen. Zwar warnte er den polnischen Adel 1856 vor Träumereien, doch ließen erste Schritte Ende der 1850er Jahre die Bereitschaft zur Konzilianz erkennen: Der Ausnahmezustand wurde aufgehoben, das Amt des Warschauer Erzbischofs wieder besetzt, eine Medizinschule im Hochschulrang eröffnet und die Gründung einer „Landwirtschaftlichen Gesellschaft" als Diskussionsforum für die polnischen Gutsbesitzer ermöglicht. Doch vom radikaleren Teil der polnischen Gesellschaft wurden die Konzessionen als Schwäche ausgelegt, die die Chance zur Durchsetzung weitergehender nationaler Forderungen bis hin zur Unabhängigkeit bot. Mit dem 30. Jahrestag des Aufstandes von 1831 erhitzten sich die polnischen Gemüter weiter. Während der gemäßigtere Adel durchaus die Kooperation mit dem neuen Kaiser befürwortete, stellten die Radikalen immer mehr Forderungen.

Aleksandr setzte unterdessen auf den ehrgeizigen, doch kooperationsbereiten Marquis Aleksander Wielopolski (russ.: Aleksandr Velëpol'skij), der sich für die Durchführung einer neuen Autonomiepolitik von des Kaisers Gnaden zur Verfügung stellte. Zum Programm gehörte eine Agrarreform ebenso wie die Schaffung einer lokalen Selbstverwaltung sowie eines Staatsrates unter dem kaiserlichen Statthalter. Obwohl Wielopolskis „Kollaboration" von radikalen Segmenten ständig desavouiert wurde, hielt man in St. Petersburg an ihm fest. Die Umstände in Polen spitzten sich derweil immer mehr zu, was durch die rasch aufeinander folgenden Wechsel der Statthalter noch begünstigt wurde. Doch trotz zunehmender Skepsis in Aleksandrs Umgebung hielt der Kaiser noch am Kurs der Konzilianz fest. In der Hoffnung auf einen großen Wurf gab er schließlich im Frühling 1862 dem Drängen seines Bruders Konstantin nach und ernannte ihn zum Statthalter von Polen.

Es war keine leichte Entscheidung für Aleksandr: Einerseits wusste er von der Bauernbefreiung, was er an Konstantin in der St. Petersburger Politik hatte, andererseits war klar, dass ein Scheitern des Kaiserbruders katastrophale Folgen zeitigen würde. Die schlimmsten Befürchtungen wurden wahr. Kurz nach seiner Ankunft wurde auf den neuen Statthalter ein Attentat verübt. Zwar kam der Großfürst glimpflich davon, ließ den Übeltäter hinrichten und beschwor die polnische Bevölkerung, die ausgestreckte Hand nicht auszuschlagen. Die gemäßigte Partei hätte sich wohl durchaus mit dem Tandem Konstantin-Wielopolski abfinden können, die Radikalen aber sorgten für eine zunehmende Eskalation, die im Januar 1863 in einen offenen Aufstand mündete. Die russischen Truppen taten sich mit dem an vielen Orten mit Grausamkeit geführten Partisanenkrieg überaus schwer, zumal der auf Versöhnung und Vernunft setzende Konstantin sich weigerte, ein brutales Repressionsregime zu errichten. Während das politische St. Petersburg nach drastischen Maßnahmen rief, bestellte Aleksandr seinen Bruder im Sommer ein und stellte ihn vor die Alternative, entweder mit äußerster Rücksichtslosigkeit durchzugreifen oder Polen zu verlassen. Konstantin entschied sich für Letzteres, General Graf Fëdor F. Berg oblag es als neuem Statthalter, die polnische Insurrektion niederzuschlagen, während Generalgouverneur Murav'ëv als „Henker von Vilna" Gleiches für die vom Aufruhr angesteckten litauisch-weißrussischen Gebiete besorgte. In der Folge verschwand jedweder Gedanke an irgendeine Form von polnischer Autonomie, das Land wurde in die russische Gouvernementsstruktur eingegliedert und einer rigiden Russifizierung unterworfen. Hunderte der Aufständischen wurden hingerichtet, Zehntausende nach Sibirien geschickt, ihr Besitz konfisziert.

Dass also Aleksandr II. in seinem Attentäter von 1866 einen Polen vermutete, war nachvollziehbar – und dennoch ein fataler Irrtum. Es schien, als ob sich zwar unter ganz anderen Vorzeichen, doch in abstrakter Ähnlichkeit die polnische Problematik in Russland selbst wiederholen sollte: Die durch die Reformen manifestierten Zugeständnisse gegenüber der Gesellschaft wurden von Radikalen als Schwäche ausgelegt. Die Reformmaßnahmen hatten begonnen, die Gesellschaft zu emanzipieren, und damit nolens volens auch soziale Elemente geweckt, die sich keineswegs mit der Veränderung von oben, nach den Vorstellungen des Autokraten, zufrieden gaben, sondern von einem sofortigen revolutionären Wandel der Verhältnisse in einem diffusen sozialistischen Geist träumten. Immer mehr konspirative Grüppchen entstanden, die sich den Sturz der Autokratie zum Ziel machten. Dabei gab es durchaus unterschiedliche Strömungen: Skrupellose, Mord und Totschlag glorifizierende Scharfmacher existierten neben gutmeinenden Populisten, die glaubten, bei einem „Gang ins Volk" 1874 den Bauern große politische Lehren über eine erforderliche Revolution beibringen zu müssen (und von diesen zum Dank für die unerbetenen Lehrstunden meist bei der Polizei denunziert wurden). Die sowjetische Geschichtsschreibung hat zeitweise das Bild einer entsetzlichen Terrorherrschaft der Regierung gezeichnet und damit die Realität verzerrt. Staatliches Durchgreifen und gerichtliche Milde gingen im Umgang mit der quantitativ oft überschätzten revolutionären Bewegung durchaus Symbiosen ein.

Für Entsetzen im politischen Establishment sorgte der Freispruch von Vera I. Zasulič, die Anfang 1878 bei einem Attentat den Petersburger Stadtkommandanten Fëdor F. Trepov schwer verwundet hatte, durch ein Geschworenengericht. Von da an verschärfte der Staat sein administratives Vorgehen gegen die Unruhestifter. Die unnachgiebige Haltung stachelte freilich den terroristisch gesinnten Zweig der illegalen Opposition weiter an. In ihrer dumpfen Verzweiflung sahen sie in der unmittelbaren Gewalt gegen die Spitze die einzige Chance, in ihrem Interesse etwas zu bewegen. Durch offenen Terror sollte die Autokratie destabilisiert werden, die Ermordung des Kaisers sollte zum Systemwechsel führen – eine unsäglich törichte Idee, bewirkte die Terrorisierung doch in weiten Teilen der Gesellschaft eher das Gegenteil, nämlich den Schulterschluss mit der Herrschaft. Ermutigt durch die „Erfolge" der Ermordung von General Nikolaj V. Mezencev, dem Chef der Dritten Abteilung, im August 1878, sowie des Char'kover Gouverneurs Dmitrij N. Kropotkin im Februar 1879, blies man zur Hetzjagd auf Aleksandr II. Im April 1879 versuchte ein Revolutionär erneut, den Kaiser zu töten, im November 1879 gelang ein Attentat auf einen Eisenbahnzug, in dem man fälschlicherweise den Kaiser vermutete. Im Februar 1880 explodierte eine Bombe direkt im Winterpalast, der Kaiser befand sich freilich abermals nicht unter den 11 Todesopfern und 56 Verletzten.

Trotz aller polizeilicher und administrativer Maßnahmen war Aleksandr seines Lebens nicht mehr sicher, Autokratie und Staat befanden sich in einer existentiellen Krise, für deren Überwindung offensichtlich neue Strategien gefunden werden mussten. Man versuchte, zweigleisig zu fahren: Neben verstärkten Bemühungen, jede Rebellion zu unterdrücken, wollte man auch auf die breite Mehrheit der Bevölkerung zugehen, um sie an die Monarchie zu binden. Aleksandr setzte auf frische Kräfte: 1879 zogen in verschiedenen Ministerien neue Hausherren ein und 1880 begann der kometenhafte Aufstieg von „Zar Michail“ auf der politischen Bühne St. Petersburgs. Kavalleriegeneral Graf Michail T. Loris-Melikov hatte im Kaukasus eine erfolgreiche Militärkarriere hingelegt und sich im russisch-türkischen Krieg bewährt. Als Generalgouverneur in Astrachan’ und Char’kov war er 1879 bereits durch seine Doppelstrategie aus Repression und Zugeständnis aufgefallen, woraufhin der Kaiser in ihm den benötigten erfolgreichen Krisenmanager erblickte. Im Februar 1880 wurde er an die Spitze einer neuen „Obersten Verwaltenden Kommission“ (Verchovnaja rasporjaditel’naja komissija) berufen, die die Ordnung im Lande wiederherstellen sollte. Loris-Melikov fasste unter seine Autorität alle Polizeiorgane zusammen, um den Kampf gegen die revolutionäre Bewegung besser koordinieren zu können, wodurch die berüchtigte Dritte Abteilung aufgelöst wurde. Dass man diese Phase als „Diktatur des Herzens“ bezeichnete, lag daran, dass der Armenier aus seiner allgewaltigen neuen Position heraus auch bemüht war, der Gesellschaft gegenüber entgegenkommende Maßnahmen einzuleiten: Dazu gehörte die Einschränkung administrativer Willkürakte ebenso wie die Lockerung der Zensur. In der Provinz sollten die Selbstverwaltungskörperschaften weniger vom Gouverneur gegängelt werden und vom Senat durchzuführende Revisionen Amts- und Machtmissbräuche aufdecken. Als es Loris-Melikov gelang, den verhassten Bildungsminister Tolstoj aus dem Amt zu befördern, wurden den Studenten wieder liberalere Studienbedingungen in Aussicht gestellt. Im Verbund mit seinem Freund und Gleichgesinnten, dem neuen Finanzminister Aleksandr A. Abaza, schaffte er die unpopuläre Salzsteuer ab und kündigte dasselbe für die Kopfsteuer an. Loris-Melikovs Wirken schien dem Kaiser so erfolgreich, dass er im August 1880 die Kommission wieder auflöste und den politischen Seiteneinsteiger zum Innenminister machte.

Doch mit der Wiederherstellung der Ordnung war es für den findigen Armenier nicht getan. Ende 1880 legte er dem Kaiser ein Projekt vor, das in seiner vorgesehenen Beteiligung gesellschaftlicher Repräsentanten an der gesetzgeberischen Tätigkeit des Staatsrates als Vorstufe zu einer Konstitution gelten konnte. Es war keinesfalls das erste solcher Vorhaben: Schon 1863 hatte der damalige Innenminister Valuev einen Vorschlag zur beratenden Beteiligung von gewählten Stände- oder Zemstvovertretern vorgelegt, den der Kaiser mit den höchsten Würdenträgern des Reiches besprach, der jedoch allgemein für unzeitgemäß befunden wurde. Ein in den Grundzügen ähnliches Projekt hatte auch Großfürst Konstantin Nikolaevič, für den auf lange Sicht eine Konstitution unvermeidbar schien, ausgearbeitet und im Jahr 1866 seinem Bruder zukommen lassen. Dieser reagierte jedoch nicht, das Attentat vom April hatte Aleksandr ohnehin zweifeln lassen, ob man der Gesellschaft nicht schon zu weit entgegengekommen war, und als der Großfürst Ende des Jahres nachfragte, erinnerte sich der Kaiser angeblich nicht an das Projekt. Als der Kaiser Anfang 1867 in anderem Zusammenhang seiner Verärgerung über Forderungen nach einer gesamtstaatlichen Repräsentation auf Ebene der Zemstva Ausdruck verlieh, war klar, dass Konstantins Überlegungen vorerst hinfällig waren.

Erst Anfang 1880, als die Unruhe im Land dem Kaiser über den Kopf gewachsen war, „fand" er zufällig „unter anderen Papieren" den Vorschlag seines Bruders wieder und ließ ihn zusammen mit Valuevs Ideen erörtern. Freilich war Aleksandrs und der Konservativen Skepsis immer noch vorhanden, die Konkurrenz zwischen Valuev und dem Großfürsten tat ein Übriges, um die Projekte erneut Ablehnung finden zu lassen. Dem neuen „Messias" Loris-Melikov freilich gelang es schließlich, mit seinem eigenen, in eklektischer Weise auf seine gedanklichen Vorgänger aufbauenden Vorhaben des Kaisers Zustimmung zu erlangen. Stolz präsentierte Loris-Melikov, dessen hohes Ansehen beim Kaiser einherging mit einem ausgezeichneten Verhältnis zu dessen morganatischer Ehefrau, deren engster Freundin am 28. Februar 1881 den Entwurf zur Erweiterung des Staatsrats durch beratende Deputierte, auf dem drei Unterschriften den Entschluss zu einer konkreten Erörterung und Beschlussfassung bestätigten: Aleksandr, Aleksandr Cesarevič (der Thronfolger) und Konstantin (als Vorsitzender des Staatsrates). Doch zur konkretisierenden Diskussion und Umsetzung kam es nicht mehr. Am 1. März 1881 erlag Kaiser Aleksandr II. einem Bombenattentat durch Aktivisten der Untergrundgruppe „Narodnaja volja" (Volkswille).

Der politische Mord von 1881 war in doppelter Hinsicht tragisch. Zum einen, weil er ausgerechnet jenen Kaiser traf, der wie kein anderer die Autokratie geöffnet hatte, zum anderen weil damit der durchaus vielversprechende Weg einer gesellschaftlichen Modernisierung des kaiserlichen Russland abgebrochen wurde. Sicher, Aleksandrs II. Reformen waren insofern zögerlich und halbherzig, als sie nur so weit gingen, wie es die Sicherung der autokratischen Herrschaft zu erlauben schien. Doch vom Kaiser systemstürzende Radikalveränderungen zu erwarten, wäre angesichts der historischen Entwicklung Russlands bis in die 1850er Jahre hinein völlig irreal gewesen. Festzustellen, dass die Reformen letztlich nicht weit genug gingen, mag rückblickenden Historikern leicht fallen. Politik und Gesellschaft im Russland des 19. Jahrhunderts mussten diese Erfahrung freilich erst machen und aus den positiven wie negativen Folgen der Restrukturierungen und aus dem in Gang befindlichen Wandel der Gesellschaft ihre Lehren ziehen. Die sowohl von Nikolaj I. als auch seinem Nachfolger überlieferten Äußerungen, sie würden ihrem Reich eine Verfassung geben, wenn es nur dazu geeignet sei, dürfen nicht von vornherein als hinhaltender Zynismus abqualifiziert werden, sondern verweisen darauf, dass kaiserliche Konzeption und sozialstruktureller Wandel erst zueinander finden mussten. Aleksandr II. und der aufgeschlossene Teil seiner Umgebung waren, wenn auch widerstrebend und zögerlich, dazu bereit, ihre Lehren zu ziehen und den eingeschlagenen Weg vorsichtig weiterzugehen, seine Nachfolger waren es nicht. Wie das nikolaitische System brachte Aleksandrs Ära der Großen Reformen Russland also erneut an einen Scheideweg. Der schmale Grat zwischen autokratischer Selbstbehauptung und weitergehender Öffnung gegenüber der Gesellschaft erschien den Nachfolgern steil und mit spitzen Steinen übersät, so dass man auf dem ausgetretenen Pfad weitermarschierte, ohne sich viele Gedanken zu machen, ob er auch zum Ziel eines prosperierenden, befriedeten Reiches führen würde.

Wenn es auch den folgenden Regierungen nicht gelingen konnte, das Rad hinter die Ära der „Großen Reformen" wesentlich zurückzudrehen, so drehten sie es freilich auch nicht nach vorne. Die durch eine Art von Konstitutionalisierung zu erwartende Richtungsveränderung der russischen Autokratie, wodurch es langfristig hätte gelingen können, steigende soziale Erwartungen zu befriedigen, war vom Tisch. Wie noch auszuführen ist, ließ sich der geschockte Nachfolger, Aleksandr III., von konservativen Kreisen dazu überreden, die Akte des konstitutionalisierenden Projekts zu schließen. Weder er noch sein Sohn sollten in der Lage sein, auf die sich nur vergrößernden gesellschaftlichen Herausforderungen adäquate Antworten zu finden. Angesichts der historischen Umstände bleibt die Frage nach möglichen Konsequenzen einer Realisierung von Loris-Melikovs Vorhaben naturgemäß spekulativ. Unveröffentlichte Fragmente aus Aleksandrs II. Tagebuch machen jedoch klar, dass er sich bereits auf den Weg einer grundlegenden staatsrechtlich-politischen Modernisierung festgelegt hatte.

Demnach beabsichtigte der Kaiser, seinem Reich im Mai 1881 eine Verfassung zu geben. Der Zeitpunkt war bewusst gewählt, sollte die Konstitution doch einhergehen mit der offiziellen Verkündung der Heirat mit Katja nach Ablauf der vollen Trauerfrist für die verstorbene Kaiserin. Zur gleichen Zeit sollte auch die Krönung der Fürstin Jur'evskaja zur Kaiserin für den 1. August 1881 angekündigt werden, um ihre und ihrer gemeinsamen Kinder Position zu legalisieren. Für den Fall, dass vorher doch ein Attentat Erfolg haben sollte, machte Aleksandr im November 1880 eine testamentarische Verfügung, die ihm vor allem angesichts der bekannten Abneigung seines Sohnes gegenüber Katja erforderlich schien. In ihr garantierte er seiner inoffiziellen Familie bestimmte materielle Rechte und vertraute sie dem Schutz des Thronfolgers an, den der Kaiser stets seiner legitimen Nachfolgerechte versicherte. Doch trotz mancher Todesahnung hatte Aleksandr für die Zukunft andere Pläne: Die Verfassung sollte nach all den anderen „Großen Reformen" sein krönendes Vermächtnis an Russland sein; der alternde Aleksandr war entschlossen, nach der Krönung Katjas ein ruhiges Leben an der Seite seiner geliebten zweiten Familie zu führen und den Thron seinem Sohn zu überlassen. „Er wird beruhigt sein, sobald sich sein Wunsch realisieren wird, und zwar schneller noch, als er glaubt", schrieb Aleksandr in sein Tagebuch. Mit dem 1. März wurde diese Prophezeiung auf tragische, alle Intentionen verzerrende Weise Realität.

2. „Erster Gehilfe" des Kaisers und „Hauptschuldiger am verhassten Liberalismus": Großfürst Konstantin Nikolaevič

In einem offiziellen Reskript anlässlich der Bauernbefreiung drückte Aleksandr II. am 19. Februar 1861 seinem Bruder Konstantin seine Dankbarkeit für die „genaue, schnelle und völlig

Meinem Willen und Meinen Erwartungen entsprechende Beendigung dieser Staatsangelegenheit" aus, in seiner Rede zum 25-jährigen Thronjubiläum 1880 nannte der Kaiser Konstantin „seinen ersten Gehilfen in der Bauernfrage". Mochte man seine Tätigkeit auch unterschiedlich einschätzen, schon zu seinen Lebzeiten bestand kein Zweifel, dass Konstantin Nikolaevič eine führende Rolle im Staat besaß. Als nachgeborener Sohn eines Kaisers nahm Konstantin gemäß der „Verfügung über die kaiserliche Familie" (Učreždenie ob imperatorskoj familii) Pavels aus dem Jahr 1797 den Rang eines „Großfürsten" ein; dieser Titel sollte allen männlichen Nachkommen eines regierenden Kaisers zustehen, wobei der jeweils zur Thronfolge Ausersehene ebenfalls als Großfürst, jedoch mit dem Zusatz „Cesarevič" rangierte. Die mit Nikolajs vier Söhnen ein- und sich in den folgenden Generationen fortsetzende weite Verzweigung der Romanovs im 19. Jahrhundert zwang Kaiser Aleksandr III. im Jahr 1886 eine neue Verfügung zu erlassen, die den Großfürstentitel auf Söhne und Enkel regierender Kaiser beschränkte, sehr zum Verdruss mancher großfürstlicher Familien. Zwar blieben die Urenkel und folgende Generationen „Fürsten kaiserlichen Blutes" und damit in herausgehobener Würdigkeit hinter der engeren kaiserlichen Familie und den Großfürsten, doch war es eine Prestigeeinschränkung, die auch materielle Nachteile mit sich brachte, obwohl allen familiären Kategorien großzügige Mittel zur Verfügung standen.

Aus Nikolajs I. Ehe mit Aleksandra Fëdorovna entstammte neben dem Thronfolger Aleksandr drei weitere Großfürsten sowie drei Großfürstinnen, die freilich – wie die meisten späteren weiblichen Nachkommen der Romanovs – durch Verheiratung in eine andere Dynastie eintraten. Nikolajs älteste Tochter Marija ehelichte Herzog Maximilian von Leuchtenberg (Maksimilian Lejchtenbergskij), Ol'ga heiratete den späteren König Karl I. von Württemberg, während die jüngste, Aleksandra, die Frau von Prinz Friedrich Wilhelm von Hessen-Kassel wurde, freilich bereits ein Jahr nach der Hochzeit verstarb. Im Gegensatz zu den Töchtern, deren Leben sich in ausländischen regierenden Häusern vollziehen sollte, galt es, die nachgeborenen Kaisersöhne in offizielle Funktionen des Reiches zu integrieren. In der militarisierten politischen Kultur des Kaiserreiches lag die Übertragung hochrangiger militärischer Ränge und Funktionen, die – nicht anders als beim Adel – auch zu Regierungsaufgaben qualifizierten, nahe.

Seinem jüngsten Sohn, Michail, hatte Nikolaj I. das Feld der Artillerie zugedacht, die tatsächlich zur großen persönlichen Leidenschaft des Großfürsten wurde. Doch der „Generalfel'dcejchmejster" erhielt 1863 von Aleksandr II. noch eine andere große Aufgabe, die er durchaus im imperialen Sinn erfolgreich erfüllen sollte: Bis 1881 amtierte Großfürst Michail als Statthalter im Kaukasus, dessen Befriedung sich in seiner Zeit vollendete. Mit einer Kombination aus militärischer Unterwerfung und Eingehen auf die Traditionen der kaukasischen Eliten erwarb sich der Statthalter in Tiflis Respekt und Ansehen. Obwohl – beziehungsweise gerade weil – Michails politische Vorstellungswelt eingeschränkt und konservativ blieb, machte ihn Aleksandr III. 1881 zum Vorsitzenden des Staatsrates, ein Amt, das der altmodische, taktvolle, dem Kaiser niemals widersprechende Großfürst bis 1905 innehatte. Die Tatsache, dass „Miša" weniger begabt und ehrgeizig war als seine älteren Brüder, machte ihn gerade für die gestalterisch schwächeren beiden letzten Kaiser des Reiches zu einem angenehmen Zeitgenossen.

Im Gegensatz zum pflichtbewussten „Ritter" Michail hatte sein älterer Bruder Nikolaj den Ruf eines leichtsinnigen Lebemannes. Zwar hatte Nikolaj I. auch diesen seiner Söhne der militärischen Laufbahn zugeführt, die ihn 1855 zum Generalinspekteur für das Ingenieurswesen, 1864 zum Generalinspekteur der Kavallerie, 1877 zum Oberbefehlshaber im russisch-türkischen Krieg und 1878 zum Generalfeldmarschall machte, doch ließ sich „Nizja" auch von den Annehmlichkeiten des Petersburger Lebens anziehen. So soll seine bemerkenswerte Leidenschaft für das Ballett wesentlich von den hübschen jungen Tänzerinnen angefacht worden sein; mit einer von ihnen lebte er schließlich auch zusammen, woraus vier illegitime Kinder resultierten. Wenngleich der ansehnliche, galante Nikolaj Nikolaevič in Gesellschaft und Armee große Sympathien genoss, galten seine fachlichen Fähigkeiten als General eher als begrenzt. Seine gegen Ende seines Lebens eintretende geistige Umnachtung soll der Bruder Michail mit den bösen Worten kommentiert haben, es sei verwunderlich, dass ein Mensch von grenzenloser Dummheit auch noch verrückt werden könne.

Michails Zurückhaltung und Nikolajs Oberflächlichkeit bestärkten die sowjetische Historiographie in ihrer vor allem der

Ideologie geschuldeten Tendenz, in den Großfürsten unfähige bis amoralische Parasiten zu sehen, die qua Geburt in höchste Positionen kamen, auf diesen jedoch durchweg versagten – Feststellungen, die man auch für folgende Generationen der kaiserlichen Verwandtschaft traf. Schwerer tat man sich da schon mit Konstantin, dem zweitältesten unter Nikolajs I. Söhnen. Einerseits war doch für alle Romanovs eine Art von historiographischer Sippenhaft verordnet, andererseits konnten kluge Köpfe nicht umhin, seine bedeutende Rolle als Staatsmann in der Zeit Aleksandrs II. anzuerkennen. Tatsächlich ragte Konstantin Nikolaevič unter den Romanovs des 19. Jahrhunderts als ebenso faszinierende wie polarisierende Gestalt hervor.

Als der kleine „Kostja" vier Jahre alt war, legte sein Vater fest, dass er einst glanzvolles Oberhaupt der russischen Flotte werden sollte. Der Knabe erhielt jenen Titel, mit dem ihn seine Anhänger und Gegner in den kommenden Jahrzehnten bezeichnen sollten: Großfürst Generaladmiral. Schon in seiner Jugend fasste der Kaisersohn die ihm zugedachte Funktion keineswegs als rein repräsentativ oder als selbstverständliche Pfründe auf – er nahm seinen Auftrag mit viel Enthusiasmus an und durchsegelte – selbstverständlich mit den Privilegien eines Romanov – alle Stufen der Marineränge bis hin zum Admiral, wo er als 28-Jähriger ankam. Frühzeitig begann er, sich nicht nur für die Marine, sondern auch für ihre politische Administration zu interessieren. Gerade weil in dieser etliches im Argen lag, entdeckte der vor Ehrgeiz brennende junge Großfürst das Marineministerium als ein ideales Betätigungsfeld für sich. 1853 übernahm er als 26-Jähriger bereits die faktische Leitung der Behörde, nach der Thronbesteigung seines Bruders zwei Jahre später löste er den nominell noch amtierenden Minister, Aleksandr S. Menšikov, auch offiziell ab – ein Vorgang, der eigentlich nicht im Sinne von Kaiser Nikolaj gewesen war. In dessen Vorstellung sollte sein Sohn zwar als Repräsentationsfigur an der Spitze der Flotte stehen, nicht aber ihre behördliche Leitung übernehmen. Konstantin aber gab sich mit einem Ehrentitel nicht zufrieden, er wollte gestalten.

Diesen Wunsch bekam man in der Admiralität bald zu spüren. Mit Konstantin wehte eine frische Brise ins Flottenministerium hinein: Sein Vorgänger Menšikov war ein charmanter Höfling mit besten Beziehungen zur Dynastie, der sich freilich lieber in den Petersburger Salons als „toller Hecht" präsentierte, als sich näher um die Flotte zu kümmern. Konstantin dagegen begann seine politische Karriere mit großer Tatkraft und krempelte sein neues Ressort gleich von Grund auf um. Sein Versuch, aus dem traditionell schwerfälligen Marineministerium eine effektive Behörde neuen Typs zu machen, sorgte für Aufsehen. Nicht nur rückte für kurze Zeit ein in der Öffentlichkeit bislang kaum beachtetes Ressort in den Mittelpunkt der Aufmerksamkeit, sondern auch Konstantin selbst wurde „über Nacht" zum „Haupt des sogenannten Fortschritts" (Aleksandr V. Nikitenko), zum Hoffnungsträger für eine neue, zukunftsweisende Politik. Sein unkonventionelles Auftreten als Chef der Marine ließ ihn bisweilen gar seinen kaiserlichen Bruder in den Schatten stellen. Auf der Straße fand sich rasch die neue Erkenntnis, dass nur der ein rechtmäßiger Zar sei, der auch vom Zaren geboren. Das zielte auf Aleksandr II., bei dessen Geburt Vater Nikolaj als Bruder von Aleksandr I. noch Großfürst war; 1827 dagegen, als Konstantin zur Welt kam, saß sein Nikolaj bereits auf dem Thron. Derlei Geschwätz mochte Aleksandr II. unangenehm sein, hatte jedoch wenig Auswirkungen auf das gedeihliche Zusammenwirken der Brüder, zumal Konstantin keinerlei Zweifel an seiner nachgeordneten Position aufkommen ließ.

Aus dieser Position heraus konnte Konstantin erheblich freier agieren als sein kaiserlicher Bruder. Während jener auf Herkommen ebenso wie auf die administrative und soziale Elite des Landes Rücksicht nehmen musste, ließ Konstantin seinen progressiven Überlegungen freien Lauf: Zunächst im Flottenministerium, in welchem er die traditionelle militär-bürokratische Struktur durch Kategorien wie Transparenz und Offenheit der behördlichen Prozesse sowie Eigenverantwortlichkeit und Aufrichtigkeit der untergeordneten Mitarbeiter auffrischte, womit er der allgemeinen behördlichen leistungssteigernden Modernisierung im Kaiserreich wichtige Impulse vermittelte, später auch in anderen, allgemeineren Bereichen politischer Gestaltung. Aleksandr II. erkannte Konstantins politische Fähigkeiten, vor allem aber das progressive Gewicht, das sein Bruder im Stande sein würde, im Interesse der Bauernbefreiung gegen die widerstrebende politische Elite in die Waagschale zu werfen. 1857 wurde Konstantin zum Mitglied in jenem Komitee ernannt, welches die Abschaffung der Leibeigenschaft vorbereiten sollte. Als „augusteischster" Protektor der aufgeklärten Bürokraten und energischer

Staatsmann sorgte der Großfürst in diesem Gremium durch seinen berüchtigten scharfen Ton und seine Rücksichtslosigkeit gegenüber dem Adel für viel Ärger und Verdruss, vor allem aber auch für Bewegung – und sicherte sich am Ende einen Platz in der Ruhmeshalle der russischen Liberalen als des Zaren-Befreier wichtigster Gefährte, dessen Einsatz es maßgeblich mit zu danken war, dass die epochale Reform stattgefunden hatte. Für die Retrograden freilich wurde der Großfürst zum „Hauptschuldigen an den ihnen verhassten liberalen Maßnahmen" (D.A. Miljutin).

Während Konstantin selbst in den folgenden Jahren intensiv an der Klärung verschiedener politischer Fragen mitwirkte, gelang es ihm nach der Bauernbefreiung, etliche „seiner" Leute in höchste Ämter zu bringen. Der Marmorpalast, Konstantins wenige Schritte vom Winterpalast gelegene Petersburger Residenz, wurde zum Zentrum einer aufgeklärt-autokratischen Politik und für die konservativen Gegner zum in Stein gehauenen Symbol eines gefährlichen Netzwerkes. Ein Zeitzeuge, Pëtr V. Dolgorukov, beschrieb diese Konstellation so: „[Konstantin Nikolaevič] hat seinen Freund … Golovnin ins Bildungsministerium gesetzt und einen Freund von Golovnin, M.Ch. Rejtern, in das Finanzministerium, er hat sich dem Innen- und dem Kriegsminister [Valuev und Miljutin] angenähert, unterhält gute Beziehungen zum Grafen [Dmitrij N.] Bludov [dem Vorsitzenden des Staatsrats und des Ministerkomitees] und zu General [Konstantin V.] Čevkin [dem Beauftragten für die Verkehrswege], hat den allseits verhassten [Michail N.] Murav'ëv aus dem Ministerium für das Staatsvermögen vertrieben, erweist dem Fürsten [Aleksandr M.] Gorčakov [als Außenminister] äußerlich Ehre und Achtung … Auf diese Weise hat der Großfürst im Ministerrat eine deutliche Übermacht. Gegen ihn kann nur Panin sprechen, aber Panin ist zu feige und viel zu höflingsängstlich (wenn man sich so ausdrücken darf), um in einen offenen Kampf mit einem Menschen zu treten, der Macht in den Händen und eine starke Stellung bei Hof hat." Tatsächlich hatte Konstantin seinen Konkurrenten im politischen Geschäft etwas voraus, was in der personalisierten autokratischen Regierungsform nicht zu unterschätzen war – die enge Verwandtschaft zum Kaiser. Während die übrigen Minister sich in ihrer Konkurrenz um die kaiserliche Gunst gegenseitig eifersüchtig belauerten, redete der Großfürst Aleksandr II. mit „Saša" an und traf ihn beim Abendessen. Dass Aleksandr darum bemüht war, zwischen Verwandtschaft und Politik zu trennen, musste zwar Konstantin etliche Male erfahren, doch für die Außenstehenden blieb das Bild der familiären Kungelei, was ihre Abneigung gegenüber dem Generaladmiral häufig verstärkte.

Viel Ehr, viel Feind, möchte man eine bekannte Redensart umdrehen: Die aristokratische Elite betrachtete Konstantins politisches Verhalten seit der Bauernbefreiung als für ein Mitglied der regierenden Dynastie nicht akzeptabel und feindete ihn an. Schon 1858 hatte der Großfürst eine fast einjährige Auslandsreise angetreten, die zwar verschiedene persönliche, familiäre und wohl auch diplomatische Gründe haben mochte, aber auch dazu diente, etwas Abstand zur vergifteten Atmosphäre St. Petersburgs zu gewinnen. Der schlechte Ruf, der Konstantin im konservativen Establishment vorauseilte, mag denn auch – zusammen mit einem nach der Durchdrückung der Bauernemanzipation nur noch gesteigerten Ehrgeiz – dafür verantwortlich gewesen sein, dass Konstantin so hartnäckig daran interessiert war, als Statthalter nach Polen zu gehen. Hinzu kam Konstantins feste Überzeugung, dass die bislang praktizierte Politik in Polen zur Erfolglosigkeit verurteilt sei und nur ein Konzept begrenzter Zugeständnisse und Autonomie, wie es der Marquis Wielopolski vertrat, auf Dauer Lösungsperspektiven versprach. Sich selbst sah Konstantin dabei sowohl als Garant für die Interessen des Zarenreiches, denen er mit der friedlichen Integration des widerständigen Polen dienen wollte, als auch als Gewährsmann für die Aufrichtigkeit der kaiserlichen Bemühungen gegenüber der polnischen Bevölkerung. Es war als großer symbolischer Akt gedacht, dass nun kein Petersburger Aristokrat oder General mehr, sondern das ranghöchste Mitglied der Dynastie nach der regierenden Linie Aleksandrs persönlich nach Warschau ging, um den Grundstein für ein künftiges friedvolles Miteinander zu legen.

Die Visionen, davon war bereits die Rede, ließen sich nicht realisieren, Konstantins Statthalterschaft geriet zum Fiasko. In St. Petersburg triumphierten die alten und neuen Gegner im politischen Geschäft: Der anmaßende Großfürst hatte demissionieren müssen und stand auf dem Tiefpunkt öffentlichen Ansehens. Für die Konservativen war es späte Genugtuung und Warnung, wohin all das Liberalisieren führen würde, zugleich. Konstantin entzog sich erneut den Anfeindungen: Er reiste zuerst zur Erholung auf die Krim und trat dann abermals eine ausgedehnte Tour durch

Europa an. Doch wer gedacht hatte, der ehrgeizige Kaiserbruder sei nun bedient und würde sich nach seiner Rückkehr nach St. Petersburg zum gepflegten Violoncello- und Klavierspiel in seine Schlösser in Pavlovsk und Strel'na in der Umgebung St. Petersburgs zurückziehen, lag falsch. Konstantin fühlte sich zur Mitwirkung an den Staatsgeschäften berufen – und zwar nicht nur in der Beschränkung auf die Zuständigkeit als Chef des Flottenressorts. Zwar lag die Marine dem Großfürsten bis ans Ende seines Lebens besonders am Herzen, auch fühlte er sich als ihr oberster Repräsentant, den bürokratischen Alltag überließ er jedoch seit längerem bereits einem Stellvertreter. Nein, Konstantin sah durchaus seinen Platz in der allgemeinen Politik des Reiches – und offensichtlich teilte sein regierender Bruder diese Ansicht, trotz zunehmender Skepsis über Konstantins Ehrgeiz und Eigensinn.

Allerdings waren hochrangige Posten, die der Würde eines Romanov mit besonderem Anspruch angemessen waren, äußerst begrenzt. Aleksandr II. schätzte die Fähigkeiten seines Bruders sowie die Anfordernisse der Situation richtig ein und machte den Großfürsten zur im staatsrechtlichen Sinne zweiten Person des Reiches: Er ernannte Konstantin 1865 zum Vorsitzenden des Staatsrates und beließ ihn auch, recht ungewöhnlich in einer Zeit häufiger Personalrevirements, bis zu seinem Tod 1881 auf diesem Posten, obwohl Konstantins progressive Haltung dem Zeitgeist immer weniger zu entsprechen schien. Staatsrat, Repräsentation der Marine und Mitwirkung in diversen Komitees und Kommissionen – das war das politisch-institutionelle Koordinatensystem, innerhalb dessen sich die Aktivität von Konstantin Nikolaevič bis zur Ermordung Aleksandrs II. 1881 ansiedelte. Er war damit, dank der festen, wenn auch nur beratenden Stellung des Staatsrates, in herausgehobener Position an der gesamten legislativen Tätigkeit beteiligt, obwohl das Verhältnis seines kaiserlichen Bruders zu ihm formaler, kühler geworden war. In der existentiellen Krise der Autokratie am Ende der siebziger Jahre schien sich der Kaiser wieder auf seine frühere große Stütze zu besinnen. Die Einsicht, dass an einer Konstitution kein Weg vorbeiführe, ließ die Brüder wieder näher aneinander und Konstantins Vorstellungen über eine Modernisierung des Staatsaufbaus in das Zentrum politischer Aktivität rücken.

Das Engagement und Niveau, das Konstantin Nikolaevič selbst an den Tag legte, forderte er auch von seinen Söhnen ein.

Seinen ältesten Sohn, Nikolaj Konstantinovič, hatte der Großfürst als ersten Romanov überhaupt auf eine staatliche höhere Lehranstalt, die Generalstabsakademie, geschickt, die dieser auch mit einer Silbermedaille erfolgreich abschloss. Umso härter traf es Konstantin, dass sich „Nikola" als „missraten" präsentieren sollte. Dabei waren es nicht die zahlreichen Affären des jugendlichen Schönlings, die den Vater enttäuschten, sondern die schließlich daraus resultierenden Konsequenzen. Nikolajs Affären kosteten Geld, auch die amerikanische Kurtisane Fanny Lear wurde großzügigst von ihm ausgehalten. Im Jahr 1874 verschwanden aus dem Zimmer seiner Mutter Aleksandra Iosifovna die wertvollen Edelsteine der Familienikone. Als der damalige Chef der Gendarme, Pëtr Šuvalov, Konstantin Nikolaevič darüber informierte, dass alle Spuren auf seinen Sohn Nikolaj zuliefen, dachte der Großfürst zunächst an eine infame Intrige seines politischen Konkurrenten Šuvalov. Nikolaj selbst schob die Schuld zunächst auf andere, doch in einer Audienz beim Kaiser gestand er in Gegenwart seines Vaters das ungeheuerliche Sakrileg ein. Um den Skandal so niedrig wie möglich zu halten, erklärte man Nikolaj für geisteskrank und schob ihn in die Provinz ab, unter anderem nach Orenburg, später nach Taškent. Während Nikolaj an seinen Verbannungsorten weiteren Affären nachging, sich freilich auch für die mittelasiatische Region und ihre sozioökonomischen Besonderheiten zu interessieren begann, wurde er aus dem offiziellen Familienbild der Romanovs verdrängt. St. Petersburg und seine Familie sollte er niemals wiedersehen.

Auch der drittälteste Sohn, Dmitrij Konstantinovič, eine stille, ja blasse Figur, erregte den Zorn des ambitionierten Vaters, indem er sich zu einer Flottenkarriere nicht imstande sah. Den großen Pferdeliebhaber zog es zur Kavalleriegarde, wovon er freilich, nach den Worten des Vaters, nicht einmal zu träumen wagen sollte. Dass Dmitrij Ende der 70er Jahre um seinen Abschied von der Flotte bat, da ihm auf Seefahrten schlecht wurde, brachte den Generaladmiral zur Weißglut. Erst auf inständige Bitten seiner Mutter durfte der junge Großfürst seine militärische Laufbahn in der Reiterei fortsetzen, die zeitlebens die einzige große Faszination des bescheidenen Junggesellen bleiben sollte. Zu einer Tragödie wurde das Schicksal von Konstantins jüngstem (legalen) Sohn, der – 1862 in Warschau während seines Vaters Statthalterschaft in Polen geboren – in einer symbolischen Geste auf den

Namen „Wacław“ getauft worden war, woraus jedoch bald die russische Variante „Vjačeslav“ wurde. Er starb nach kurzer schwerer Krankheit 1879 im Alter von 16 Jahren.

Der einzige unter Konstanin Nikolaevičs Söhnen, der seinem Vater gleich zu einem herausragenden Vertreter der Romanovs wurde, war der zweitälteste, Konstantin Konstantinovič. Seine Bedeutung entfaltete er allerdings jenseits der Politik – und auch jenseits der Flotte, obgleich er pflichtbewusst die Marinekarriere angegangen war. Aufgrund seiner schlechten Gesundheit wechselte er 1883 zur Garde, wo er die Offizierspflicht mit seiner großen persönlichen Neigung, der Dichtkunst, verband, indem er einen literarischen Kreis gründete, die „Mußestunden von Izmajlovo“. Konstantin hatte offensichtlich von seinen Eltern deren musische Begabung geerbt, zumindest aber hatte er die kultivierte Atmosphäre des Marmorpalastes in sich aufgesogen. Wie sein Vater sollte er als Präsident der Russischen Musikalischen Gesellschaft amtieren und sich auch selbst als begabter Dilettant der Tonkunst widmen. Er war ein leidlicher Pianist, versuchte sich selbst an einigen Kompositionen und hielt Freundschaft zu musikalischen Größen wie Pëtr I. Čajkovskij. Dass 1912 auf dem Familiensitz Pavlovsk Sergej S. Prokof'ev und Igor' F. Stravinskij auftraten, demonstriert, dass der Großfürst durchaus auch progressiven Strömungen gegenüber offen war. Ruhm erlangte er freilich als Dichter und Übersetzer. Seine unter dem Pseudonym „K.R.“ publizierten Romanzen wurden von führenden russischen Komponisten vertont und seine Übersetzungen von Schiller, Goethe, vor allem aber Shakespeare galten als Maßstab setzend. Zahlreiche Posten im öffentlichen Kulturleben, seit 1889 auch die Präsidentschaft der Akademie der Wissenschaften manifestierten das hohe Ansehen des Großfürsten auf kulturell-geistigem Gebiet. In seiner hauptsächlichen dienstlichen Beschäftigung als Inspekteur der militärischen Bildungsanstalten setzte er sich mit hohem pädagogischem Engagement für die Offiziersjugend ein. Bis zu seinem recht frühen, der angegriffenen Gesundheit geschuldeten Tod im Jahre 1915 genoss der edel und kultiviert wirkende Konstantin Konstantinovič hohes Ansehen in der Familie wie in der Öffentlichkeit. Doch die völlige Enthaltung des Großfürsten aus der Politik verhinderte, dass sich dieser Respekt positiv auf die Autokratie auswirkte. Freilich war es wohl nicht nur den künstlerischen Neigungen, sondern auch der politischen Einfallslosigkeit der regierenden Verwandtschaft und der konservativen Eindimensionalität ihrer Konzepte geschuldet, dass Konstantin Konstantinovič seine Erfüllung auf anderen Gebieten suchte. Die Ausbootung seines Vaters 1881 musste ihm bereits demonstriert haben, dass der regierende Familienzweig unabhängige Geister auf politischem Gebiet nicht mehr hoch im Kurs hielt.

Mit dem Attentat vom März 1881 und der Thronbesteigung Aleksandrs III. war die Karriere des Generaladmirals Konstantin Nikolaevič vorbei. Ihm dürfte bereits in den ersten Stunden nach dem Hinscheiden seines Bruders klar gewesen sein, dass er in Zukunft viel Zeit für seine herrlichen Besitzungen auf der Krim und seine zweite, inoffizielle Familie mit der Ballerina Anna V. Kuznecova haben würde. Noch im Sterbezimmer Aleksandrs II. hatte der neue Kaiser unter dem Schock der Ereignisse die Beherrschung verloren und, auf Konstantin deutend, gebrüllt, man möge „diesen Menschen hier hinausschmeißen", da er seinen Vater ins Unglück gestürzt habe. Die Abneigung Aleksandrs III. gegenüber seinem „Onkel Koko" war allgemein bekannt; sie speiste sich aus politischen Differenzen, aus innerfamiliären Konflikten – Konstantins „unehrenhaftes" Verhalten gegenüber seiner Frau Aleksandra Iosifovna, einer Prinzessin von Sachsen-Altenburg, und seine Akzeptanz von Aleksandrs II. zweiter Ehe mit Ekaterina Dolgorukaja – und aus offenen Rechnungen von früher, als der hochfahrende Konstantin sich über seinen unbeholfenen, täppischen Neffen amüsiert hatte. Als dieser die Nachfolge seines Vaters antrat, musste Konstantin sich ins Privatleben zurückziehen. Endlich verschwand der den Konservativen verhasste „Hauptschuldige am Liberalismus" von der politischen Bildfläche. Nur noch selten kam er vor seinem Tod nach St. Petersburg – inoffiziell galt er als persona non grata. Bemerkenswerterweise ging jedoch auch dem abgehalfterten Vertreter einer vergangenen Regierungszeit noch ein besonderer Ruf voraus. Allein die Ankündigungen der seltenen Besuche des Generaladmirals in der Hauptstadt, so wird berichtet, riefen bei seinem regierenden Neffen Unwohlsein und Nervosität hervor. Die letzten Jahre des von schwerer Krankheit getroffenen Konstantin standen im Zeichen der Versöhnung: Der Großfürst kehrte nach Pavlovsk zurück, wo ihn seine Frau Sanni, die all die Jahre auf ihn gewartet hatte, liebevoll pflegte (dabei Kontakte mit der inoffiziellen Familie freilich zu verhindern wusste) und Aleksandr III. ihn gelegentlich besuchte. Am

14. Januar 1892 verkündete ein kaiserliches Manifest der Bevölkerung des Reiches das „traurige Ereignis“ des „Verlustes Unseres allerliebsten Onkels“. Konstantin Nikolaevičs Tod elf Jahre nach Kaiser Aleksandrs II. Ermordung bildete einen biographischen Nachtrag zum Ende des Zeitalters der Großen Reformen. Nach den beiden zwar eigensinnigen, aber doch klugen und willensstarken Brüdern brachte das Geschlecht der Romanovs bis 1917 für die politische Gestaltung des Landes bestenfalls mediokre Vertreter hervor, die alle Chancen vertaten, das Reich auf fundierte Weise mit dem historischen Wandel in Einklang zu bringen.

VIII. Autokratische Restauration und gesellschaftlicher Wandel: Die letzten Romanovs auf dem Thron

1. Die Verkörperung der Autokratie: Aleksandr III. Aleksandrovič

Obwohl sich Dynastie, St. Petersburg und ganz Russland angesichts des unerhörten Ereignisses vom 1. März 1881 im Schock befanden, machte sich der neue Kaiser sogleich ans politische Werk. Auf der Tagesordnung ganz oben stand naturgemäß das von Aleksandr II. in seinen Grundzügen bereits gutgeheißene Projekt Loris-Melikovs zur gesellschaftlichen Beteiligung an den Erörterungen des Staatsrates. Am 8. März fand jene berühmt gewordene, fast fünfstündige Sitzung im Winterpalast statt, in der eine Vorentscheidung über den künftigen Kurs der russischen Regierung fallen sollte. Aleksandr III. versammelte die höchsten Staatsmänner des Reiches, um das staatsrechtliche Vorhaben nochmals einer Erörterung zu unterziehen. Schon der einleitende Hinweis, dass die Angelegenheit keineswegs als entschieden zu betrachten sei, signalisierte den Befürwortern der Reform, dass ihnen keine leichte Aufgabe bevorstand. In der Sitzung argumentierten die wichtigsten Regierungsvertreter – Innenminister Loris-Melikov, Finanzminister Abaza, Kriegsminister Miljutin, Bildungsminister Andrej A. Saburov, Justizminister Dmitrij N. Nabokov – für das Projekt. Zwar schien Loris-Melikov selbst einen schlechten Tag erwischt zu haben, doch Abaza sprang in die Bresche und kämpfte leidenschaftlich für den progressiven Kurs. Zum Führer der ablehnenden Meinung wurde Konstantin P. Pobedonoscev, der Oberprokuror des Heiligen Synod, der sich in den vergangenen Jahren vom Reformbürokraten zum erzkonservativen Einflussgeber des Thronfolgers entwickelt hatte. Für ihn war klar, dass das Projekt, auch wenn seine Befürworter jeden Automatismus verneinten, über kurz oder lang zu einer Konstitution führen würde, die er als Anfang vom Untergang Russlands beschrieb. Daneben unterzog er die Reformen der letzten Jahrzehnte einer polemischen Generalkritik, womit er Aleksandr III. indirekt aufforderte, die Fehler der Vergangenheit nicht zu wiederholen, indem er nun eine nutzlose und schädliche „Schwatzbude“ einrichte. Während Abaza tobte, schlossen sich weitere Konservative Pobedonoscevs Haltung an. Gegen Ende der Sitzung kam die Reihe an die anwesenden Großfürsten. Der „taktvolle“ Michail Nikolaevič sah sich nicht in der Lage, eine Stellungnahme abzugeben, wogegen Konstantin Nikolaevič, in kluger Erkenntnis, dass Pobedonoscev den Kaiser für sich eingenommen hatte, versuchte das Projekt zu retten, indem er weitere gründliche Erörterungen empfahl. Doch obwohl der Kaiser formal dem Vorschlag weiterer Beratungen zustimmte, war seine Entscheidung wohl längst gefallen: Die emotionale Polemik Pobedonoscevs hatte sein einfaches Gemüt erheblich mehr beeindruckt als die rational-aufgeklärten Argumente der Minister. Das vorkonstitutionelle Projekt Loris-Melikovs war de facto gescheitert, es verschwand von der Tagesordnung.

Noch gaben freilich die progressiven Minister ihren Kampf für die grundsätzliche Beibehaltung des Reformkurses nicht auf. Obwohl Aleksandr III. die Überzeugungen Abazas, Loris-Melikovs und Miljutins nicht teilte, argumentierten die Minister so kompetent und überzeugend, dass es dem gedanklich schwerfälligen Kaiser Probleme bereitete, ihnen zu widersprechen. Am 21. April rangen sie Aleksandr III. das Einverständnis zu einer Art Vorstufe von Ministerkabinett ab, innerhalb dessen eine Abstimmung und Meinungsbildung möglich sein sollte, bevor der Kaiser selbst in die Regierungsangelegenheiten eingeweiht werden würde. Dieses Anliegen der Minister richtete sich nicht nur gegen Pobedonoscevs persönliche Beeinflussungen des Kaisers, sondern waren Teil eines größeren Programms, mit dem Loris-Melikov Effektivität und Fortschrittlichkeit der Regierung gewährleisten wollte. Doch Pobedonoscev, für den eine starke Reformregierung ein apokalyptisches Schreckgespenst war, intrigierte im Hintergrund erfolgreich weiter. Es fiel ihm leicht, den ihm blind vertrauenden Aleksandr III. zum Erlass eines Manifestes zu bewegen, in dem er seine Absicht verkündete, an der uneingeschränkten Autokratie festzuhalten, womit alle Reformbemühungen seiner Minister konterkariert wurden. Pobedonoscevs Rechnung ging auf: Entnervt reichte Loris-Melikov am 29. April seinen Rücktritt aus gesundheitlichen Gründen ein, Abaza folgte dem Beispiel zwei Tage später. Obwohl dem Kaiser die Rücktritte gelegen kamen, war er empört: Die zeitliche Koinzidenz des freiwilligen Rückzugs zweier bedeutender Minister mit seinem kaiserlichen Manifest war für ihn ein beleidigender Affront.

Kriegsminister Miljutin verzichtete auf eine solche Demonstration: Um seine Untragbarkeit in einer neuen, konservativen Regierung ebenso wie um sein außerordentlich hohes Standing wissend, hoffte er, der in jungen Jahren im Kaukasus erfolgreich gedient hatte, zu Recht auf das Angebot der Statthalterschaft im Kaukasus, dessen Ablehnung ihm einen unauffälligen Rücktritt ermöglichte. Seinem Onkel Konstantin Nikolaevič ließ Aleksandr III. unmissverständlich klar machen, dass er seine Demissionierung von allen Ämtern erwarte. Der Großfürst wollte sich zunächst hinauswerfen lassen, gab aber dann doch nach. „Wenigstens gehe ich in guter Gesellschaft", kommentierte er das Ende seiner Laufbahn angesichts des Zusammenbruchs der Reformregierung. Konstantins Funktionen blieben in der Familie: Wie erwähnt wurde sein Bruder Michail Nikolaevič bequemer und nahezu widerspruchsloser Vorsitzender des Staatsrates, während sein Neffe, Aleksandrs III. Bruder Aleksej Aleksandrovič, der seine Karriere in der Marine gemacht hatte, Oberhaupt der Flotte wurde. Da Konstantin von seinem Vater Nikolaj I. zum General-Admiral auf Lebenszeit ernannt worden war, existierten im Russischen Reich bis zu Konstantins Tod damit zwei General-Admirale. Paradoxerweise konnte keiner von ihnen dem Vaterland Nutzen bringen: Während der eine bei aller Erfahrenheit und allem Tatendrang zur Untätigkeit verurteilt in seiner einzigartigen Residenz Oreanda bei Jalta auf der Krim weilte, interessierte sich der andere mehr für edlere Flüssigkeiten als das salzige Meerwasser: Großfürst Aleksej Aleksandrovič galt zwar seiner Umgebung als angenehmer Zeitgenosse, doch zugleich als ein arbeitsscheuer Bon Vivant ohne nennenswertes politisches oder militärisches Gestaltungsvermögen. Um die Flotte kümmerten sich seine Admiralsstellvertreter, während Aleksej sich den Genüssen des Lebens hingab. Früh war der jugendliche Elan verflogen, mit dem der 22-Jährige zusammen mit „Buffalo Bill" und General Custer anlässlich eines diplomatischen Besuches bei Präsident Ulysses S. Grant durch die nordamerikanischen Prärien galoppiert war. Der Vollständigkeit halber sei hier gesagt, dass der Großfürst im russisch-japanischen Krieg 1904–05 schließlich nolens volens Verantwortung übernehmen musste. Die russischen Flottenaktivitäten endeten katastrophal, Aleksej nahm seinen Hut und lebte bis zu seinem Tod in Frankreich.

Für Aleksandr III. zählte freilich, auch im Falle des neuen General-Admirals, weniger professionelle Brillanz als die rechte Gesinnung und zurückhaltende Loyalität – unter den Ministern seines Vaters hatte er weder das eine noch das andere gefunden. Mit dem erwähnten Manifest zur Beibehaltung der Autokratie hatte Aleksandr III. sein politisches Programm umrissen, zu komplexeren Entwürfen war er offensichtlich nicht in der Lage. Die Geschichtswissenschaft hat Aleksandr III., von ganz wenigen Ausnahmen abgesehen, recht einhellig als intellektuell eingeschränkten, mit der Führung des Landes überforderten Monarchen beschrieben. Obwohl – wie bei den Romanovs schon mehrfach zu zeigen war – lange tradierte Einschätzungen längst nicht immer den historischen Konstellationen gerecht werden, kommt bei Aleksandr III. das Urteil der Historiker – und zahlreicher Zeitzeugen – nicht von ungefähr: Dass der Kaiser sich schwer tat, komplizierte Zusammenhänge zu verstehen, ist gut belegt.

Schon als Thronfolger hinterließ er keinen brillanten Eindruck, er galt als schüchtern und zurückhaltend, bestenfalls als bescheiden, ehrlich und geradlinig. Sicher, das erzieherische Engagement der Dynastie galt zunächst seinem älteren, für die Nachfolge vorgesehenen Bruder Nikolaj Aleksandrovič, während „Saška“ in seiner Jugend eher sich selbst überlassen war. Doch auch dem Zweitgeborenen ward selbstverständlich Unterricht zuteil, bei dem er sich äußerst schwer tat. Zeitgenossen waren zum Teil entsetzt über die Unbeholfenheit, die Passivität, die Mediokrität, die der nach dem Tod des Bruders 1865 zum Thronfolger erklärte Aleksandr an den Tag legte. Dennoch griffen die ehernen dynastischen Gesetze, weshalb Aleksandr II. begann, seinen Sohn in die politischen Geschäfte zu integrieren. Auch hier tat er sich vor allem durch Schweigen und Initiativlosigkeit hervor. In seinem Inneren freilich geriet der Thronfolger zunehmend in Gegensatz zu den Auffassungen des Vaters. Ausschlaggebend dürften weniger eigene Überzeugungen gewesen sein als die private Entfremdung zum Vater, der in Aleksandrs Augen durch seine Liaison und spätere Heirat mit Ekaterina Dolgorukaja die Familie, vor allem seine Frau, verriet. Die persönliche Verletzung führte bei Mutter und Sohn zu politischer Opposition, zunehmend geriet Aleksandr Aleksandrovič unter den Einfluss ultrakonservativer Kreise. Während aber Aleksandr II. noch den väterlichen und kaiserlichen Respekt genoss, wurde Großfürst Konstantin Nikolaevič mit seinen liberalen Ansichten zu einer Hassfigur für den Thronfolger. Die Krise der Autokratie, die sich für den Kaiser als lebensbedrohlich erweisen sollte, war – so die einfache Erklärung – vor allem auf den Konstantinschen Ungeist zurückzuführen.

Als Aleksandr III. auf den Thron kam, erfuhren all die Prägungen und Persönlichkeitszüge ihre Realisierung im Wirken des Kaisers. Seine eigene Unsicherheit und seine diffuse Abneigung gegen die Reformpolitik ließen ihn auf erzkonservative Ratgeber hören und den Modernisierungsprozess des Reiches abstoppen. Schnell wurde klar, dass Aleksandr III. über kein Programm verfügte, außer der naiven Vision einer Wiederherstellung „goldener" autokratischer Zeiten, die Stabilität und Ruhe verhießen. Für konservative Kreise war das freilich schon genug, nicht wenige betrachteten den 1. März als einen zwar tragischen, auf lange Sicht aber Russland vor dem Untergang im Konstitutionalismus bewahrenden Schicksalsschlag – die meisten von ihnen sollten den Beleg des Gegenteils nicht mehr erleben. Aleksandr III. schien als Retter der Autokratie gesandt, schon sein äußeres Erscheinungsbild ließ da keine Zweifel aufkommen: Von machtvoller, hünenhafter Gestalt, mit hoher Stirn, kräftigem Bart und entschlossenem Blick wurde er zur Verkörperung der Autokratie, zum Recken, dessen breite Schultern die ganze Last des Reiches zu tragen imstande waren. Wer jedoch näher mit ihm zu tun hatte, merkte bald, dass die klaren, stechenden Augen ungern geradeaus schauten und sich hinter der hohen Stirn mühevollste Prozesse abspielen mussten. Seinen Ministern bei den Vorträgen zu schwierigen Fragen zuzuhören fiel ihm schwer, mit ihnen zu argumentieren noch schwerer, weshalb er anstelle der ministralen Audienzen schriftliche, leicht verständliche Kurzzusammenfassungen bevorzugte.

Aleksandr III. war zur eigenen politischen Gestaltung nur begrenzt fähig, weshalb er Personen benötigte, auf deren Einschätzungen er sich ohne allzu viel eigene Überlegungsarbeit verlassen konnte. Einer von ihnen war Pobedonoscev, der freilich mit dem Kaiser nicht nur die konservative Einstellung teilte, sondern auch die völlige Visionslosigkeit. Pobedonoscev war klug und begabt, doch seine Energie zeitigte nur verneinende Wirkung: Wen er zu kritisieren und was er zu verhindern hatte, wusste der Oberprokuror des Synods immer genau, wie es besser zu machen sei, dagegen nicht, sieht man von der weitgehend konzeptionslosen Anbetung des Althergebrachten einmal ab. Dass Pobedonoscev außerhalb des Synods kein hohes Regierungsamt übernahm, sondern hinter den Kulissen durch den persönlichen Einfluss auf den Kaiser die Fäden zu ziehen gedachte, kam daher nicht von ungefähr. Nachdem im Frühjahr 1881 die Ruhe im Land erst einmal wiederhergestellt schien, d.h. die Terroristen abgeurteilt und die liberalen „Schwätzer" aus der Regierung entfernt worden waren, schien es, als ob der slavophil gestimmte General Nikolaj P. Ignat'ev als neuer Innenminister zur bestimmenden Figur der Politik werden würde. Ignat'evs bodenständiger Nationalismus und seine Abneigung gegenüber der aufgeklärten Bürokratie verschafften ihm beim Kaiser hohes Ansehen, doch auch auf dem Petersburger politischen Parkett im Allgemeinen konnte der gewandte – manche Zeitgenossen sagten: verlogene – Ignat'ev Punkte sammeln.

Pobedonoscevs Argwohn gegen Ignat'ev stieg, als dieser offensichtlich versuchte, es jedem recht zu machen und die Loris-Melikovsche zweigleisige Strategie weiterzuverfolgen. Zwar befriedigte die im September 1881 erlassene „Verordnung über Maßnahmen zur Aufrechterhaltung der staatlichen Ruhe und gesellschaftlichen Sicherheit" mit ihrem Ausbau der administrativen Zugriffsrechte von Innenministerium und Gouverneuren konservative Erwartungen, doch Ignat'evs Versuche, Experten aus den Zemstva zur Erörterung spezieller innenpolitischer Fragen hinzuzuziehen, setzten ihn der Kritik aus. Diverse weitere Ereignisse wie etwa die schweren Judenpogrome von 1881 erhöhten den Druck auf den Innenminister. Untragbar machte sich Ignat'ev schließlich durch sein ambitioniertes Projekt einer erneuerten „Landesversammlung" (Zemskij sobor) aus Regierungs-, Kirchen-, Adels-, Stadt- und Zemstvovertretern. Der erneut überforderte Kaiser fragte Pobedonoscev um Rat, der diese slavophile Variante eines gesamtgesellschaftlichen Vertretungsorgans in der Luft zerriss. Im Mai 1882 musste Ignat'ev, der sich zwar als national-konservativ, zugleich aber als ehrgeizig-geschäftig und damit für den neuen Zeitgeist immer noch zu reformaktiv präsentiert hatte, seinen Hut nehmen.

Mit der Ernennung des früheren, allseits unbeliebten Bildungsministers Dmitrij A. Tolstoj zu Ignat'evs Nachfolger wurde das letzte Aufflackern der Reformtätigkeit ausgetreten. Tolstoj, der wie Pobedonoscev zu einem der einflussreichsten Staatsmänner unter Aleksandr III. zählten sollte, hatte gleich dem Kaiser und seinem kritizistischen Einflüsterer keinerlei politische Vision außer der Rückkehr in die Vergangenheit. Weitere Ministerrevirements vervollständigten die geistig-politische Wende und drängten die Vertreter des Reformzeitalters endgültig in die Ehrenposten des Staatsrats, aus dem heraus sie freilich der retrograden neuen Politik mehr Widerstände entgegensetzten, als dem Kaiser lieb sein konnte. Jene Konstellation aus reaktionärem Politikentwurf der Regierung und bremsender Einwirkung von Staatsrat und Bürokratie macht es der Geschichtswissenschaft bis heute etwas schwer, die Zeit Aleksandrs III. adäquat zu verorten: Was machte seine Ära aus? Die rückwärtsgewandte Intention und ihre partielle Verwirklichung oder die Tatsache, dass das institutionelle Gefüge den revidierenden Bemühungen Grenzen setzte? Was drückte der Zeit ihren Stempel auf? Die einzelnen Schritte zur Rezentralisierung der Macht oder das prinzipielle Festhalten am unter Aleksandr II. eingeführten System? Je nach Akzentsetzung wird man zu unterschiedlichen Sichtweisen gelangen. Fest steht in jedem Fall, dass die erforderliche Anpassung der unter Aleksandr II. etablierten Administration des Reiches an die Herausforderungen des späten 19. Jahrhunderts unterblieb. Mochten manche der neuen Entscheidungen auch als Reaktion auf mangelnde Praktikabilität bestehender Regelungen getroffen worden sein, sie führten letztlich in die falsche Richtung, da die Zügelstraffung als Steuerungsmittel nur temporär effektiv sein und keine positive, systemausbauende Schubkraft entfalten konnte.

Der konkrete Befund der konservativen „Gegenreform" Aleksandrs III. bleibt ambivalent: Einerseits ist es wesentlich der Resistenz des Staatsrates sowie der unter Aleksandr II. akkulturierten Bürokratie zu verdanken, dass trotz einzelner Versuche, stärkeren administrativen Einfluss auf die Justiz zu nehmen, das Ziel einer einschneidenden Revision des Justizwesens nicht erreicht wurde. Andererseits schrieb die Verordnung von 1881 die freilich schon Ende der 1870er Jahre praktizierten breiten Möglichkeiten außergerichtlichen Eingreifens des Staates fest und wurden die Kontroll- und Eingriffsbefugnisse der Zentrale gegenüber dem Justizwesen gestärkt. 1889 erhielten vom Innenminister ernannte „Landhauptleute“ die exekutive und judikative Gewalt über die Bauernschaft, was zwar administrative und juristische Prozesse vereinheitlichte und beschleunigte, aber den Akzent wieder von der – wenn auch oftmals überforderten – ländlichen Gesellschaft zurück auf die Staatsmacht legte. Gleiches hatte Tolstoj mit seiner Zemstvo-Reform von 1889/90 vor, wobei der radikale Entwurf des Innenministers beträchtlich abgemildert werden musste. Dennoch wurden die Rechte des Adels in den Körperschaften gestärkt, die der Bauern geschwächt und die Eingriffsmöglichkeiten der Zentrale ausgebaut. Ähnliche Prinzipien – Bevorteilung der wohlhabenden Schichten und erhöhte Kontrolle durch den Staat – kamen auch bei der Reform der Stadtverwaltung von 1892 zum Tragen. Das neue Universitätsstatut von 1884 schränkte die Hochschulautonomie wieder ein, während Pobedonoscev auf dem Land den Ausbau des kirchlichen Elementarschulwesens betrieb, von dem er sich die Implementierung einer konservativeren, thronloyaleren Gesinnung erhoffte als von den weltlichen Schulen.

Diese sozialkonservative Innenpolitik Aleksandrs III. erwies sich auf längere Sicht vor allem deshalb als fatal, da zur gleichen Zeit eine intensive Industrialisierungspolitik betrieben wurde, die ihrerseits gesellschaftliche Wandlungsprozesse initiierte, denen die zurückgestuften politischen Beteiligungsmöglichkeiten im Reich in der Zukunft nicht mehr gerecht werden sollten. Für die Integration neuer unterer Bevölkerungsschichten, aber auch für eine perspektivenreiche Entfaltung liberaler, doch staatsbejahender Opposition war der administrative Unterbau der Autokratie nicht beweglich genug. An die sozialen Konsequenzen des wirtschaftlichen Ausbaus hatte man wohl weniger gedacht, schließlich ging es darum, die ökonomischen Voraussetzungen für den Erhalt des Großmachtstatus zu schaffen. Kreditaufnahmen im Ausland, Schutzzölle und Exportförderung, Investitionserhöhungen, forcierter Eisenbahnbau und die Förderung von Industrialisierung und Handel kurbelten unter massivem Einfluss des Staates das russische Wirtschaftsleben an. Die schwache Binnennachfrage sollte nach Ansicht des gelehrten Finanzministers Nikolaj

Ch. Bunge durch ein Entgegenkommen gegenüber der bäuerlichen Bevölkerungsmehrheit – Abschaffung der Kopfsteuer, Reduzierung der Ablösezahlungen – gestärkt werden. Freilich waren die unteren Bevölkerungsschichten wieder die primären Leidtragenden, als Bunges Nachfolger Ivan A. Vyšnegradskij zur Stabilisierung des Staatshaushaltes drastische Steuererhöhungen anordnete – deutlichster Ausdruck der Überforderung der bäuerlichen Leistungskraft war eine fürchterliche Hungersnot 1891/92.

Politisches Movens hinter der modernisierenden Wirtschaftspolitik war nicht zuletzt die außenpolitische Lage. Zwar war das Russische Kaiserreich trotz der Enttäuschung des Berliner Kongresses mit dem Deutschen Reich und Österreich im 1881 erneuerten „Dreikaiserbund" liiert, wie auch Deutschland den führenden Rang unter Russlands Handelspartnern einnahm. Die Annäherung Bismarcks an Österreich schien jedoch angesichts der konkurrierenden Interessen der Habsburger auf dem Balkan für das künftige Verhältnis wenig Gutes zu verheißen, woran auch der 1887 anstelle des nicht verlängerten Dreikaiserbundes zwischen Deutschland und Russland abgeschlossene „Rückversicherungsvertrag" nichts änderte. Die Stimmung in Russland war schon seit Längerem im Begriff, sich gegen Deutschland zu wenden, was verschiedene Ursachen hatte: Neben dem Auftreten Bismarcks auf dem Berliner Kongress und Deutschlands engem Verhältnis zu Österreich bereitete gerade auch der finanzpolitische Konflikt von 1887, in dem Bismarck versuchte, die russische Industrialisierung durch eine Blockade des deutschen Kapital- und Warenmarktes auszubremsen, eine Annäherung an Frankreich vor. Fiese Umtriebe des schlauen deutschen Reichskanzlers witterte man auch in Bulgarien, wo die politischen und ökonomischen Entwicklungen an Russland immer mehr vorbeigingen, während Österreich, wie es schien, seine Stellung auf dem Balkan ausbauen konnte. Die preußenfeindliche Haltung der dänischen Ehefrau Aleksandrs III. sowie das spätestens ab 1890 zu beobachtende großmäulige Auftreten des deutschen Kaisers Wilhelm II. taten ihr Übriges, um die ehemaligen Verbündeten auseinander zu bringen. Freilich war es die deutsche Regierung, welche die trotz aller Differenzen vom umsichtigen russischen Außenminister Nikolaj K. Girs (Giers) gewünschte Verlängerung des Rückversicherungsvertrages 1891 ablehnte. Das Deutsche Reich trieb Russland, wo Presse und Öffentlichkeit – etwa in Gestalt des prominenten, zeitweise großen politischen Einfluss ausübenden Publizisten Michail N. Katkov – ohnehin schon früher eine außenpolitische Umorientierung gefordert hatten, damit in die offenen Arme Frankreichs. Während die Wirtschaftsbeziehungen zum Deutschen Reich fortgesetzt wurden, paktierte die Autokratie auf militärischem Gebiet seit 1891/1893 mit der französischen Republik, womit die bündnispolitischen Voraussetzungen für einen zukünftigen größeren europäischen Konflikt geschaffen waren.

Die wachsende Stärke des vereinten germanischen Nationalstaats bildete auch den Hintergrund für den nationalen Schulterschluss im Russischen Reich, der zugleich als Reaktion auf die autokratische Krise von 1880/81 zu verstehen ist. Auch auf diesem Gebiet agierte Pobedonoscev als einflussreicher Ideengeber, wobei Aleksandr III. in seiner Vorstellung einer machtvollen Autokratie zur Stärkung des russischen Elements ohnehin gerne bereit war. Das immer selbstbewusstere Auftreten des Deutschen Reiches mit der einhergehenden Beziehungsverschlechterung zu Russland ließ nicht zuletzt die baltischen Provinzen in den Blickpunkt der St. Petersburger Politik rücken. Obwohl der baltendeutsche Adel dem russischen Kaiser seit vielen Generationen seine Privilegien mit großer Loyalität gedankt hatte, kamen in der national aufgeheizten Stimmung des letzten Jahrhundertviertels Zweifel an seiner Zuverlässigkeit auf. Dass in Provinzen des Russischen Reichs, die geographisch zwischen St. Petersburg und dem Deutschen Reich lagen, von der Oberschicht deutsch gesprochen und unterrichtet, lutheranisch geglaubt und nach eigenem Recht gerichtet wurde, erschien nicht nur dem Kaiser, sondern auch einer breiten politischen Öffentlichkeit immer unerträglicher. Die Folge waren Russifizierungs- und Vereinheitlichungsmaßnahmen sowie die Behinderung des lutheranischen Glaubens zugunsten der Orthodoxie.

Auch in Polen und Finnland wurde der russifizierende Zugriff verstärkt, wogegen man gegenüber den Ukrainern, die man in Petersburg ohnehin nicht als eigene Nationalität, sondern als „Kleinrussen“ begriff, schon in der Zeit Aleksandrs II. Rigidität an den Tag gelegt hatte. Bei den Juden zeigte sich die Autokratie ebenfalls unnachgiebig. Bezeichnenderweise reagierte die Regierung auf die Pogrome nicht mit einer emanzipativen, sondern einer repressierenden Gesetzgebung gegenüber einer traditionell als problematisch empfundenen beachtlichen ethnischen Minderheit, die vor allem in den westlichen Gouvernements, dem alten katharinäischen „Ansiedlungsrayon" beheimatet war. Durch den territorialen Zugewinn Ende des 18. Jahrhunderts zu Untertanen des Russischen Reichs geworden, waren die Juden seit jeher im Vergleich zur slavischen Bevölkerung rechtlich benachteiligt. Die kurze Phase entgegenkommenderer Integrationsansätze in der Zeit Aleksandrs II. war nach den Ausschreitungen von 1881, in denen der Mob sein Entsetzen über den Zarenmord – und allerlei dumpfen Hass – an den Juden ausließ, vorbei. Drastische Einschränkungen legten die Juden, von wenigen Ausnahmen abgesehen, erneut auf ihr traditionelles Siedlungsgebiet fest und versperrten den Weg zu staatlicher Bildung und Karriere. Die liberalisierenden Empfehlungen einer zur jüdischen Frage eingerichteten Kommission wies Aleksandr III. zurück.

Die gegenüber den Nationalitäten repressiven, gegenüber der Gesamtbevölkerung zumindest restaurativen Politikansätze trugen erheblich zur steigenden Entfremdung größerer Gesellschaftsteile von der Autokratie bei, die freilich erst unter Aleksandrs Nachfolger auf dem Thron in aller Deutlichkeit sichtbar werden sollten. Aleksandr III. selbst konnte in seiner eher kurzen Regierungszeit – er erlag 1894 im Alter von 49 Jahren einem Nierenleiden – den Schein der prosperierenden Autokratie wahren. Rein äußerlich gesehen stellte seine Herrschaft einen simplen, aber erfolgreichen Kontrast zu seinem Vater dar. In einer solchen, im heutigen Russland bisweilen wieder gepflegten Betrachtungsweise setzte der Kaiser all den reformerischen Selbstquälereien die Größe der Selbstherrschaft entgegen. Mit autokratischer Strenge und untadeligem Verhalten brachte Aleksandr III. dem Reich innen und außen 13 friedvolle Jahre, in denen Russland sich anschickte, auch zur ökonomischen Macht zu werden. Dem Kaiser selbst genügten schon sein imposantes Äußeres und seine kompromisslos vorgetragene autokratische Festigkeit, um Eindruck hervorzurufen, große zukunftsgewandte Würfe waren nicht vonnöten.

So hausbacken wie in seiner politischen Konzeption agierte er auch persönlich. Nicht das Kaiserpaar hielt elegant Hof, sondern Aleksandrs Bruder Vladimir mit Gattin Marija Pavlovna, deren Salon zum begehrtesten Ort der Petersburger High Society avancierte. Die geborene Prinzessin von Mecklenburg-Schwerin, als Gemahlin des Kaiserbruders „Second Lady" im Reich, setzte sich und ihren Hof mit gönnerischem Charme und weltfraulichem Glanz in Szene, was das zurückhaltende Kaiserpaar ebenso verstimmte wie ihre prodeutsche Haltung und ihr völlig ungewöhnliches Festhalten am lutheranischen Glauben, das ihr bei der Heirat mit Vladimir von Aleksandr II. zugestanden worden war. Das auftrumpfende Auftreten des Nebenhofes mochte auch dafür verantwortlich sein, dass Aleksandr III., als er und seine Familie 1888 ein Eisenbahnunglück überlebten, sich zur Bemerkung hinreißen ließ: „Man stelle sich nur Vladimirs Enttäuschung vor." Vladimirs Lebensstil war luxuriös und ambitioniert; während er sich politisch konservativ präsentierte und dienstlich mit dem Kommando über die St. Petersburger Garden beschied, pflegte er privat eine mondäne Extravaganz, unternahm häufige Reisen und interessierte sich stark für die Kunst, was sich in seinem Vorsitz (seit 1876) der Kaiserlichen Akademie der Künste niederschlug. Gegenüber solchem Savoir-vivre wirkte das Kaiserpaar bieder und bescheiden. Aleksandr III. verstrickte sich in keine Affären, lebte mit seiner Frau (die er als Verlobte des verstorbenen älteren Bruders im Interesse der dynastischen Räson widerspruchslos übernommen hatte) und Kindern ein geradezu „bürgerliches" Familienidyll, interessierte sich nicht für Geist und Kultur, wohl aber für „geistvolle" Tropfen, deren exzessiver Konsum wohl zum frühen Tod des Hünen beigetragen haben dürfte.

Doch die familiäre wie politische Ruhe täuschte ebenso wie die Statur des Monarchen und die Rhetorik seiner Herrschaft. Zwar mochte sich die Autokratie an der Oberfläche konsolidiert haben und der konservativ-nationale Diskurs eine ungekannte Größe des Reiches suggerieren, doch bei allem Prunk der Fassade hatte man den Unterbau vernachlässigt. Auch wenn noch Jahre vergehen sollten, bis sich ernsthafte Risse zeigten, entscheidende Konstruktionsfehler waren schon bei Aleksandrs Restaurierung unterlaufen. Das Versäumnis, die Erwartungen der Gesellschaft bei der autokratischen Rekonstruktion miteinzubauen, sollte das kaiserliche Russland jenem Albtraum näherbringen, den Pobedonoscev seinem „Schützling" gegenüber so häufig und eindringlich mit der Reformpolitik verknüpft hatte: dem Zusammenbruch. In einem anderen, viel umfassenderen Kontext sollten sich die 1856 an den Adel gerichteten Worte Aleksandrs II. bewahrheiten: Es sei besser, die Angelegenheiten „von oben" zu regeln, als darauf zu warten, bis dies „von unten" geschehe.

2. Autokratischer Anspruch, politische Hilflosigkeit: Nikolaj II. Aleksandrovič

Mangels Einsicht in jene Notwendigkeit der Regelung drängender politischer Fragen „von oben“ ließ es Nikolaj II., der im Oktober 1894 im Alter von 26 Jahren den Thron bestiegen hatte, genau dazu kommen, dass die Gesellschaft die Dinge selbst in die Hand nahm. Die politische Tatenlosigkeit des Autokraten zog zwei revolutionäre Erhebungen nach sich, von denen die erste 1905/06 schon das System in seinen Grundfesten erschütterte, die zweite aber 1917 die Monarchie hinwegfegte, genauer gesagt, ihr ein sang- und klangloses Ende bereitete. Nikolaj II. war als Kaiser eine schwache Persönlichkeit, die freilich aufgrund ihres tragischen Schicksals viel Interesse auf sich gezogen hat. Die Vorstellung jedoch, ein zwar überforderter, aber gut meinender Monarch sei in heikler Lage von elementarer Gewalttätigkeit gestürzt und liquidiert worden, erfasst nur einen Teil der Geschichte. Das Entsetzen über die kaltblütige Füsilierung des Kaisers und seiner Familie durch die Bolschewisten im Jahre 1918 und die Widerwärtigkeit des neuen Regimes dürfen nicht die Einsicht verstellen, dass Nikolaj selbst am Niedergang der Autokratie den Löwenanteil hatte. Dass er die Versäumnisse seines Vaters in einer Zeit beschleunigten gesellschaftlichen Wandels perpetuierte, sollte sich als fatal erweisen. Seine retrograden Vorstellungen waren den Anforderungen der neuen Zeit völlig unangemessen und halfen, die Autokratie auf breitester Ebene zu diskreditieren. Während Aleksandrs III. machtvolle Figur zumindest noch die Vision eines starken, respektierten Monarchen hervorgerufen hatte, wirkte der schmächtige, stille, aber in der autokratischen Sache bis zur Verbohrtheit entschlossene Nikolaj eher fehl am Platz – allzu viel „Majestätisches“ scheint von ihm nicht ausgegangen zu sein.

Dabei schien der junge Nikolaj Aleksandrovič für sein Amt auf den ersten Blick wesentlich bessere Voraussetzungen mitzubringen als sein Vorgänger. Er kannte nicht die rein intellektuellen Schwierigkeiten seines Vaters, war hervorragend gebildet und hatte eine ausgezeichnete Erziehung genossen. Doch obwohl Aleksandr III. ihn seit 1889 in die Staatsangelegenheiten eingeführt hatte, bestieg er den Thron in völliger Ahnungslosigkeit, wie sein Reich zu regieren sei. Zeitgenossen gegenüber wirkte der

Kaiser manchmal mehr wie ein kultivierter, politisch interessierter, aber nicht allzu bewanderter Gentleman, mit dem sich trefflich Jagen, Rad fahren und Tennis spielen ließ, den aber die komplizierten legislativen Details langweilten. Seinen Lebensmittelpunkt bildete, so war er es von Jugend an gewohnt, die Familie. Weder im glücklichen Familienleben zu Lebzeiten seines bewunderten Vaters noch später im eigenen, ebenfalls von Harmonie bestimmten intimen Kreis erhielt Nikolaj nennenswerten Kontakt zur Außenwelt, nicht einmal zur schicken, mondänen, luxuriösen Welt der St. Petersburger Hautevolee, die dem Kaiserpaar ein Gräuel war. Wo man sich nicht selbst zurückzog, sorgte die Geheimpolizei, die Ochrana, dafür, dass niemand und nichts an Kaiser und Kaiserin herankam. Ihre niederen Untertanen erlebten sie ausschließlich im Rahmen feierlicher Inszenierung; kaum war es möglich, der Versuchung zu widerstehen, die festliche Subordination als alltägliche, unverbrüchliche Loyalität zu interpretieren. Für die Scheidung zwischen Stilisierung und Realität fehlte offensichtlich das Reflexionsvermögen. Der Glaube Nikolajs an den russischen Bauern, so wie er ihn sich vorstellte, war unerschütterlich, Reformen im partizipatorischen Geist hatten diese idealisierten, dem Kaiser grenzenlos und ewig ergebenen Untertanen nicht nötig. Der Rückzug auf das Kaiserlich-Private, die Abschottung gegen die äußere Welt und die Kultivierung mystischer Verbundenheitsvisionen ließen Nikolaj blind werden gegenüber den Anforderungen des Zeitgeistes und ihn stattdessen irrealen Visionen eines geheiligten Zarentums nachhängen. Dass er seinen 1904 nach den vier Töchtern geborenen Sohn „Aleksej“ nannte und damit den Bezug herstellte zum letzten „heiligen“ Zaren Altrusslands, war kein Zufall.

Überhaupt waren Religion, Glaube und Moral die Fixsterne in Nikolajs Weltanschauung, wobei er seine Gattin Aleksandra Fëdorovna (geborene Alice Viktoria von Hessen-Darmstadt) in vollkommenem Einklang mit sich wusste. In dieser Hinsicht waren schon durch Pobedonoscevs erzieherischen Einfluss verhängnisvolle Grundsteine in Nikolajs mentaler Landschaft gelegt worden. Der ultrakonservative, zu zukunftsgewandter Konzeption unfähige Oberprokuror des Heiligen Synods förderte Nikolajs naiven Glauben an „Gut“ und „Böse“ in der Politik, an die ewige Wahrheit der gottgewollten Autokratie, wogegen eine strukturelle politische Gestaltungsnotwendigkeit in dieser Anschauung keinen Platz hatte. So bildete Nikolaj, darin auch von seiner Mutter Marija Fëdorovna bestärkt, eine rein personalistische Auffassung vom Herrschertum aus, in der er sich auf sich selbst, sein Gewissen, seine von Gott gegebene Intuition verlassen sollte. Ihm, dem Schöpfer, musste er als fürsorglicher Herrscher seines Volkes verantwortlich sein, nicht der Gesellschaft. Minister und Staatsrat, Bürokratie und Verwaltung schienen da nur zu stören, da sie sich aus Eigensucht zwischen die mystische Verbindung von Zar und Volk drängten; noch viel stärker musste dies in Nikolajs Anschauung für eine wie auch immer geartete Volksvertretung gelten. Während der Kaiser seinen Ministern gegenüber stets zutiefst misstrauisch blieb, ließ er sich, noch mehr aber seine Frau, von „heiligen" Gottesmännern inspirieren, von denen der aus Sibirien stammende Wanderprediger und Wunderheiler Grigorij E. Rasputin schließlich sensationelle Berühmtheit erlangen sollte, auch wenn er in der Realität längst nicht über den politischen Einfluss verfügte, den eine skandallüsterne Öffentlichkeit ihm zuschrieb. Rasputin entfaltete jedoch gewaltige Symbolwirkung. Während der grobschlächtige, vulgäre Hüne der eleganten Petersburger Gesellschaft eine Zeit lang schicke Schauder über den Rücken jagte, erschien er dem Kaiserpaar in seiner urwüchsigen, unzivilisierten, gottgläubigen Simplizität als ein persönliches Gegengift zu all den verderbten Neigungen des Adels, der Bürokraten und der Liberalen, ein von Gott gesandter Bote des ursprünglichen Russland. Dass von ihm angeblich heilende Wirkung auf die Bluterkrankheit des Thronfolgers Aleksej ausging, fügte sich in den Glauben an den Willen Gottes, dem das Kaiserpaar in allen Problemen und Krisen zu folgen habe.

Dieser Hintergrund bestimmte Nikolajs Regierungshandeln. Einziges Programm war die Beibehaltung und Stärkung der Autokratie in fester Erwartung göttlichen Beistandes. Im Gegensatz zu einer landläufigen Auffassung war Nikolaj am Regieren nicht desinteressiert, er hatte nur eine völlig zeit- und realitätsfremde Vorstellung davon, die die einsamen Entscheidungen eines Monarchen, der seine Minister ohnehin eher als notwendiges Übel betrachtete, begünstigte. Deren Empfehlungen in den Wind zu schlagen fiel Nikolaj im Inneren leicht, repräsentierten sie doch für ihn das „unrussische" St. Petersburg, jenes Symbol des verabscheuten politischen Rationalismus und der kosmopolitischen Westimitierung. Nicht ganz so leicht fiel es Nikolaj, seine Entscheidungen den Ministern auch von Angesicht zu Angesicht mitzuteilen. Direkten Konflikten ging der als argumentationsschwach geltende Kaiser gerne aus dem Weg, lieber war es ihm, seine Entscheidungen plötzlich und kurzfristig, eben auch „einsam“ zu treffen und hinter dem Rücken der Minister zu verkünden, was ihm den Ruf der Feig- und Falschheit einbrachte. Nikolaj hatte bereits mit dem autokratischen System des späten 19. Jahrhunderts, das er von seinem Vater übernommen hatte, Schwierigkeiten, da zu viele „Unberechtigte“ des Kaisers Wirken für sein Volk störten; an eine weitergehende Transformation der Autokratie im konstitutionellen Sinn war für den Kaiser überhaupt nicht zu denken – in seiner Auffassung hätte er seine heiligen Pflichten damit verraten.

So machte er schon 1895 den enttäuschten Zemstvovertretern in aller Entschiedenheit klar, dass sie auf einen Ausbau ihrer Kompetenzen nicht zu hoffen brauchten. Hatte er sich damit dem progressiven Teil der gebildeten Gesellschaft bereits in schlechtem Licht präsentiert, so zog ein Jahr später bei den Krönungsfeierlichkeiten auch für einfachere Gesellschaftsschichten eine düstere Wolke über seine Herrschaft: Gerade bei einem Monarchen, der so sehr auf die göttliche Lenkung vertraute, musste die Katastrophe auf dem Chodynka-Feld, als die Volksmenge im Run auf kostenlose Speisung und kleine Geschenkgaben in Hysterie ausbrach und fast 1400 Menschen zu Tode getrampelt wurden, als böses Omen für seine Herrschaft interpretiert werden. Schwer beschädigt wurde die Reputation des Kaiserpaares schließlich dadurch, dass man sich durch das entsetzliche Geschehen nicht davon abhalten ließ, einen glänzenden Ball der französischen Botschaft zu besuchen. Mochte die Entscheidung auch vor allem aus diplomatischer Höflichkeit gegenüber Frankreich gefallen sein, mochten Nikolaj und Aleksandra ihr Mitgefühl auch durch Krankenhausbesuche demonstriert haben – die Vorstellung des bei Champagner und gepflegter Konversation tanzenden Kaiserpaares wirkte in jeder Hinsicht unangemessen. Auch wenn Nikolaj im Inneren sicher tief betroffen war – seine äußere Beherrschtheit und Gefasstheit ließ ihn nicht zum letzten Mal kalt und herzlos erscheinen.

Noch mehr wurden diese Charakterzüge freilich dem Onkel Nikolajs, Großfürst Sergej Aleksandrovič, zugeschrieben. Der viertälteste von Aleksandrs II. Söhnen war 1891 zum Generalgouverneur von Moskau ernannt worden (ob tatsächlich, wie behauptet, um ihn nach homosexuellen Skandalen aus der Petersburger Gesellschaft zu entfernen, bleibt bislang spekulativ) und trug als solcher, wie man heute sagen würde, die „politische Verantwortung“ für das Geschehen, die er freilich nicht bereit war, auf sich zu nehmen. Im Gegenteil: Während seine Cousins, die Söhne von Großfürst Michail Nikolaevič, in einer Art innerdynastischen Fehde nach Konsequenzen bis hin zum Rücktritt Sergejs riefen und demonstrativ den Ball verließen, schob der Generalgouverneur die Schuld auf den kaiserlichen Hofminister Illarion I. Voroncov-Daškov, dessen Apparat gleichfalls mit der Organisation der Festivitäten betraut war, und überredete den Kaiser förmlich, den Ball nicht abzusagen.

Sergej Aleksandrovič galt freilich nicht nur als eiskalt bis zur Grausamkeit, sondern auch als fähig. Unter den Söhnen Aleksandrs II. schien er ohne Zweifel der begabteste zu sein, der ansehnlichste war er mit seiner extrem schlanken, hochgewachsenen Figur, seinem schmalen Gesicht und seiner stets disziplinierten, ungeheuer eleganten Haltung ohnehin. Während sein stählerner Blick auf die einen furchterregend wirkte, erschien er anderen als kompetenter Administrator, der freilich besser zu Zeiten Kaiser Pavels gelebt hätte. Sergej galt in seiner politischen Haltung als rückwärtsgewandt bis zum Äußersten, entsprechend despotisch trat er, die uneingeschränkte Unterordnung unter die Autokratie fordernd, als Moskauer General-Gouverneur auf. Freilich schätzten ihn nicht nur konservative Segmente der Moskauer Gesellschaft, sondern auch die Kaiser Aleksandr III. und Nikolaj II. außerordentlich, wogegen andere Familienmitglieder, nicht nur die erwähnten Michajloviči, skeptischer waren; allerdings konnte dafür auch der Neid auf den angeblich übergroßen Einfluss auf das Kaiserpaar verantwortlich zeichnen, schließlich war Sergej mit der Schwester der Kaiserin verheiratet. Man vermutet, dass so manches Gerücht über den Großfürsten seinen Ursprung in der weiteren Familie hatte. Wie etwa die Kinderlosigkeit seiner Ehe mit Elizaveta Fëdorovna zu interpretieren war? Hinter der harten Fassade jedenfalls präsentierte sich der Großfürst als zurückgezogener, kultivierter Einzelgänger, der sich an Malerei, Lektüre, Klavierspiel und der Natur erfreute und, als sein jüngerer Bruder Pavel Aleksandrovič im Zuge einer vom Kaiser nicht gestatteten morganatischen zweiten Ehe das Land verlassen musste, dessen Kinder aus erster Ehe in seiner Obhut aufzog.

Sergej Aleksandrovič bestärkte seinen regierenden Neffen in dessen reaktionärer Politikauffassung. So war Nikolaj nicht geneigt, den beiden nach wie vor drängenden Anliegen der liberalen Opposition gegenüber, einer gesellschaftlichen Repräsentation auf Gesamtstaatsebene und einem vereinigten Regierungskabinett, nachzugeben. Beides hätte seine Vorstellung vom Verhältnis zwischen Selbstherrschaft und Volk ausgehöhlt. Dass die russische Gesellschaft sich jedoch gewandelt hatte und nicht mehr mit derjenigen vor hundert Jahren, geschweige denn des 17. Jahrhunderts zu vergleichen war, wollte Nikolaj nicht einsehen. Auch verstand er nicht den Widerspruch zwischen einer, unter der Ägide des Finanzministers Sergej Ju. Vitte (Witte), weiterhin auf Industrialisierung und ökonomische Modernisierung setzenden Politik und dem Festhalten an traditionellen gesellschaftspolitischen Auffassungen. Vittes fortschrittliche Wirtschaftspolitik, die Russland nicht zuletzt durch ausländisches Kapital und beachtliche Staatsinvestitionen auf dem Weg des Kapitalismus weiterbringen sollte und in diesem Sinne ansehnliche Resultate entwickelte, beschleunigte den sozialen Wandlungsprozess, obgleich er seine agrarpolitischen Vorstellungen im Sinne größerer ökonomischer Selbstständigkeit der Bauern nur sehr bedingt umsetzen konnte. Während städtisch-proletarische Unterschichten wuchsen und neureiche Unternehmer zu prosperieren begannen, geriet der konservative Adel immer mehr unter Druck.

Die Abneigung konservativer Kreise und das Misstrauen Nikolajs gegenüber einer allzu dominanten Persönlichkeit in der Regierung machten dem ehrgeizigen und geschäftigen Finanzminister das politische Leben schwer. Es war typisch für den Kaiser, wie hart er sich tat, den Minister 1903 über seine Ausbootung zu informieren, die er ihm mit dem nominell hochstehenden, faktisch wenig bedeutsamen Posten des weitgehend kompetenzlosen Vorsitzenden des Ministerkomitees sowie mit einer exorbitanten finanziellen Zuwendung schmackhaft machen wollte. Wütend akzeptierte Vitte seine Herabsetzung durch Beförderung, wodurch der seit 1902 amtierende, retrograde Innenminister Vjačeslav K. Pleve (Plehwe) bis zu seiner Ermordung 1904 den Ton in der Regierung angeben konnte.

Lag dem Attentat auf den Innenminister auch die konkrete Konstellation zugrunde, dass radikale Kreise ihn für die Judenpogrome im bessarabischen Kišinëv im Jahr zuvor verantwortlich machten, so war die allgemeine Unzufriedenheit mit den bestehenden Verhältnissen in den vergangenen Jahren kontinuierlich gestiegen. Die liberalen Zemstva forderten einen Ausbau ihrer partizipatorischen Kompetenzen, die erdrückenden Arbeitsbedingungen in den Fabriken ließen Anfänge einer Arbeiterbewegung in Wechselwirkung mit der revolutionären Intelligenz entstehen, auch auf dem bäuerlichen Land rumorte es immer häufiger an verschiedenen Orten. Neben repressiven Maßnahmen steuerte man auch halbherzig gegen, indem etwa in Moskau und St. Petersburg ohne durchschlagenden Erfolg versucht wurde, die Arbeiter in regierungstreue Interessenvertretungen einzubinden. Skrupellos zog man auch Ablenkungen von der schwierigen inneren Lage in die Kalkulation, indem man etwa die Schuld für bestimmte Probleme den Juden in die Schuhe schieben wollte. Zwar wurden damit Hass und Ausschreitungen geschürt, doch die Unzufriedenheit im Land blieb.

Als noch fataler sollte sich die Überlegung erweisen, durch einen Krieg den inneren Protest zum Verstummen zu bringen. So tat man nichts, um einer drohenden kriegerischen Eskalation in Fernost aus dem Weg zu gehen. Seit langem hatte Russland sein wirtschaftliches und imperiales Interesse an China ausgebaut, was zu heftigen Verstimmungen mit der gleichfalls im pazifischen Raum expandierenden Macht Japan führte. Während das Finanzministerium unter Vitte für eine außenpolitisch unauffällige wirtschaftspolitische Stärkung der russischen Position in Fernost eingetreten war, hatten die Konservativen um Pleve keine Scheu vor einer größeren Auseinandersetzung. Als man ultimative japanische Verständigungsbemühungen ausschlug, begann im Januar 1904 mit dem japanischen Überfall auf den von China gepachteten Hafen Port Arthur der russisch-japanische Krieg. Russland hatte Japan völlig unterschätzt und der Krieg geriet für die russischen Streit- und Flottenkräfte zum Fiasko. Dem geschickten Auftreten Vittes, den der Kaiser trotz aller Antipathie als seinen fähigsten Staatsmann erkannt und im August 1905 zu den Friedensverhandlungen gesandt hatte, war es zu danken, dass sich die russischen territorialen Verluste in Grenzen hielten.

Doch, ganz abgesehen von etwa 400000 Toten allein auf russischer Seite, sollte der erfolglos geführte, mit enormen Belastungen verbundene Krieg katastrophale Auswirkungen auf das Landesinnere zeitigen. Die Unzufriedenheit stieg ins Unerhörte. Zwar hatte der Kaiser nach der Ermordung Pleves im Juli 1904 letztlich gegen seine persönliche Überzeugung mit Fürst Pëtr D. Svjatopolk-Mirskij einen einsichtigen, reformbereiten Innenminister ernannt, der das Vertrauen in die Politik wiederherstellen sollte, wobei dem Kaiser ein ausschlaggebendes Argument für die Ernennung war, dass der Fürst sich – im Gegensatz zu anderen – nicht nach dem Posten gedrängt hatte. Doch an eine konsequente Umsetzung der Ideen des von der liberalen Gesellschaft durchaus hoffnungsvoll begrüßten zurückhaltenden ehemaligen General-Gouverneurs von Wilna war unter Nikolaj nicht zu denken. Svjatopolk-Mirskij versuchte insbesondere auf die liberalen Zemstvo-Aktivisten im integrierenden Sinn zuzugehen. So ließ er auch die inoffizielle „Bankettkampagne" der Intelligenz aus zahlreichen privat abgehaltenen Treffen (um das Versammlungsverbot zu umgehen), auf denen Forderungen nach einer konstitutionalisierenden Reform erhoben wurden, geschehen und arbeitete einen neuen Plan zur Beteiligung von gewählten Vertretern an der Legislative aus. Doch sein Kompromissplan, der womöglich dem immer lauter erhobenen Ruf nach einer Verfassung den Wind aus den Segeln hätte nehmen können, ging auf den entscheidenden Sitzungen im Dezember 1904 unter in einem Sumpf aus dynastischer Reaktion und staatmännischer Intriganz. Der bemühte Innenminister war kein begeisternder Redner und konnte die versammelte kaiserlich-großfürstliche Front nicht überzeugen, wogegen Vitte nicht zuletzt aus egoistischer Selbstsucht den Plan des Konkurrenten schlecht redete und sich selbst zur Ausarbeitung besserer Alternativen empfahl. Svjatopolk-Mirskijs bitterer Satz „Alles ist verloren. Lasst uns Gefängnisse bauen" sah das Kommende bereits voraus: Außer kosmetischen Korrekturen sollte sich am autokratischen System nichts ändern, die Eruption des Volkszorns schien vorprogrammiert.

Bald darauf war es so weit: Als am 9. Januar 1905 ein großer, friedlicher Arbeiterdemonstrationszug zum Winterpalast, der den Kaiser auf das materielle Elend der untersten Schichten aufmerksam machen sollte, von nervös gewordenen Truppen auseinandergeschossen wurde, kam es zu Streiks und Demonstrationen in St. Petersburg und Moskau. Nikolaj hatte wenig Mitleid mit den „Aufrührern“ und beabsichtigte, die aufkommende Unruhe mit harter Hand zu unterdrücken. Er ersetzte Svjatopolk-Mirskij mit Aleksandr G. Bulygin, der seinem Onkel Sergej in Moskau als Mitarbeiter gedient hatte und die Ordnung wiederherstellen sollte. Zugleich aber demonstrierte Nikolaj seine Anteilnahme an den offensichtlichen Nöten der Arbeiterschaft, indem er eine sorgfältig ausgewählte Delegation zehn Tage nach dem „Blutsonntag“ in seiner Residenz in Carskoe Selo empfing. Doch anstatt, wie im Redemanuskript für ihn vorbereitet, sein Bedauern über die Opfer auszudrücken, schimpfte der Kaiser, dass sich die Arbeiter von Verrätern in die Irre führen ließen, und gab seiner Erwartung unerschütterlicher Loyalität Ausdruck. Am Ende versprach er finanzielle Hilfen für die Familien der Opfer und „verzieh“ der Arbeiterschaft.

Dass er mit seinem unangemessenen Auftritt nur weiteres Öl in die revolutionären Flammen gegossen hatte, merkte der Kaiser Anfang Februar, als Sergej Aleksandrovič in Moskau einem Bombenattentat zum Opfer fiel. Unter dem Schock des Terrors gegen die Familie war Nikolaj zu Zugeständnissen bereit, die freilich nicht der inneren Überzeugung, sondern der schieren Not entsprangen. In einem Reskript an Innenminister Bulygin ordnete der Kaiser die Einrichtung einer gewählten legislativen Versammlung an, deren Bezeichnung als „Duma“ angenehme Erinnerungen an das idealisierte 17. Jahrhundert wecken sollte. An ein gleiches Wahlrecht war nicht gedacht, Adel und wohlhabendes Bürgertum sollten klar bevorzugt werden, auch die Bauern recht großen Einfluss bekommen, wogegen Arbeiter und mittellose Intelligenz genau genommen gar nicht zur Wahl gehen brauchten. Weiterhin wurden Petitionen ermöglicht, in denen die Bürger Anliegen zum Wohl des Landes artikulieren konnten. Gleichzeitig aber sah sich der Kaiser berufen, in einem Manifest erneut die Autokratie zu beschwören und die Bevölkerung aufzurufen, sich um den Thron zu scharen. Diese gesellte sich freilich viel eher um die Perspektive, der Autokratie jetzt, in einem Moment offensichtlicher Schwäche, deutliche Zugeständnisse abringen zu können. Die Zielsetzungen konnten dabei ganz unterschiedliche sein, je nach sozialer Zugehörigkeit. Standen für die Arbeiter materielle und rechtliche Belange im Vordergrund, träumten die kleinen sozialistischen Aktivistengruppen von einer

„bürgerlichen Revolution", die die Monarchie überhaupt beseitigen und damit die Voraussetzung für eine sozialistische Revolution schaffen sollte. Die gemäßigten Kreise aus dem Umfeld der Zemstva waren dagegen mehrheitlich an einer konstitutionalisierenden Umgestaltung unter Einschluss „bürgerlicher" Freiheiten und gesellschaftlicher Partizipation an den Staatsgeschäften interessiert. Mit solchen Kategorien konnten wiederum die Bauern wenig anfangen, ihnen ging es um ihre ökonomische Besserstellung und das hieß vor allem: das Land. Zusätzlich zu den „klassenspezifischen" Anliegen begannen die nichtrussischen Völker an den Grenzen des Reiches auch nationale Interessen zu artikulieren.

Die hinhaltende Zögerlichkeit Nikolajs, weitere Zugeständnisse zu machen, ja, die genehmigte Duma überhaupt einzuberufen, ließ die Unruhe im Land spätestens seit Sommer 1905 wieder rapide ansteigen. Dass im Juni sogar Matrosen des Panzerkreuzers „Potëmkin" gemeutert hatten, offenbarte, zum Entsetzen des Autokraten, dass er sich auch auf die Loyalität der bewaffneten Kräfte nur bedingt verlassen konnte. Als sich die politische Führung im Sommer endlich darauf besann, konkrete Entwürfe für die erste Duma auszuarbeiten, war die Stimmung im Land damit schon kaum mehr zu beruhigen. Der einzige, der anscheinend Ruhe bewahrte, war Nikolaj selbst. Er ließ sich nicht aus dem Konzept bringen und startete im September zu einer zweiwöchigen Kreuzfahrt.

Im Oktober legte ein Generalstreik weite Teile des Lebens lahm. Die Anweisung an den Petersburger Generalgouverneur Dmitrij F. Trepov, Widerstand mit Gewalt zu beenden, wirkte angesichts der passiven Verweigerungshaltung weiter Teile der Gesellschaft nur noch hilflos. Dennoch spielte der Kaiser mit dem Gedanken einer Militärdiktatur unter seinem Onkel, dem Großfürsten Nikolaj Nikolaevič dem Jüngeren, während er gleichzeitig mit dem ungeliebten, aber fähigen Vitte über Auswege aus der Krise beriet. Da sich außer seiner Gattin alle den Kaiser umgebenden Persönlichkeiten gegen Gewalt und für Zugeständnisse aussprachen, unterzeichnete Nikolaj am 17. Oktober 1905 das so genannte „Oktober-Manifest", welches der einzurichtenden Duma legislative Kompetenz zusicherte, dabei das Wahlrecht demokratischer gestaltete, und die bürgerlichen Freiheiten (der Rede, der Versammlung, der Presse, der Koalition) in Aussicht stellte. Darüber hinaus wurde für Vitte, der den politischen Gang der Dinge maßgeblich bestimmt hatte, das Amt des Vorsitzenden eines neuen „Ministerrats“ geschafften, was ihn zu einer Art Premierminister machte, auch wenn er und seine Regierung vom Kaiser abhingen. Doch obwohl Nikolaj mit dem Manifest erheblich weiter gegangen war als ihm lieb war – er interpretierte das neue Programm als eine fatale Niederlage und behielt zeitlebens einen Hass auf die „verdammte“ Duma –, die Ordnung im Land wiederherzustellen war gar nicht so einfach. Zwar verhielten sich die gemäßigten Kräfte durchaus zustimmend – Anfang Dezember entstand mit der „Union des 17. Oktober“ ihre politische Vertretung –, für die radikaleren dagegen war das Manifest erst der Ausgangspunkt für weitere Forderungen und Aktivität. Zum Vertretungsorgan der hauptstädtischen Arbeiterschaft war im Oktober ein Rat (russ. sovet) aus Arbeiterdeputierten ins Leben gerufen worden, der in anderen Städten Nachahmung fand und nicht zuletzt als Scharnier zwischen Arbeitern und revolutionären Parteien dienen konnte. Als Institutionalisierung des revolutionären Aufbegehrens wurde der gesamte Rat Anfang Dezember verhaftet, die Nachricht von der Aktion provozierte in Moskau einen bewaffneten Aufstandsversuch, der schließlich mit Hilfe der Petersburger Garde niedergeschlagen wurde. Auf die zunehmenden Gewalttätigkeiten der Bauern antwortete man ebenfalls mit Repression, zugleich freilich kündigte man die Reduzierung der Ablösezahlungen um die Hälfte an.

Als die Regierung Ende 1905 wieder Oberwasser gewonnen hatte, ärgerte sich der Kaiser zunehmend über die ihm abgerungenen Zugeständnisse. Der Ärger äußerte sich einerseits in der Forderung nach brutalstmöglichem Durchgreifen gegen jeden aufflackernden Widerstand, andererseits im Anliegen, das Rad so bald als möglich wieder zurückzudrehen. Um das Heft des Handelns in der Hand zu behalten, erließ Nikolaj im April vor dem Zusammentritt der ersten Duma ein Grundgesetz, das wesentliche Charakteristiken der Autokratie bestätigte: Der Kaiser blieb für die Exekutive verantwortlich, er berief und entließ die Minister nach seinem Willen, bestimmte alleine die Außenpolitik und führte den Oberbefehl über das Heer. Die Duma dagegen bekam Legislativ- und Budgetrecht (mit Ausnahme der Verteidigungs- und Hofhaushalte), was freilich durch die Zustimmungspflicht der anderen Vertreterkammer, des Staatsrates, insofern abgedämpft wurde, als dessen Mitglieder zur Hälfte vom Kaiser ernannt, zur anderen Hälfte aus loyalen Institutionen gewählt wurden. Für den Fall, dass die Gesetzgebung dennoch nicht im Sinne des Kaisers ausfiel, hatte dieser ein absolutes Vetorecht, wie er ohnehin zur Auflösung der Duma und – in diesem Fall – zur eigenen Legislative berechtigt war. Trotz der starken kaiserlichen Position änderte die Autokratie mit dem Grundgesetz ihren Charakter. Zwar lässt sich streiten, ob tatsächlich von einer „konstitutionellen Monarchie" gesprochen werden kann oder ob nicht eher Max Webers Wort vom „Scheinkonstitutionalismus" zutrifft. Doch auch die begrenzten Kompetenzen der Duma sorgten dafür, dass die Autokratie zumindest nicht mehr „uneingeschränkt" agieren konnte, von der grundsätzlichen Bedeutung, die die Einrichtung einer Volksvertretung auf die politische Kultur hatte, ganz abgesehen.

Für die Duma war freilich der Erlass einer Verfassung vor ihrem Zusammentritt ein Affront und gleichzeitig ein Vorgeschmack auf die künftige, vollkommen ablehnende Haltung, die der Kaiser ihr gegenüber an den Tag legen sollte. Dies galt umso mehr, als die Zusammensetzung der ersten Duma keineswegs den konservativen Erwartungen entsprach. Obwohl die Radikalen die Wahlen boykottiert hatten, war die Mehrheit der Abgeordneten für die politische Führung viel zu weit „links" angesiedelt: Die Liberalen beherrschten die Versammlung und arbeiteten ein Programm einschneidender Umgestaltungsmaßnahmen aus, das die Verantwortlichkeit der Regierung gegenüber der Duma ebenso einschloss wie die Abschaffung des Staatsrates und Landenteignungen zugunsten der Bauern. Der Kaiser wollte sich auf derlei „Hirngespinste" überhaupt nicht einlassen und löste die Duma im Juli 1906 auf.

Zuvor schon war Nikolaj endlich den ungeliebten Vitte durch Rücktritt losgeworden. Der Kaiser redete sich ein, dass der ehrgeizige Staatsmann ihm letztlich in den autokratischen Rücken gefallen war und für die „überflüssigen" Zugeständnisse verantwortlich war. Am liebsten wäre es Nikolaj gewesen, wenn Vitte von seiner Urlaubsreise überhaupt nicht mehr nach Russland zurückgekehrt wäre; den Tod des Grafen im Jahre 1915 empfand er als „große Erleichterung". Das Regierungsrevirement vom April 1906 trug die persönliche Handschrift des Kaisers und brachte vorwiegend farblose Persönlichkeiten in die Ministerien, von denen, so des Kaisers Hoffnung, keine hektische Reformtätigkeit zu erwarten war. Doch die Umstände der Zeit erlaubten keinen Stillstand und der neue Innenminister, Pëtr A. Stolypin, der seit Juli auch als Vorsitzender des Ministerrats amtierte, nahm die politischen Geschicke mit großer Aktivität in die Hand. Bevor er freilich zur Ausarbeitung von Konzeptionen gelangen konnte, musste er mit einer neuen, alles Bisherige übersteigenden Welle des Terrors, der er beinahe selbst zum Opfer gefallen wäre, fertig werden. Als Mittel sollten Sondermilitärgerichte dienen, die für kurze Prozesse und schnelle Exekutierungen sorgten. Doch Stolypin machte nicht nur durch die gnadenlosen Hinrichtungen von sich reden, sondern auch durch sein großes landwirtschaftliches Reformprogramm, das er, da die Duma aufgelöst war, auf der Grundlage der kaiserlichen Sondervollmachten initiierte. Ziel war es, die ökonomische Situation der Bauern nicht – wie von den radikalen Kräften gefordert – durch Enteignung der Gutsbesitzer herbeizuführen, sondern durch die Umgestaltung der Rechts- und Wirtschaftsformen auf dem Land. Die überkommene, kollektiv ausgerichtete Bauerngemeinde mit ihrer „altmodischen" Wirtschaftsweise sollte unabhängigen Privatbauern weichen, die individuell nach ihrem Gutdünken agrarökonomisch handeln konnten.

Stolypins zielstrebige Reformpolitik machte bei den konservativ-liberalen Kräften der zweiten Duma, die sich im Februar 1907 konstituierte, durchaus Eindruck. Auf der Linken freilich, die nun auch durch Sozialisten und Sozialrevolutionäre verstärkt worden war, erntete der Regierungschef als Repräsentant des autokratischen Systems Ablehnung, weshalb man sich im Juni auch zur Auflösung der zweiten Duma gezwungen sah. Um eine solche mangelnde Kooperationsbereitschaft in Zukunft zu verhindern, wurde zugleich das Wahlrecht deutlich zugunsten der wohlhabenden, „kultivierten" Schichten verändert. Tatsächlich stellte sich das gewünschte Ergebnis ein: Die radikale Linke ging aus den Wahlen zur dritten, im November 2007 erstmals zusammengekommenen Duma drastisch geschwächt hervor, auch die Liberalen mussten Einbußen hinnehmen, während gemäßigte Konservative und Rechte eine grundsätzlich mit der Regierung kooperationsbereite Mehrheit bildeten. Freilich gingen selbst deren Reformvorstellungen über die Ansichten des Kaisers zum Teil weit hinaus, so dass etliche Gesetzesvorhaben der bis 1912 dauernden Legislaturperiode vom Staatsrat oder vom Kaiser verhindert wurden.

Die Lage blieb auch nach dem Ende der Revolution von 1905/06 schwierig. Stolypin war gezwungen, zwischen der Duma, dem Kaiserhaus, den Ministerkollegen und anderen Einflussfaktoren zu lavieren. Von den Linken als Verteidiger der Reaktion gescholten, von konservativen Monarchisten stets unter Druck gesetzt, hatte er als „Premierminister" auch kein leichtes Verhältnis zu Nikolaj, der eifersüchtig über seine eigene Bedeutung und Entscheidungsgewalt wachte. Dennoch konnte Stolypin als einer der fähigsten Politiker im späten Kaiserreich gelten, dem der Dauerstress jedoch gesundheitlich schwer zusetzte. Allerdings starb er nicht an seinem überlasteten Herzen, sondern infolge eines Attentats durch einen revolutionären Wirrkopf in der Kiever Oper am 1. September 1911. Der Kaiser, selbst am Ort des Geschehens anwesend, war trotz seiner ständigen Angst, der Vorsitzende des Ministerrats könne ihn in den Schatten stellen, entsetzt, fand sich freilich in seiner konservativen Haltung gegen jede Art von gesellschaftlicher Bewegung bestätigt. Darüber hinaus ließ die Tatsache, dass Stolypins Mörder jüdischer Herkunft (obgleich konvertiert) war, den Kaiser immer mehr Sympathie für die dumpfen Hassparolen der äußersten Rechten empfinden. So war Nikolaj auch in der Affäre um einen in Kiev 1911 mit Verstümmelungen aufgefundenen 13-jährigen Jungen, an dem der Jude Mendel M. Bejlis einen „Ritualmord" vollzogen haben sollte, überzeugt, dass es sich tatsächlich um ein aus der jüdischen Religion heraus motiviertes Verbrechen handelte. Die einseitige antisemitische Haltung der Regierung in der Affäre Bejlis, der nach zwei Jahren Untersuchungshaft schließlich freigesprochen wurde, trug abermals zu ihrer Diskreditierung im In- und Ausland bei. Nicht weniger fatal für die Reputation der Autokratie war die brutale Niederschießung eines Protestes sibirischer Goldminenarbeiter im April 1912, die für den Innenminister Aleksandr A. Makarov geradezu einen Präzedenzfall darstellte: Jede Form von ungesetzlicher Erhebung sollte mit harter Hand unterdrückt werden. Gleichzeitig machte das Massaker der russischen Arbeiterschaft erneut deutlich, wie wenig sie dem autokratischen Staat galt.

Insgesamt boten die auf die Revolution folgenden Jahre ein in jeder Hinsicht unbefriedigendes Bild von der Autokratie: Der

Kaiser hing Visionen einer uneingeschränkten Autokratie nach, hielt letztlich alle Andersgesinnten für üble Verräter und begriff schwer, wenn überhaupt, dass der sozioökonomische Wandel in seinem Land auch neue politische Gestaltungsmechanismen bedingte. Selbst die Gemäßigt-Liberalen wurden durch die harte Haltung Nikolajs geradezu in die Opposition gegen das System gedrängt. Die Duma sah sich dementsprechend nicht nur der kaiserlichen Verachtung ausgesetzt, sondern auch in ihren legislativen Vorhaben allzu oft blockiert. Dass Regierung und Volksvertretung in der Frage der Bildungsintensivierung auf unterer Ebene durch die bis 1922 vorgesehene Einführung der Volksschulpflicht Einigkeit erzielten, war schon eine Besonderheit. Die Minister kämpften an mehreren Fronten unerquickliche Kämpfe: mit dem Kaiser, unter sich selbst, mit der Duma und mit der heterogen gewordenen politischen Öffentlichkeit. Die Herausbildung einer solchen Öffentlichkeit war zwar im progressiven Sinne durchaus ein Fortschritt, ihre immanente politische Energie wurde wegen ihrer Unerwünschtheit jedoch kaum für die Interessen des Landes genutzt.

Insbesondere nach dem Tod Stolypins, auf den kein dynamischer „Macher" mehr folgte, schien eine allgemeine Paralyse um sich zu greifen, die die grassierende Unzufriedenheit auf allen Seiten nur teufelskreisartig steigern konnte. Aus der neuen Blüte von Wissenschaft und Kultur konnte das autokratische System ebenso wenig Gewinn ziehen wie aus wirtschaftlichem Erfolg. Wer von der Industrialisierung profitierte, war entweder ohnehin kaisertreu oder hegte seit längerem Erwartungen auf „bürgerlich-liberale" Statuserhöhungen. Auf dem Lande perpetuierte sich das alte Konfliktpotential zwischen gutsbesitzendem Adel und den Bauern, zumal die Stolypinschen Agrarreformen langfristig, d.h. auf Jahrzehnte angelegt waren. Einen nochmaligen Schulterschluss versprach erst der Ausbruch des Ersten Weltkrieges 1914. Bezeichnenderweise war das große Rüstungsprogramm eine der wenigen Angelegenheiten gewesen, bei denen Duma und Regierung mehrheitlich an einem Strang gezogen hatten. Angesichts der äußeren Anfeindung schien sich die Gesellschaft in größten Teilen wieder um Kaiser und Thron zu scharen. Wie noch zu zeigen sein wird, handelte es sich aus der Retrospektive freilich nur um ein Strohfeuer, unter den Belastungen des Krieges sollte die Monarchie schließlich zu Fall kommen.

Zuvor jedoch hatte sich die Autokratie der Romanovs anlässlich des 300-jährigen Thronjubiläums noch einmal in großem Stil gefeiert und feiern lassen. Ein Höhepunkt der Festivitäten war im Mai 1613 eine Reise der kaiserlichen Familie an die Volga, nach Kostroma, wo Michail Fëdorovič die Zarenwürde angetragen worden war, und von dort aus nach Moskau. Zuvor war das Jubiläum bereits in St. Petersburg mit Festprozession, Gottesdienst, Empfängen, Bällen und Theatervorstellungen gebührend begangen worden. Die Befürchtungen möglicher Anschläge bewahrheiteten sich nicht; dennoch war die Atmosphäre in der Hauptstadt aufgrund der allgemeinen politischen Situation gespannt, schließlich schloss das Gedenken an die dreihundertjährige Herrschaft der Romanovs als Selbstherrscher auch die Frage nach ihrer Bedeutung für die Gegenwart mit ein. Während Kaiserhaus und Monarchisten sich in erster Linie an die „göttliche" Berufung des Vorfahren zum Zaren erinnern und daraus auch Konsequenzen für die aktuelle Rolle der Romanovs ableiten wollten, sahen andere die Gemeinschaft von Monarch und Volk als Kern der Geschichte, schließlich war Michail von einer gesellschaftlichen Vertretungsinstanz zum Zaren erwählt worden. Der Gedanke an eine wie auch immer geartete Kontinuität zwischen der den Vorfahren erwählenden Landesversammlung und der neuen Staatsduma lag Nikolaj freilich fern. Schon beim feierlichen Gottesdienst musste der Duma-Vorsitzende Michail V. Rodzjanko um vordere Plätze für die Deputierten kämpfen, zum kaiserlichen Bankett waren dann nur der Vorsitzende und sein Stellvertreter eingeladen, wobei sie nicht im gleichen Saal wie der Kaiser dinieren durften.

Die festlichen Ehrenbezeugungen, die feierlichen Versicherungen unerschütterlicher Loyalität durch ausgewählte Bauernvertreter, die lauten „Hurra"-Rufe der Monarchisten, die eindrucksvollen Paraden – all das stimmte den Kaiser froh und selbstbewusst. In seiner Anschauung hatten sich endlich die relevanten Teile der Bevölkerung zu klarem Wort gemeldet, das der Autokratie bedingungslose Unterstützung suggerierte. Umso mehr stieg seine Abneigung gegen all jene, die sich zwischen ihn und die Untertanen „drängten": Minister, Dumaabgeordnete, sonstige Aktivisten. Bezeichnenderweise war das Kabinett zur Maireise gar nicht geladen und Regierungschef Vladimir N. Kokovcov musste seine Anreise zum Einschiffungspunkt an der

Volga selbst organisieren. Auch auf besagter Reise wurde das Kaiserpaar überall jubelnd und ehrenvoll empfangen, doch mancher Beobachter bemerkte auch die Sterilität der organisierten Begeisterung. Dennoch verlief die Festfahrt nach Plan, abgesehen von einer offensichtlich den Kaiser provozierenden Rede des Adelsmarschalls von Kostroma, die Nikolaj nur mit den Worten „Sind Sie fertig?" erwiderte. Ansonsten ließ sich der Kaiser von der eindrucksvoll zur Schau getragenen Solidarität der Bevölkerung überwältigen, wobei man nicht übersehen darf, dass es ausländischen Beobachtern des Szenarios ganz ähnlich erging.

Abschließender Höhepunkt der Festivitäten war die Ankunft des Kaisers in Moskau, wo die Verbundenheitsbekundungen der Bevölkerung vielleicht am stärksten wirkten. Doch bei allem Pomp schien denjenigen, die näher hinsehen konnten, im symbolischen Sinne auch die Verwundbarkeit der Dynastie auf: Die Kaiserin fühlte sich häufig unpässlich, was ihr auch anzusehen war, und die Tatsache, dass der neunjährige Thronfolger in Moskau von einem Offizier getragen werden musste, rief bei den Umstehenden Mitleid und Trauer hervor. Trotz solcher kleinerer Störungen war Nikolaj nach seiner Rückkehr nach St. Petersburg hochzufrieden. Er, der die meiste Zeit abgeschirmt in der Residenz von Carskoe selo verbrachte, hatte einen wunderbaren Eindruck von seinem Reich und seinen Untertanen erhalten. Die Reise hatte ihm so viel Zustimmung signalisiert wie nie zuvor. Waren all jene wahrhaften russischen Untertanen nicht viel wichtiger als die Petersburger Klugschwätzer und Schlechtredner? Verbat sich nach dieser eindrucksvollen Demonstration nicht jeder Zweifel an der Autokratie? In der Tat würde man es sich zu einfach machen, wollte man die Massenbegeisterung nur als künstliches Phänomen zeremoniellen Zwangs interpretieren. Inszenierung und Identifizierung greifen auch bei staatlicherseits unternommenen Festveranstaltungen stets ineinander. In den Feierlichkeiten zum 300-jährigen Thronjubliäum der Romanovs demonstrierten beachtliche Teile der Bevölkerung, dass die Monarchie in Russland durchaus eine Chance hatte. In diesem Sinne musste auch der kommende Erste Weltkrieg trotz der belasteten innenpolitischen Vorgeschichten keineswegs zwangsläufig zum Ende des monarchischen Systems führen, im Gegenteil: Die patriotischen Anstrengungen und Leistungen waren beträchtlich, der Zusammenbruch von 1917 gleichermaßen unerwartet wie unnötig. Doch will man die noch zu schildernden Februarereignisse nicht nur als einen folgenreichen Zufall der Geschichte interpretieren, so bleibt der Befund, dass längerfristige Versäumnisse der Autokratie das Unerhörte plötzlich möglich machten. Als fatal sollte sich doch erweisen, dass gerade die prodynastischen, zwar inszenierten, aber doch auch konkret agierten Manifestationen den Kaiser in seiner irrigen Annahme bestärkten, es bedürfe keiner einschneidenden Veränderungen. Damit führte er die russische Monarchie in den Untergang.

IX. Das Ende der Autokratie: Erster Weltkrieg und russische Revolution

Das Russische Kaiserreich war im Jahr 1914 an einem Krieg nicht interessiert. Obwohl die gemeineuropäische expansiv-imperialistische Grundstimmung auch Russland erfasst hatte und sich ein patriotisch-nationalistisches Feuer in der russischen Öffentlichkeit schnell entzündete, sah die Regierung ihr Land für die allenthalben erwartete große Auseinandersetzung noch nicht als reif an. Die Schlappe im russisch-japanischen Krieg von 1904/05 hatte militärische Defizite offenbart; erst 1913 initiierte man ein mächtiges Rüstungsprogramm, das im Jahre 1917 seinen Abschluss hätte finden sollen. So versuchte man, dem steigenden Konfliktpotential im Verhältnis zu den Mittelmächten Deutschland und Österreich-Ungarn eher defensiv zu begegnen, was freilich durch mehrere Faktoren erschwert wurde: den Niedergang des Osmanischen Reiches, die offenen balkanischen Interessen Österreichs, das bramarbasierende Auftreten der deutschen Politik, das russische Bündnis mit Frankreich bei allmählicher Annäherung auch an England, schließlich die eigenen Anliegen im Bereich der Meerengen – all dies sorgte für erhöhte Anspannung auf den diplomatischen Parketten. Wie schwer derlei strukturelle Probleme auszuhebeln waren (und, abermals, wie schwer sich der russische Kaiser mit der Einsicht in politische Realitäten tat), hatte schon die Episode von 1905 gezeigt, als Wilhelm II. und Nikolaj II. in einer verwandtschaftlich-freundschaftlichen Anwandlung auf der Ostseeinsel Björkö einen „deutsch-russischen Freundschaftsvertrag" konzipierten, den das russische Außenministerium freilich bald darauf wegen der bestehenden Bündnisverpflichtungen mit Frankreich aufheben musste.

Ebenso wie der Auftritt von Björkö stand auch das kaum weniger unglückliche Verhalten von Außenminister Aleksandr P. Izvol'skij in der bosnischen Frage im Zeichen einer angestrebten

Synthese aus Détente und eigener Interessensicherung. Bei einem Treffen mit seinem österreichischen Kollegen Alois Lexa von Ährenthal in Buchlau 1908 hatte sich Izvol'skij damit einverstanden erklärt, dass Österreich das seit 1878 besetzte Bosnien mit der Hercegovina annektieren und sich im Gegenzug für russische Durchfahrtsrechte durch die Meerengen einsetzen würde. Dass Österreich sich sogleich, ohne jede Anstandsfrist, die südslavischen Territorien einverleibte, ohne für den „diplomatischen Lohn" Russlands zu sorgen, betrachtete man als Affront. Als St. Petersburg Protest äußerte, brachten diesen nicht zuletzt Drohgebärden aus Berlin zum Verstummen. In richtiger Einschätzung der Lage ließ sich Russland von der Demütigung nicht provozieren, zog freilich aus dem offensiven Auftreten der Mittelmächte erneut Lehren. Zurückhaltung erlegte man sich auch auf, als die brennende Balkanfrage 1912 abermals aufbrach. Weder über den ersten Balkankrieg von 1912, als die verbündeten Balkanstaaten gegenüber dem Osmanischen Reich ihre Territorien vergrößern konnten, noch über den zweiten von 1913, als die Sieger miteinander in die Wolle gerieten, war man in St. Petersburg begeistert. Mit Erleichterung registrierte man, dass auch die anderen Großmächte um Zurückhaltung bestrebt waren, wenngleich die enge Anlehnung Bulgariens an die Mittelmächte Sorge bereitete, wogegen man selbst die Beziehungen zu Serbien intensivierte. Daraus entstand die heikle Situation zweier russlandfreundlicher Staaten im österreichnahen Westen des Balkan (Montenegro und Serbien) und eines österreichischen Verbündeten auf der Ostseite (Bulgarien), die doch so nahe an den russischen Interessensgebieten lag.

Die von Izvol'skijs Nachfolger Sergej D. Sazonov fortgeführte Besonnenheitspolitik sah sich freilich angesichts der aufgeladenen europäischen Stimmungen auch im Inneren zunehmenden Belastungen ausgesetzt: Aggressiv forderten Teile der politischen Öffentlichkeit, darunter auch die liberale Opposition, ein beherztes Vorgehen des Kaiserreiches im eigenen Interesse – und das hieß vor allem hinsichtlich des Schwarzmeerraumes. Doch unter Zugzwang geriet die russische Regierung von außerhalb. Die Ermordung des österreichischen Thronfolgers Franz Ferdinand in Sarajevo am 28. Juni 1914 (nach westlichem Kalender), bei der serbische Kreise ihre Hände im Spiel hatten, setzte der eher zurückhaltenden russischen Außenpolitik ein Ende. Zwar wirkte

St. Petersburg auf Belgrad ein, sich gegenüber österreichischen Kompensationsforderungen bis zu einem gewissen Grade entgegenkommend zu zeigen, doch die Mittelmächte waren entschlossen, es zur Eskalation kommen zu lassen. Während Wien blind vor Wut maßlose Forderungen an Belgrad richtete, gewannen auch in Berlin die kriegsgestimmten Kreise die Oberhand. Das deutsche Kalkül war dabei ungleich nüchterner als das vorwiegend auf Serbien fixierte österreichische: Dass Russland eine überzogene Demütigung Serbiens nicht hinnehmen würde, lag auf der Hand, dass damit ein großer europäischer Krieg ins Haus stand, ebenfalls. Angesichts der enormen russischen Rüstungsanstrengungen schien aus der Perspektive der deutschen Generalität jetzt, im Sommer 1914, der Krieg wünschenswerter als zu einem späteren Zeitpunkt. Die Dynamik der Situation war nicht mehr zu bremsen: Die Mittelmächte drängten zum Krieg, Serbien und Russland waren nur bedingt zu Zugeständnissen bereit, der Zeitpunkt der erwarteten großen europäischen Auseinandersetzung war gekommen. Dass Russland die österreichische Kriegserklärung an Serbien vom 28. Juli 1914 (nach westlichem Kalender) mit der Generalmobilmachung seiner Streitkräfte beantwortete, mochte zwar dem Deutschen Reich einen Vorwand für die Kriegserklärung an Russland liefern, hat jedoch den Gang der Dinge nicht mehr entscheidend beeinflusst. In Berlin hatte man ohnehin die Kriegsflagge gehisst, eine russische Teilmobilmachung gegenüber Österreich hätte nur die eigene Position im Norden geschwächt, nicht aber die deutschen Angriffspläne auf Russland verhindert. In den folgenden Tagen kamen die wechselseitigen Bündnisverpflichtungen zum Tragen – mit der Involvierung aller europäischen Großmächte hatte der Weltkrieg begonnen.

Auch wenn der russische Kaiser alles andere als glücklich über den Krieg war – die Auseinandersetzung mit den äußeren Feinden schuf ein patriotisches Verbrüderungsklima, das innere Aufgeregtheiten fürs Erste verstummen ließ. Nikolajs Auftritt auf dem Balkon des Winterpalastes am Tag des Kriegsbeginns erntete Jubelstürme. Mit Ausnahme der Sozialisten zeigte sich auch die Duma zustimmend bis enthusiastisch, sicherte der Regierung ihre Unterstützung zu und vertagte sich quasi freiwillig. In den Kriegszielen waren sich Regierung, Duma und Gesellschaft trotz unterschiedlicher Nuancen in weiten Teilen durchaus einig: Die bedrohliche deutsche Machtstellung sollte zurückgestuft, der österreichisch-ungarische Vielvölkerstaat zerschlagen, die zugehörigen slavischen Nationalitäten entweder „befreit“ oder an das russische Kaiserreich gebunden werden (hier vertraten Regierung und liberale Opposition durchaus unterschiedliche Positionen). Auf dem Balkan gedachte man, vordringlich die serbischen Anliegen zu stützen, während man selbst vor allem an den Meerengen interessiert war.

Der Krieg an der Seite Frankreichs und Englands verlief für Russland nicht so katastrophal, wie es bisweilen im Rückblick beschrieben wurde; auch wäre es falsch, in den letzten autokratischen Jahren nur eine „Vorgeschichte der Revolution“ zu sehen. Zwar scheiterte die nördliche Offensive gegen Deutschland in Ostpreußen, doch am südlichen Frontabschnitt erzielte man gegen die schwächeren österreichisch-ungarischen Armeen durchaus Erfolge. Fest fuhren sich die Fronten 1915 erst, als die Deutschen den Österreichern zu Hilfe kamen. Ähnliche Resultate zeigte auch die Doppeloffensive von 1916: Im Norden erreichte man gegen Deutschland nichts, im Süden gegen Österreich kam man besser voran. Sicher, die russischen Verluste waren hoch und zahlreiche Defizite rasch sichtbar geworden: Das Transportsystem war mangelhaft, die Versorgung mit Kriegsgerät bisweilen unzureichend, die Truppen waren schwerfällig, dazu vor allem in den unteren Rängen schlecht ausgebildet. Die Führungsebene wurde von Prestigefragen und Konkurrenzkämpfen beeinträchtigt.

Als Nikolaj II. Ende August 1915 meinte, persönlich den Oberbefehl übernehmen zu müssen, um mit seinem Einsatz den Truppen ein aufmunterndes Vorbild zu geben, traf er erneut eine Fehlentscheidung. Nicht nur war sein Onkel Nikolaj Nikolaevič (der Jüngere), der seit Kriegsausbruch die Verantwortung trug und nun an die Kaukasusfront abkommandiert wurde, pikiert, sondern auch in den Truppen wurde der Weggang des beliebten schneidigen Großfürsten bedauert. Am ärgerlichsten war man freilich in Petrograd (die Hauptstadt war nach Kriegsausbruch russifizierend umbenannt worden), wo die Regierung den Kaiser in der kritischen Zeit gerne am politischen Ruder behalten hätte und nun – nicht zu Unrecht – einen erhöhten Einfluss der merkwürdigen, ungeliebten, zu allem Überfluss noch deutschen Kaiserin und ihrer noch merkwürdigeren Umgebung fürchtete. Für die Kriegführung selbst brachte des Kaisers Einsatz weder Gutes noch Schlechtes, da er professionelle Entscheidungen ohnehin der Generalität überlassen musste. Bei allen Dysfunktionalitäten verlief aber der Krieg bis Ende 1916 für Russland besser, als es der Zusammenbruch der Autokratie 1917 suggeriert. Die russischen Armeen waren keineswegs besiegt, sondern lieferten wichtige Beiträge für den Erfolg der Entente. Auch die Moral der Truppe war, von Ausnahmen abgesehen, wohl noch intakt. Die existentielle Krise der Autokratie begann nicht an der Front, sondern im Inneren.

Die patriotische Hochstimmung des Sommer 1914 hatte sich mit zunehmender Dauer des Krieges und damit einhergehenden Opfern deutlich abgedämpft. Dennoch waren weite Teile der Gesellschaft nach wie vor bereit, bedeutende Beiträge für den Kriegserfolg zu leisten, freilich nicht ohne nach politischen Zugeständnissen zu rufen, die im Zeichen erhöhter gesellschaftlicher Anstrengung umso angezeigter erschienen. Zunächst spielte der Kaiser mit: Im Sommer 1915 wurden einige unbeliebte Minister, darunter auch Kriegsminister Vladimir A. Suchomlinov, aus der Regierung entfernt. Zugleich wurden „Sonderkonferenzen“ (Osobye soveščanija) aus Regierungs- und Parlaments- und Gesellschaftsvertretern eingerichtet, die als zeitlich befristete höchste administrative Organe die Kriegswirtschaft möglichst effektiv koordinieren sollten. Auf Dumavertreter aus den Reihen der Unternehmerschaft ging die Entstehung der „Kriegsindustriekomitees“ zurück, die vorrangig der Produktionssteigerung von kriegswichtigen Materialien dienen sollten, zugleich jedoch immer lautere Forderungen nach stärkerer politischer Mitsprache stellten. Den stärksten politischen Aktivismus legte der „Progressive Block“, ein Zusammenschluss aller gemäßigten Dumafraktionen seit Sommer 1915, an den Tag: Man rief nach einer neuen „Regierung des gesellschaftlichen Vertrauens“, forderte eine stärkere Berücksichtigung gesellschaftlicher Interessen, Umgestaltungen in der lokalen Administration, eine Amnestie für aus politischen Gründen Verurteilte, die Legalisierung von Gewerkschaften und ein Entgegenkommen gegenüber den Nationalitäten des Reiches. Der Wunsch nach dem Ausbau der eigenen Stellung gegenüber der Führung ging dabei einher mit der Einsicht, dass man die Gesellschaft besser behandeln musste, um sie zu höheren Leistungen anzuspornen.

Der Kaiser hatte freilich seine Meinung über das Verhältnis von Regierung und Untertanen nicht wesentlich geändert und erkannte in den neuen gesellschaftlichen Aktivismen vor allem Störfaktoren. Sein Umgang mit den politischen Kräften blieb willkürlich. Außer in der Vertagung der Duma auf Februar 1916 sah er aus dem fernen Hauptquartier das politische Heil nur noch in der rasch aufeinander folgenden Ablösung von Ministern. Zwischen Sommer 1915 und Januar 1917 wechselten der Vorsitzende des Ministerrates drei Mal, der Kriegsminister zwei Mal, der Innenminister vier Mal, der Außenminister zwei Mal und der Justizminister drei Mal. Mochte das „Ministerbockspringen" (eine zeitgenössische Charakterisierung) auch teils durch das Anliegen motiviert gewesen sein, Spannungen mit der Duma durch die Entlassung als untragbar eingestufter Persönlichkeiten zu mildern – der hilflose Eindruck, den diese Wechselei hervorrief, war katastrophal, von der Unmöglichkeit einer kontinuierlichen Regierungsarbeit einmal ganz abgesehen. Die Autorität der Regierung befand sich in einem Zersetzungsprozess.

Zur politischen Unzufriedenheit gesellte sich bald eine materielle. Hatte die auf den Krieg umgestellte Volkswirtschaft trotz beachtlicher Anstrengungen schon Probleme, den militärischen Bedarf zu decken, so sah es mit der Versorgung der Zivilbevölkerung, insbesondere den Städten, immer übler aus. Während die Lage auf dem Land eher ruhig blieb, brachen in den Städten wieder Streiks der vom Hunger bedrohten Unterschichten aus. Bemühungen der politisch aktiven Unternehmer, die Arbeiterschaft in einen übergreifenden Konsens einzubinden, fruchteten angesichts der existentiellen Not, der negativen Haltung der Regierung, aber auch der Agitation der sich erneut sammelnden sozialistischen Gruppierungen wenig. Dennoch ging die Entwicklung auch an den radikalen Arbeiterparteien zunächst im Wesentlichen vorbei: Es waren die Massen, die auf die Straße gingen, um auf ihre Not aufmerksam zu machen.

Nachdem schon am Jahrestag des „Blutsonntags" von 1905 im Januar 1917 in Petrograd eine nie gekannte Menschenmenge in den Ausstand getreten war, folgte im Februar eine hauptstädtische Protestkundgebung auf die andere, Arbeiterstreiks vereinigten sich mit wütenden Protesten von Arbeiterfrauen, denen die Lebensmittelversorgung immer schwerer fiel. In die ökonomische Verzweiflung mengten sich politische Forderungen bis hin zum Ruf „Nieder mit der Autokratie". Was dem Protest darüber hinaus eine neue Qualität verlieh, war die Tatsache, dass zur Unterdrückung der Erhebungen abkommandierte Soldaten begannen, sich mit den Massen zu solidarisieren. Auch besser gestellte, bürgerliche Kreise verfolgten die Ereignisse durchaus mit Sympathie. Am 25. Februar befahl der Kaiser aus dem Hauptquartier, die Unruhen mit Gewalt zu beenden. Als die Duma gegen die eingeleiteten repressiven Maßnahmen protestierte, löste sie der Ministerratsvorsitzende Nikolaj D. Golicyn auf. Freilich waren nicht alle Abgeordneten bereit, sich nach Hause schicken zu lassen, so dass sich unter dem Dumapräsidenten Rodzjanko ein „Provisorisches Komitee zur Wiederherstellung der öffentlichen Ordnung" bildete. Auch die Aufständischen ließen sich von der Waffengewalt nicht mehr einschüchtern, zumal sie immer mehr Soldaten auf ihre Seite ziehen konnten. In Anlehnung an den Herbst 1905 wurde ein Rat (Sovet) aus Arbeiterdeputierten als neues proletarisches Machtzentrum gebildet.

Inzwischen hatte der Kaiser, den mehrere dramatische Telegramme aus der Hauptstadt erreicht hatten, Truppen in Richtung Petrograd entsandt und sich selbst ebenfalls auf den Weg gemacht. Meuternde Truppen zwangen freilich den kaiserlichen Zug zur Umkehr in das Hauptquartier der nördlichen Front in Pskov. Angesichts der sich überstürzenden Ereignisse rieten sowohl der dortige Befehlshaber General Nikolaj V. Ruzskij als auch der Generalstabschef Michail V. Alekseev dem Kaiser am späten Abend des 1. März, dringend eine neue Regierung des gesellschaftlichen Vertrauens zu benennen, an deren Spitze der ehrgeizige Dumapräsident Rodzjanko stehen sollte. In der Nacht erfuhr Ruzskij jedoch von Rodzjanko selbst per Telegraph, dass dieses Zugeständnis zu spät kam, die Lage in der Hauptstadt sei bereits völlig außer Kontrolle geraten. Unter Führung Alekseevs rieten am folgenden Tag alle hohen Generäle dem Kaiser zur Abdankung zugunsten seines Sohnes, um das Land zu retten. Angesichts der Lektüre der niederschmetternden Telegramme fügte sich Nikolaj in das Unvermeidliche. Nachdem er am Nachmittag noch die Entscheidung gefasst hatte, den Thron an seinen Sohn Aleksej zu übergeben, teilte er am Abend des 2. März den aus Petrograd angereisten beiden Delegierten des Dumakomitees zu ihrer Überraschung mit, dass er auch gleichzeitig für seinen gesundheitlich angeschlagenen Sohn abdanke, so dass der Thron seinem Bruder, Großfürst Michail Aleksandrovič, zufallen solle.

Staatsrechtlich war dies ein Ding der Unmöglichkeit: Weder konnte der Kaiser die Abdankung seines Sohnes vornehmen noch war es einem minderjährigen Nachfolger auf dem Thron möglich, selbst abzudanken. Darüber hinaus war Großfürst Michail aufgrund einer morganatischen Ehe einst vom Kaiser selbst gezwungen worden, auf alle künftigen Thronansprüche zu verzichten. Es überrascht nicht, dass andere Angehörige der Dynastie eine Thronbesteigung Michails rundheraus ablehnten. Doch derlei Überlegungen spielten ohnehin keine allzu große Rolle mehr. In der mittlerweile in Petrograd aus prominenten Figuren der liberalen Opposition unter Ministerpräsident Fürst Georgij E. L'vov gebildeten „Provisorischen Regierung" waren die Befürworter der Fortführung der Monarchie bereits in der Minderheit – zumal nach dem Ausscheiden Aleksejs, von dessen kindlicher Ausstrahlung sich einzelne Dumavertreter eine mildernde Wirkung auf die politische Erregtheit erhofft hatten. Allein der neue Außenminister Pavel N. Miljukov machte sich unter den neuen Führungspersönlichkeiten noch für eine konstitutionelle Monarchie Michails stark. Als jedoch bei den Verhandlungen mit dem potentiellen Thronfolger am 3. März niemand der neuen Verantwortlichen die künftige Sicherheit Michail Aleksandrovičs garantieren wollte, entschied sich der Kaiserbruder, auf den Thron zu verzichten. Die Herrschaft der Romanovs hatte geendet.

Die Argumente Miljukovs, dass Russland als Ganzes durchaus an einer Fortführung der Monarchie zu geänderten Bedingungen interessiert gewesen sei, entbehrten nicht einer gewissen Grundlage. Die Februarrevolution war fast ausschließlich ein hauptstädtisches Phänomen gewesen. In Petrograd war die Ordnung zusammengebrochen, hatten sich Arbeiteransammlungen politisiert, hatten Soldaten die Seite gewechselt. In Petrograd hatten Regierung, Duma und Arbeiterrat agiert. In Petrograd waren jene Prozesse abgelaufen, die den Kaiser zum Rücktritt nötigten. Das flache Land war ruhig geblieben, seine überwältigende Bevölkerungsmehrheit bestand aus im engeren Sinne unpolitischen Bauern, die zwar ihre eigenen Unzufriedenheiten haben mochten, jedoch keine staatsrevolutionären Forderungen erhoben. Doch in St. Petersburg/Petrograd – und hier bündelt sich nochmals die imperiale Vergangenheit seit Pëtr I. – schlug das Herz dieses Kaiserreichs, die Hauptstadt hatte seit jeher den Gang der Dinge bestimmt. Die Kaiser hatten ihr Reich von St. Petersburg aus dominiert, und als diese Stadt fiel, brach auch ihre Herrschaft zusammen.

Versucht man nochmals, die Gründe für diesen Zusammenbruch festzuhalten, so kommen mehrere Faktoren zueinander. Zwar erfolgte, anders als im Deutschen Reich oder im Habsburgerreich, das Ende der Monarchie nicht im Zuge eines verlorenen Weltkriegs, sondern von innen heraus. Doch dem Krieg kam insofern eine entscheidende Funktion zu, als er nicht nur die inneren Belastungen drastisch erhöhte, sondern auch in der Februaragonie von 1917 den Kaiser bzw. die Romanovs zur Aufgabe zwang – ein Schritt, den man in Friedenszeiten angesichts einer hauptstädtischen Unterschichtenrevolte wohl kaum vollzogen hätte. Stellte der Krieg also die konkreten Rahmenbedingungen her, innerhalb derer sich die Autokratie plötzlich am Ende sah, lagen die inneren Gründe tiefer. Das Hauptproblem war ohne jeden Zweifel, dass Russlands letzte Monarchen die Zeichen des sozioökonomischen Wandels nicht verstanden hatten. Mit den wirtschaftlichen Veränderungsprozessen war – vor allem in den Städten – auch eine neue Gesellschaft entstanden, deren politische und materielle Bedürfnisse von der Autokratie nur völlig unzureichend befriedigt wurden. Weder gelang es, die Arbeiterschaft politisch und ökonomisch in das System zu integrieren, noch kam man den bürgerlich-liberalen Forderungen der Mittel- und auch Oberschichten entgegen. Die uneinsichtige Haltung Nikolajs II. führte zu einer zunehmenden Diskreditierung der Monarchie in wesentlichen Gesellschaftsteilen. Gerade die Verweigerung adäquater Mitspracherechte sorgte sowohl für das Wegbrechen der Unterstützung gemäßigter Kreise als auch für die radikalen Neigungen in der Arbeiterschaft. Im Unterschied etwa zum Deutschen Reich, wo die Arbeiterschaft und die sie vertretende Partei im Zuge der Parlamentarisierung einer Art politisch-mentalem „Verbürgerlichungsprozess" ausgesetzt war, förderte die repressive Haltung der russischen Obrigkeit die Empfänglichkeit des Proletariats für sozialistisch-revolutionäre Vorstellungen. Unter der Last des Krieges stieg der Druck so sehr, dass ein Zweckbündnis der Unzufriedenen entstand, das die heterogenen Zielvorstellungen der Beteiligten schließlich auf die umstürzende Veränderung des Systems hin einte. Zwar hatten Adel, Wirtschaftsbürgertum, liberale Intelligenz, sozialistische Aktivisten, Arbeiterschaft und Bauern alle unterschiedliche Anliegen, was sie aber verband, war die ewig steigende Unzufriedenheit mit den bestehenden Verhältnissen, die Forderung nach Änderung zum Besseren, der Wunsch, materiell und politisch deutlich stärker als bisher beteiligt zu werden. Zumindest die städtischen Schichten hatten bis zum Februar 1917 *ein* Hindernis auf dem Weg in ihr vorgestelltes Glück ausgemacht – Kaiser Nikolaj II., wobei es für die Geschehnisse in Petrograd schon keine Rolle mehr spielte, ob man in Nikolaj persönlich oder im Kaiser überhaupt das entscheidende Problem sah. In seiner personifizierenden Herrschaftsauffassung hatte Nikolaj eine abstrahierende Trennung nahezu unmöglich gemacht.

Dass der Sturz von Kaiser und Autokratie keines der anstehenden Probleme beseitigte, sondern erst zur völligen Auflösung führte, in der kein Krisenmanagement mehr zu greifen schien, sollte sich in den kommenden Monaten schnell offenbaren. Zu unterschiedlich waren Ziele und Herangehensweisen der sozialen Schichten, als dass das gemeinsame Erlebnis des Neuanfangs lange hätte vorhalten können. Die „Doppelherrschaft“ aus Provisorischer Regierung, die bis zum Zusammentritt einer Verfassungsgebenden Versammlung die Geschäfte führen sollte, und Arbeiter- und Soldatenrat, der die Regierung im Hinblick auf die Interessen der Unterschichten kontrollieren wollte, war bald schwersten Belastungen ausgesetzt. Zwar mochten die ersten Schritte der Regierung, mit denen bürgerliche Grundrechte eingeführt, Standesprivilegien abgeschafft, Nationalitäten und Religionen gleichgestellt, Selbstverwaltungskörperschaften neu geordnet und politische Amnestien gewährt wurden, noch auf allgemeine, breite Zustimmung stoßen, von der sich nur die monarchistischen Rechten und die radikalen Linken ausnahmen. Doch schon bei der essentiellen Frage nach der Fortführung des Krieges und der Beibehaltung der ursprünglichen Kriegsziele schieden sich die Geister. Dass die gemäßigte Mehrheit des Sovet widerwillig die Fortsetzung des Krieges durch die Regierung tolerierte, obwohl Zivilbevölkerung und Armee sich längst nach Frieden sehnten, leitete Wasser auf die Mühlen von Vladimir I. Lenins Bol’ševiki. Die Bol’ševiki (übersetzt: Mehrheitler) waren eine der beiden Gruppen der Russischen Sozialdemokratie, die sich 1903 im Streit über programmatische Fragen gespalten hatte. Längst waren in der Zwischenzeit die gemäßigteren Men’ševiki (Minderheitler) zur größeren Gruppe geworden, die Bol’ševiki dagegen zu einer radikalen Minderheit, die auch in den ersten

Wochen nach der Revolution keine nennenswerte Rolle in der politischen Organisation der Arbeiterschaft spielen konnte.

Mit der Rückkehr Lenins aus dem Exil im April 1917 änderte sich das Auftreten „seiner" Bol'ševiki. Ihm ging die zurückhaltende, abwartende Haltung der gemäßigten Men'ševiki im Sovet, die einerseits ideologisch begründet war (musste doch im marxistischen Verständnis erst eine „bürgerliche" Revolution durchgeführt werden, bevor es zu einer „sozialistischen" kommen konnte), andererseits aber auch dem Pragmatismus geschuldet war (schließlich hatte keiner der Arbeitervertreter oder der revolutionären Intelligenz die leiseste Ahnung, wie die Staatsgeschäfte zu führen seien), nicht weit genug. Lenin forderte in seinen „Aprilthesen" den unmittelbaren Anschluss einer sozialistischen Umgestaltung, wozu neben dem sofortigen Kriegsende auch der Sturz der Provisorischen Regierung, die Verstaatlichung von Industrie und Banken sowie die Enteignung des Bodens zählen sollte. Nach seinen Vorstellungen sollten die Räte „alle Macht" im Lande übernehmen. Während gemäßigte Mitglieder des Sovet im Mai in die bürgerliche Regierung eintraten, um gemeinsam gegen die Krise anzukämpfen, hetzten die außerhalb der Verantwortung stehenden Bol'ševiki mit einfachen, aber wirkungsvollen Parolen das Volk auf. Dabei gab man sich ebenso radikal wie pragmatisch: All denen, auf die man zählte, versprach man das, was sie hören wollten: den Arbeitern die Kontrolle über die Industrie, den Soldaten den Frieden, den Bauern, die nach dem Sturz des alten Systems begierig nach dem Grundbesitz trachteten, das Land. Die in der longue durée bewahrte spezifische russische Gesellschaftsschichtung mit dem gut einprozentigen Adel, einem unterentwickelten Stadtbürgertum und einer riesigen Masse an Unterschichten ließ nach dem Zusammenbruch der alten Ordnung gemäßigte „bourgeoise" Zukunftskonzepte untergehen in den simplen Verheißungen elementarer Radikalität.

Während die Regierung von einer Krise in die nächste taumelte, gewannen die Bol'ševiki immer mehr Sympathien in der enttäuschten, teilweise längst zur Selbsthilfe greifenden Bevölkerung. Wenn auch ein bolschewistischer Putschversuch im Juni kläglich scheiterte (ebenso wie eine rechtsgerichtete Aktion im August), so schienen den unteren Bevölkerungsschichten die einfachen Vorschläge Lenins doch immer mehr die einzige Perspektive für einen Ausweg aus der chaotischen, von Versorgungsengpässen und völliger Rechtsunsicherheit geprägten Situation zu sein, zumal die Einberufung einer Konstituierenden Versammlung von der Provisorischen Regierung immer weiter nach hinten verschoben wurde. Der skrupellose Populismus hatte den Bol'ševiki längst die Stimmenmehrheit im Petrograder Sovet gebracht, so dass Lenin seit September seine Genossen unablässig von der Notwendigkeit des Losschlagens zu überzeugen suchte, nach dem Motto „jetzt oder nie". Der charismatische Parteiführer konnte das Zentralkomitee der Bol'ševiki schließlich überzeugen, so dass in der Nacht vom 24. auf den 25. Oktober ein vornehmlich von Lev D. Trockij organisierter Staatsstreich begann, der in der folgenden Nacht die im kaiserlichen Winterpalast verschanzte Provisorische Regierung, der inzwischen der gemäßigte Sozialist Aleksandr F. Kerenskij vorstand, stürzte. Mit den Mehrheitsstimmen der Bol'ševiki und gegen die Stimmen der Men'ševiki sowie der Partei der Sozialrevolutionäre billigte ein „Allrussischer Rätekongress" die Machtübernahme, der sogleich erste Dekrete im Sinne einer neuen, alles Bisherige umstürzenden Politik folgten.

Doch wir haben den Rahmen unseres Themas längst überschritten: Die auf die Oktoberrevolution folgende Proklamation einer Räterepublik in Russland Anfang 1918, der sich bis 1921 anschließende Bürgerkrieg zwischen „Roten" und „Weißen", die nationalen Konflikte im zerfallenen Imperium, die Etablierung einer bolschewistischen Alleinherrschaft, schließlich die Gründung der Sowjetunion 1922/23 sowie die mit all diesen Entwicklungen einhergehende radikale Umgestaltung von Staat, Wirtschaft, Gesellschaft, Kultur und Kirche – das alles liegt weit jenseits der Geschichte der Romanovs. Nachzutragen bleibt das Schicksal der kaiserlichen Familie. Nach der Abdankung beorderte die Provisorische Regierung unter dem Druck des Sovet und der Straße Nikolaj und seine engere Familie zum Hausarrest in die Residenz nach Carskoe Selo, was freilich nur eine Übergangslösung sein sollte. Die Provisorische Regierung hatte kein Interesse daran, der kaiserlichen Familie Leid zuzufügen, und befürwortete Nikolajs Ansinnen, nach einer kurzen Erholungsphase mit seiner Familie auf dem nördlichen Seeweg nach England auszureisen. Nikolajs eigenen Wunsch, zu gegebener Zeit in die Heimat zurückzukehren, um auf der Krim ein ruhiges Privatleben zu führen, ignorierte Ministerpräsident L'vov, wohl in richtiger Einschätzung der Naivität eines solchen Anliegens. Doch zunächst zögerte die britische Regierung, den gestürzten Zaren aufzunehmen. Als am 9. März 1917 aus London die Zustimmung kam, hatten die Sovetvertreter von dem Plan Wind bekommen und heftigst protestiert. Nach ihren Vorstellungen sollte die Reise Nikolajs nicht nach England, sondern in das Gefängnis der Peter-und-Pauls-Festung gehen. Dass England die Bedingung stellte, die russische Regierung müsse die Kosten für Unterbringung und Unterhalt der kaiserlichen Familie aufbringen, machte es Außenminister Miljukov noch schwerer, die Angelegenheit im Sinne Nikolajs zu regeln. Im April nahm der englische König Georg V. der Provisorischen Regierung die heikle Entscheidung ab, indem er sein knauseriges Asylangebot wieder zurückzog, da er Unbehagen seitens der englischen Arbeiterschaft fürchtete.

So blieben Nikolaj und Aleksandra mit ihren Kindern in eintönigem Arrest in der Residenz außerhalb von St. Petersburg, neugierig betrachtet von allen möglichen Gaffern und auf vulgär-spießige Weise tyrannisiert von den sie bewachenden Soldaten. Teilen der proletarischen Öffentlichkeit war diese Behandlung freilich zu milde, zumal man die Offiziere der Wachtruppen ohnehin monarchistischer Neigungen verdächtigte. Man sah nicht ein, dass die Regierung so gnädig mit „Nikolaj dem Blutigen“ umging und ihn nicht vor Gericht stellte. Die Beschwichtigungen führender Sovetvertreter, dass die Revolution sich durch Milde und Großzügigkeit von der autokratischen Tyrannei abheben müsse und außerdem „Nikolaj Romanov“ nicht zum Märtyrer machen dürfte, befriedigten aufgeheizte Gemüter immer weniger, so dass sich die Regierung im Interesse der Sicherheit der kaiserlichen Familie entschloss, sie im August 1917 nach Sibirien zu verfrachten. Mochte es der Arbeiterschaft auch als Genugtuung erscheinen, dass der ehemalige Kaiser den Weg dorthin antreten musste, wohin er früher andere geschickt hatte – die Gründe für die Wahl der Stadt Tobol'sk waren pragmatische: Es war weit weg vom revolutionären Schuss und besaß eine konservativ-altmodische Bevölkerung, von der eine etwaige Lynchjustiz nicht zu erwarten war. Die kaiserliche Familie reiste – mit einer stattlichen Suite aus persönlichen Angestellten – recht komfortabel und wurde im Haus des ehemaligen Gouverneurs auch anständig, wenngleich nicht luxuriös untergebracht, allerdings ohne die Möglichkeit, das Anwesen zu verlassen. Mit der Oktoberrevolution verschlechterten sich die Bedingungen des Arrests, die Reglementierungen wurden strenger, die Wachmannschaften grober, der revolutionäre Eifer stieg. Die wachsende Erregung der lokalen Bol'ševiki mochte auch mit Gerüchten über reale oder fiktive Befreiungsversuche zusammenhängen, die entstanden, während sich die „weißen" Truppen für den Bürgerkrieg formierten. Auf Anweisung des neuen Staatsoberhauptes, Jakov M. Sverdlov, wurden die Romanovs im April 1918 von Tobol'sk in die bolschewistische Hochburg im Ural, Ekaterinburg, verlegt. Die Unterbringung ähnelte nun einer tatsächlichen Gefangenschaft. Unter strenger Bewachung lebte die Familie in zunehmend demütigendem Arrest, der von unverhohlener Feindschaft der örtlichen Bevölkerung begleitet wurde.

Mit den Erfolgen der konterrevolutionären Aufgebote im Osten des Landes befiel die Bol'ševiki vor Ort, aber auch in Moskau, wohin die Regierung inzwischen umgezogen war, panische Angst, Nikolaj könnte von den Weißen befreit werden. Angesichts fehlender Dokumente ist eine genaue Rekonstruktion der Entscheidung, Nikolaj und seine Familie zu liquidieren, unmöglich. Ob die Anweisung aus Moskau kam, gar von Lenin selbst? Ob die lokalen Verantwortlichen die Dinge in ihre eigenen Hände nahmen? Am wahrscheinlichsten ist, dass die bolschewistische Regierung einen Prozess gegen Nikolaj vorbereiten wollte, jedoch für den Fall akuter Befreiungsgefahr den örtlichen Stellen freie Hand zur Erledigung der Angelegenheit ließ. Letztlich spielt es keine Rolle, das Schicksal des ehemaligen Kaisers und seiner Familie unter dem bolschewistischen Gewaltregime war ohnehin besiegelt. In der Nacht vom 16. auf den 17. Juli 1918 wurden Nikolaj, seine Frau, seine fünf Kinder, der Leibarzt und vier Angestellte im Keller ihres Arresthauses ohne viel Aufheben erschossen.

Andere Angehörige der gestürzten Romanov-Dynastie erwartete, wenn sie sich nicht rechtzeitig in Sicherheit gebracht hatten, ein ähnliches Schicksal. Mit der Abdankung des Kaisers änderte sich ihre Lebenswelt rasch, egal welche Haltungen sie vor der Revolution eingenommen hatten. Ihrer Privilegien gingen sie verlustig, offizielle Ämter mussten aufgegeben werden, aus „Kaiserlichen Hoheiten" wurden „Staatsbürger Romanov". Meist wurden sie an ihren Wohnorten oder auf anderen Familienbesitzungen unter Arrest gestellt, wobei ihre Bewachung durch Soldaten eine fließende Grenze zwischen Schutz vor Lynchjustiz und Verhinderung der Flucht markierte. Während die liberalen Regierungskreise den Angehörigen der gestürzten Dynastie insgesamt ein reserviertes Wohlwollen entgegenbrachten, verhielten sich die vom Sovet vertretenen Gesellschaftsschichten äußerst feindselig gegenüber den „Blutsaugern". Wie auch der Adel im breiteren Sinne war die ehemalige „Crème de la crème" mit völlig ungewohntem, ja, unerhörtem Verhalten des selbstbewusst gewordenen Pöbels konfrontiert. Anstelle von Respekt gab es abgrundtiefen Hass und vulgäre Grobheit, die weder moralische noch materielle Grenzen kannte.

Mit der Machtübernahme der Bol'ševiki wendete sich die Lage für die Romanovs nochmals zum Schlechteren. Anstelle unsicher-zurückhaltender Regierungsvertreter waren nun fanatische Kommissare zuständig. Abgesehen davon, dass „Erbarmen" für die Bol'ševiki ohnehin ein unbekannter Begriff war, hatten es die Verwandten des Kaisers am allerwenigsten zu erwarten. Auf die anfängliche Verschärfung von Bewachung und Lebensbedingungen folgten meist im Jahr 1918 Verhaftung und/oder Deportation. Im Juli 1918 schritt man in Alpaevsk in der Uralregion zur Liquidierung einer Reihe von Romanovs, darunter die Großfürsten Ioann Konstantinovič, Konstantin Konstantinovič (der Jüngere) und Igor' Konstantinovič (alles Söhne des Dichters Konstantin Konstantinovič), Sergej Michajlovič (Sohn von Kaiser Nikolajs I. viertem Sohn Michail Nikolaevič) und Großfürstin Elizaveta Fëdorovna (Witwe des 1905 ermordeten Sergej Aleksandrovič). Man warf zunächst die Gefangenen lebend in einen Schacht und dann Handgranaten hinterher. Doch selbst zur gnadenlosen Gewalt fehlte dem mordenden bolschewistischen Mob das rechte Geschick. Bei der Exterminierungsaktion stellte man sich so stümperhaft an, dass – wie sich nachher herausstellte – die Opfer nicht durch die Granaten starben, sondern qualvoll verhungerten. Großfürst Michail Aleksandrovič, der für einen Tag als Nachfolger des letzten Kaisers gegolten hatte, wurde 1918 in Perm' erschossen; im Januar 1919 mussten sich die in Petrograd verbliebenen Großfürsten Dmitrij Konstantinovič (Sohn des großen reformerischen Staatsmannes), Nikolaj Michajlovič und Georgij Michajlovič (Söhne Michail Nikolaevičs) und Pavel Aleksandrovič (jüngster Sohn Kaiser Aleksandrs II.) vor einem Massengrab in der Peter-und-Pauls-Festung aufstellen, in das sie hineingeschossen wurden. Worin ihrer aller Schuld gelegen hatte, musste im Zuge des kriegskommunistischen Terrors mit seiner „revolutionären Gerichtsbarkeit“ nicht näher ausgeführt werden. Als Angehörige des ehemaligen Kaiserhauses waren sie im angeblichen Interesse des Volkes dem Tode geweiht.

Verschiedenen Mitgliedern der Dynastie war – zum Teil unter abenteuerlichen Umständen, zum Teil dank großer Zufälle – die Flucht ins Ausland geglückt. Dem Großfürsten Kirill Vladimirovič, der sich nach der Februarrevolution als erster demonstrativ den neuen Machthabern angenähert hatte, wurde im Juni die Ausreise nach Finnland gewährt, von wo aus er über Deutschland nach Frankreich gelangte. Als Onkel Nikolajs II. unter den überlebenden Romanovs mit dem engsten Verwandtschaftsgrad zur kaiserlichen Linie ausgestattet, erklärte er sich 1924 im Exil nicht nur zum Familienoberhaupt, sondern auch zum Kaiser, was größtenteils heftigen Protest der übrigen Romanovs hervorrief, zumal Marija Fëdorovna, die Witwe Aleksandrs III., als moralische Oberautorität der Familie diesen Schritt ablehnte. Unterstützt wurde Kirill von seinen beiden 1918 zunächst zu den Weißen Truppen, dann ebenfalls nach Frankreich geflohenen Brüdern Boris und Andrej Vladimirovič. Sie verdankten ihr Überleben dem Zufall, dass der mit ihrer Exekutierung beauftragte Kommissar einst als mittelloser Schauspieler von Großfürst Boris Unterstützung erhalten hatte und die beiden entlaufen ließ. Unterstützung fand Kirill noch bei Aleksandr Michajlovič, dem neben seinem Bruder Michail (der ohnehin aufgrund einer morganatischen Ehe seit 1891 im Exil lebte) einzigen überlebenden Sohn von Kaiser Nikolajs I. jüngstem Sohn Michail. Nach dem Tod Kirill Vladimirovičs, der sich noch Hoffnungen auf einen baldigen Zusammenbruch des bolschewistischen Regimes und die Wiederherstellung einer veränderten Monarchie in Russland gemacht hatte, im Jahre 1938 ging der Anspruch auf Führung des Hauses Romanov auf seinen Sohn Vladimir Kirillovič über, dessen 1953 geborene Tochter Marija Teile der Nachkommen bis heute an der Familienspitze sehen. Andere neigen dagegen Nikolaj Romanovič zu, dem 1922 geborenen Urenkel von Großfürst Nikolaj Nikolaevič dem Älteren (einem der vier Söhne Kaiser Nikolajs I.). Dessen Söhne Nikolaj (der Jüngere und ehemalige Oberbefehlshaber im Ersten Weltkrieg) und Pëtr Nikolaevič waren 1919 von der Krim nach Frankreich evakuiert worden. Mit ihnen reiste auch Pëtrs Sohn Roman Petrovič (gestorben 1978), dessen Nachkommen, der erwähnte Nikolaj Romanovič und Dmitrij Romanovič, an führender Stelle in der 1979 ins Leben gerufenen „Romanoff Family Association" wirken.

Dass Mitglieder dieser Assoziation, darunter auch Nikolaj Romanovič, im Jahre 1998 an Feierlichkeiten zur Beisetzung der Überreste der in Ekaterinburg ermordeten kaiserlichen Familie in St. Petersburg teilnehmen konnten, führt aus dem Romanov-Blickwinkel vor, dass die Geschichte über das bolschewistische Regime hinweggegangen ist. Doch die neue Aufmerksamkeit des heutigen Russland für ihre früheren Zaren und Kaiser darf andererseits nicht darüber hinwegtäuschen, dass es keine Wiederbelebung des „alten" Russland geben kann. Jenseits der analytischen Anliegen ernst zu nehmender Geschichtswissenschaft bleibt das allgemeine Interesse an den Romanovs und ihrem Reich diffus wie oberflächlich und ordnet sich eher in einen unreflektierten Breitbandpatriotismus ein, der Nikolaj II. ebenso verklärbar macht wie Stalin, der die positive Größe Russlands im Kaiserreich ebenso erkennt wie in der Sowjetunion.

Letztere hatte mit ihrer Zerstörung des adelig-bürgerlichen – und, im Zuge der Zwangskollektivierung, auch des alten bäuerlichen – Russland sowie mit dem „Aufbau des Sozialismus in einem Lande" mehrere Generationen stärksten Prägungen unterworfen, die noch heute in vielen Bereichen die mentale und habituelle Disposition der russischen Bevölkerung bestimmen. Das „neue" Russland knüpft in seinem inneren Wesen nicht an das „alte" Russland an – trotz der gerne für sich reklamierten imperialen Vergangenheit, trotz eines mitunter pseudoautokratischen Auftretens mancher Staatsmänner, trotz der Restaurierung von Romanov-Palästen und Orthodoxen Kirchen, trotz eines globalisierungsgeschuldeten Geldflusses und der Entstehung einer neureichen Unternehmerschicht sowie einer kleinen Mittelklasse. Zu groß und mächtig sind die kognitiven und emotionalen Kontinuitäten zu jenem „sowjetischen Experiment", das die Chancen eines „bürgerlichen Experiments", wie sie 1917 aufscheinen mochten, in einer in Teilen menschenverachtenden Gewalt- und Primitivitätskultur ertrinken ließ.

Die jüngere Vergangenheit hat sich, so scheint es heute, unwiderruflich in Russland eingenistet. So mag ein ausländischer Besucher in unseren Tagen von seinem Moskauer Hotel zur einer nach dem Monat des bolschewistischen Staatsstreiches benannten U-Bahn Station (Oktjabrskaja) laufen, mit der Metro zur Station „Komsomol'skaja" (Komsomol: Kommunistischer Jugendverband) fahren, sich dort in den „Leningrader Bahnhof" begeben und einen Nachtzug nach dem Nordwesten besteigen. An seinem Ankunftsort wird er aus dem „Moskauer Bahnhof" auf den „Platz des Aufstandes" heraustreten und vielleicht mit der U-Bahn weiterfahren, womöglich zur Station „Frunzenskaja" (Michail V. Frunze: bolschewistischer Truppenführer im Bürgerkrieg) oder zum „Lenin-Platz" auf der anderen Seite des Flusses; vielleicht liegt sein Quartier auch am „Bolschewistenprospekt" im Ostteil der Stadt. Doch immerhin heißt die Stadt, in der er angekommen ist, wieder „St. Petersburg". Der Besucher muss das nicht notgedrungen als hoffnungsvolles Zeichen interpretieren. Er mag sich aber davon animieren lassen, nach der Geschichte dieser Stadt, ihres Gründers, seiner Vorfahren und Nachkommen sowie deren Beitrag zur Geschichte Russlands zu fragen. Er wird auf eine vergangene Welt stoßen, die nichts von ihrer Faszinationskraft eingebüßt hat. Hätte dieses Buch hiervon einen Eindruck vermittelt, wäre sein Ziel erreicht.

Anhang

Ausspracheinweise zur wissenschaftlichen Transliteration

Für die aus dem Russischen nach der wissenschaftlichen Transliteration übertragenen Namen und Titel seien hier die wichtigsten Ausspracheregeln genannt. Nicht angeführte Buchstaben können wie im Deutschen ausgesprochen werden.

Konsonanten:

c wie z in **Z**ucker

č in etwa wie tsch in **tsch**echisch

s wie stimmloses s in Hau**s**

š wie stimmloses sch in **Sch**ule

šč in etwa wie (stimmloses) schtsch

v im Auslaut wie ff in Schiff, im Anlaut wie w in **w**o

z wie stimmhaftes s in **S**onne

ž wie stimmhaftes sch in **J**ournal

’ bedeutet eine j-Erweichung des vorhergehenden Konsonanten, beispielsweise entspricht l’ (wie bei „Ol’ga“) in etwa einem lj

Vokale:

e in etwa wie je in **je**tzt

ë in etwa wie jo in **Jo**d

ė wie hartes e in **E**lektrizität

y als dumpfes i mit Tendenz zum ü

Regierungszeiten der Zaren und Kaiser aus dem Geschlecht Romanov (-Holstein-Gottorp)

Sämtliche Daten sind nach dem in Russland von 1700 bis 1918 gültigen julianischen Kalender angegeben. Für die Umrechnung in den in Europa seit 1582 gebräuchlichen gregorianischen Kalender sind den Daten im 18. Jahrhundert 11 Tage hinzuzufügen, im 19. Jahrhundert 12 Tage, im 20. Jahrhundert 13 Tage.
Geburts- und Todesjahre sind den nachfolgenden Stammtafeln zu entnehmen.

Michail Fëdorovič	21.02.1613 (Wahl)–13.07.1645
Aleksej Michajlovič	13.07.1645–29.01.1676
Fëdor Alekseevič	30.01.1676–27.04.1682
Ivan V. Alekseevič	26.05.1682–29.01.1696
Sof'ja Alekseevna (Regentin)	26.05.1682–07.09.1689
Pëtr I. Alekseevič	27.04.1682–28.01.1725
Ekaterina I. Alekseevna	28.01.1725–06.05.1727
Pëtr II. Alekseevič	07.05.1725–18.01.1730
Anna Ivanovna	19.01.1730–17.10.1740
Ivan IV. Antonovič	17.10.1740–25.11.1741
Anna Leopol'dovna (Regentin)	09.11.1740–25.11.1741
Elizaveta Petrovna	25.11.1741–25.12.1761
Pëtr III. Fëdorovič	25.12.1761–28.06.1762
Ekaterina II. Alekseevna	28.06.1762–06.11.1796
Pavel Petrovič	06.11.1796–12.03.1801
Aleksandr I. Pavlovič	12.03.1801–19.11.1825
Nikolaj I. Pavlovič	14.12.1825–18.02.1855
Aleksandr II. Nikolaevič	18.02.1855–01.03.1881
Aleksandr III. Aleksandrovič	02.03.1881–20.10.1894
Nikolaj II. Aleksandrovič	21.10.1894–02.03.1917

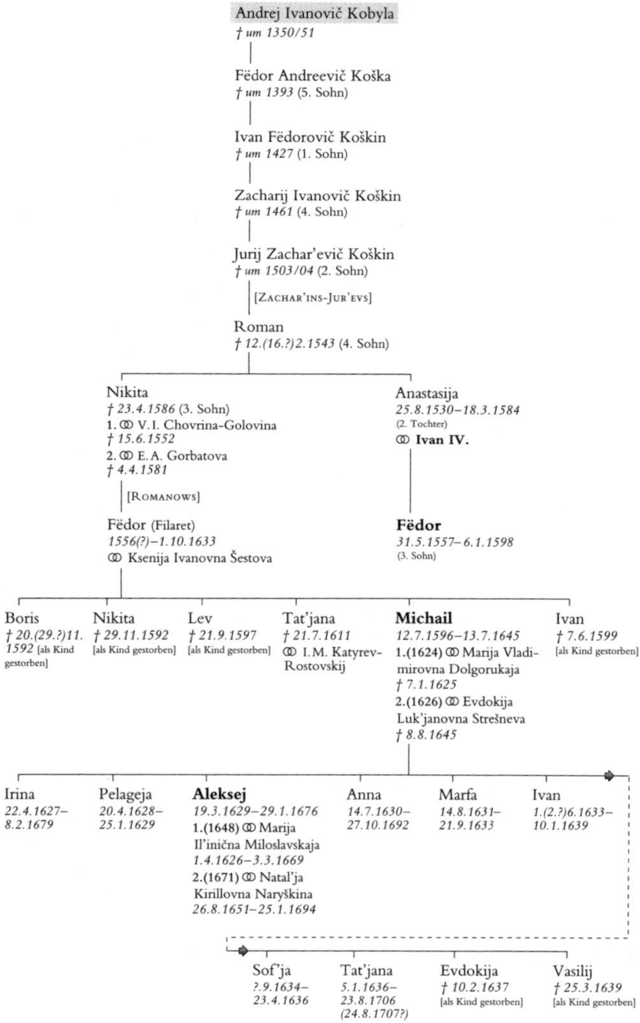

Stammtafel 1: Die ersten Romanovs und ihre Vorfahren

Hinweis: Die Stammtafeln wurden unter Verwendung von D. Jena, Die russischen Zaren in Lebensbildern, Graz 1996, erstellt, und erheben, insbesondere hinsichtlich der Nachkommen der Romanovs im 20. Jahrhundert, keinen Anspruch auf Vollständigkeit.

Aleksej
19.3.1629–29.1.1676
1.(1648) ⚭ Marija
Il'inična Miloslavskaja
1.4.1626–3.3.1669
2.(1671) ⚭ Natal'ja
Kirillovna Naryškina
26.8.1651–25.1.1694

Dmitrij *22.10.1648–6.10.1649*
Marfa *26.8.1652–?.7.1707*
Aleksej *5.2.1654–17.1.1670*
Anna *23.1.1655–9.5.1659*
Sof'ja *5.(17.?)9.1657–3.7.1704*
Evdokija *17.(18.?)2.1658–10.5.1712*
Ekaterina *26.11.1658–1.5.1718*
Marija *18.1.1660–20.3.1723*

Fëdor
30.5.1661–27.4.1682
1.(1680) ⚭ Agaf'ja
Semënovna Grušeckaja
† 14.7.1681
2.(1682) ⚭ Marfa
Matveevna Apraksina
1664–31.12.1715

Il'ja
11.7.1681–21.7.1681

Feodosija *28.5.1662–?.12.1713*
Simeon *?.4.1665–19.6.1669*

Ivan V.
27.8.1666–29.1.1696
(1684) ⚭ Praskov'ja
Saltykova
12.10.1664–?.10.1723

Evdokija *† 18.2.1669* [als Kind gestorben]

Marija *24.3.1689–14.2.1692*
Feodosija *4.6.1690–12.5.1691*

Ekaterina
29.10.1691–14.(25.)6.1733
(1716) ⚭ Karl Leopold
von Mecklenburg-Schwerin
1678–1747

Anna
28.1.1693–17.10.1740
(1710) ⚭ Friedrich Wilhelm
von Kurland
† 1711

Praskov'ja *24.9.1694–8.10.1731*

Anna Leopol'dovna
7.(18.)12.1718–7.3.1746
⚭ Anton Ulrich, Herzog
von Braunschweig-Bevern
1714–1776

Ivan VI. *2.8.1740–4.7.1764*
Ekaterina *26.7.1741–1807*
Elizaveta *1743–1782*
Pëtr *19.3.1745–1798*
Aleksej *27.2.1746–1787*

Stammtafel 2: Aleksej und der Miloslavskij-Zweig

Aleksej
19.3.1629–29.1.1676
1.(1648) ⚭ Marija Il'inična Miloslavskaja
1.4.1626–3.3.1669
2.(1671) ⚭ Natal'ja Kirillovna Naryškina
26.8.1651–25.1.1694

- **Pëtr I.** *30.5.1672–28.1.1725*
  1.(1689–1698) ⚭ Evdokija Fëdorovna Lopuchina *30.6.1670–27.8.1731*
  2.(1705/Trauung 1712) ⚭ Ekaterina I. Alekseevna (Marta Skavronskaja) *5.4.1684–6.5.1727*
- Natal'ja *25.8.1673–18.6.1716*
- Feodora *4.4.1674–?.11.1678*

Kinder aus 1. Ehe (Pëtr I. ⚭ Evdokija Fëdorovna Lopuchina):

- Aleksandr *3.10.1691–14.5.1692*
- Pavel *† 1693* [als Kind gestorben]
- Aleksej *18.2.1690–26.6.1718*
  (1711) ⚭ Sofia Charlotte von Braunschweig-Wolfenbüttel *1694–1715*
  - Natal'ja *12.7.1714–22.11.1728*
  - **Pëtr II.** *12.10.1715–18.1.1730*

Kinder aus 2. Ehe (Pëtr I. ⚭ Ekaterina I. Alekseevna):

- Ekaterina *1707–1708*
- **Elizaveta** *18.12.1709–25.12.1761*
- Marija *† ?.3.1713* [als Kind gestorben]
- Margarita *?.9.1714–?.5.1715*
- Pëtr *28.10.1715–25.4.1719*
- Pavel *† ?.1.1717*
- Natal'ja *20.8.1718–22.2.1725*
- Anna *27.1.1708–4.(15.?)1728*
  ⚭ Karl Friedrich von Schleswig-Holstein-Gottorp *1700–1739*
  - **Pëtr III.** (Karl Peter Ulrich von Holstein-Gottorp) *10.(21.)2.1728–5.7.1762*
    (1743) ⚭ **Ekaterina II.** (Sophie von Anhalt-Zerbst) *21.4.(2.5.)1729–6.11.1796*

Fortsetzung Tafel 4

Stammtafel 3: Alexej und der Naryškin-Zweig

- **Pavel**
  20.9.1754–12.3.1801
  1.(1773) ⚭ Natal'ja Alekseevna
  (Wilhelmine von Hessen-Darmstadt)
  14.(25.)6.1755–15.4.1776
  2.(1776) ⚭ Marija Fëdorovna
  (Sofia von Württemberg)
  14.(25.)10.1759–24.10.1828
  - **Aleksandr I.**
    12.12.1777–19.11.1825
    ⚭ Elizaveta Alekseevna
    (Luise von Baden-Baden)
    13.(24.)1.1779–4.5.1826
    - Marija
      18.5.1799–27.7.1800
    - Elizaveta
      3.11.1806–30.4.1808
  - Konstantin
    27.4.1779–15.6.1831
    (1796–1820/Scheidung) ⚭
    Anna Fëdorovna (Juliane von Sachsen-Coburg)
    1781–1860
  - Aleksandra
    29.7.1783–4.3.1801
    (1799) ⚭ Joseph von Österreich
  - Elena
    13.12.1784–12.9.1803
    ⚭ Friedrich-Ludwig von Mecklenburg-Schwerin
  - Marija
    4.2.1786–11.6.1859
    ⚭ Carl-Friedrich von Sachsen-Weimar
  - Ekaterina
    10.5.1788–9.?1.1819
    1.(1809) ⚭ Georg-Peter von Holstein-Oldenburg
    † 1812
    2.(1816) ⚭ Friedrich-Wilhelm, König von Württemberg
  - Ol'ga
    11.7.1792–15.1.1795
  - Anna
    7.1.1795–17.2.1865
    ⚭ Wilhelm II., König der Niederlande
  - **Nikolaj I.**
    25.6.1796–18.2.1855
    ⚭ Aleksandra Fëdorovna
    (Charlotte von Preußen)
    1.(12.)7.1798–19.10.1860
    - **Aleksandr II.**
      17.4.1818–1.3.1881
      (1841) ⚭ Marija Aleksandrovna
      (Maria von Hessen-Darmstadt)
      1.(27.?)7.1824–22.5.1880
    - Marija
      6.8.1819–9.2.1876
      ⚭ Maximilian von Leuchtenberg
      1817–1852
    - Ol'ga
      30.8.1822–18.10.1892
      (1846) ⚭ Friedrich Karl, König von Württemberg
    - Aleksandra
      12.6.1825–29.7.1844
      (1844) ⚭ Friedrich Wilhelm von Hessen-Kassel
    - Konstantin
      9.9.1827–13.1.1892
      (1848) ⚭ Aleksandra Iosifovna
      (Alexandra von Sachsen-Altenburg)
      26.6.(8.7.)1830–23.6.1911
    - Nikolaj
      27.7.1831–13.4.1891
      (1856) ⚭ Aleksandra Petrovna
      (Alexandra von Oldenburg)
      21.5.(2.6.)1838–13.(26.)4.1900
    - Michail
      13.10.1832–5.12.1909
      (1857) ⚭ Ol'ga Fëdorovna
      (Cecilie von Baden)
      8.(20.)9.1839–31.3.1891
  - Michail
    28.1.1798–28.8.1849
    (1824) ⚭ Elena Pavlovna (Karoline von Württemberg)
    28.12.1806–9.1.1873
    - Marija
      25.2.1825–7.11.1846
    - Elizaveta
      14.5.1826–16.1.1845
      (1844) ⚭ Adolf von Nassau
    - Ekaterina
      16.8.1827–30.4.1894
      (1851) ⚭ Georg von Mecklenburg-Strelitz
    - Aleksandr
      16.1.1831–15.3.1832
    - Anna
      15.10.1834–10.3.1836

Stammtafel 4: Pavel, Pavloviči und Nikolaevici

Aleksandr II.
17.4.1818–1.3.1881
(1841) ⚭ Marija Aleksandrovna
(Maria von Hessen-Darmstadt)
1.(27.?)7.1824–22.5.1880

Aleksandra
18.8.1842–16.6.1849

Nikolaj
8.9.1843–12.4.1865

Aleksej
2.1.1850–1.11.1908

Marija
5.(17.)10.1853–24.10.1920
⚭ Alfred Ernst von Sachsen-Coburg

Sergej
29.4.1857–4.2.1905
⚭ Elizaveta Fëdorovna
(Elisabeth von Hessen)
20.10.(1.11.)1864–?.7.1918

Aleksandr III.
26.2.1845–20.10.1894
(1866) ⚭ Maria Fëdorovna (Dagmar von Dänemark)
14.(26.)11.1847–13.10.1928

Vladimir
10.4.1847–4.2.1909
(1874) ⚭ Marija Pavlovna
(Maria von Mecklenburg-Schwerin)
2.(14.)5.1854–6.9.1920

Pavel
21.9.(3.10.)1860–30.1.1919
(1889) ⚭ Aleksandra Georgievna
(Prinzessin von Griechenland)
18.8.1870–12.9.1891

Aleksandr
20.5.1869–20.4.1870

Georgij
27.4.1871–28.6.1899

Ksenija
25.3.(6.4.) 1875–1960
(1894) ⚭ Großfürst Aleksandr Michailovič
1.(13.)4.1866–26.2.1933

Michail
22.11.(4.12.) 1878–13.7.1918
(1911) ⚭ Natal'ja Sergeevna Šeremet'evskaja
14.6.(28.6.) 1880–26.1.1952

Ol'ga
1.(13.)6.1882–1960
(1901) ⚭ Peter von Oldenburg

Nikolaj II.
6.(18.)5.1868–17.7.1918
⚭ Aleksandra Fëdorovna (Alice von Hessen
25.5.(6.6.)1872–17.7.1918

Ol'ga
3.(15.)11.1895–17.7.1918

Tat'jana
29.5.(10.6.) 1897–17.7.1918

Marija
14.(26.)6.1899–17.7.1918

Anastasija
5.(17.)6.1901–17.7.1918

Aleksej
30.7.(12.8.) 1904–17.7.1918

Aleksandr
19.8.1875–4.3.1877

Kirill
30.9.(12.10.)1876–13.10.1938
(1905) ⚭ Viktoria, Tochter Alfreds von Sachsen-Coburg-Gotha
13.(25.)11.1876–2.3.1936

Marija
20.1.(2.2.) 1907–1951

Kira
26.4.(9.5.) 1909–1967

Vladimir
17.(30.)8.1917–1992

Marija
geb. 23.12.1953

Boris
12.(24.)11.1877–1943

Elena
17.(29.)1.1882–8.2.1938
⚭ Nikolaos, von Griechenland

Andrej
2.(14.)5.1879–1956

Marija
6.(18.)4.1890–1958
1.(1908/Scheidung 1914) ⚭ Wilhelm von Südermannland
2.(1917) ⚭ Fürst S. Putjatin [Scheidung]

Dmitrij
6.(18.)9.1891–5.3.1942

Stammtafel 5: Aleksandroviči

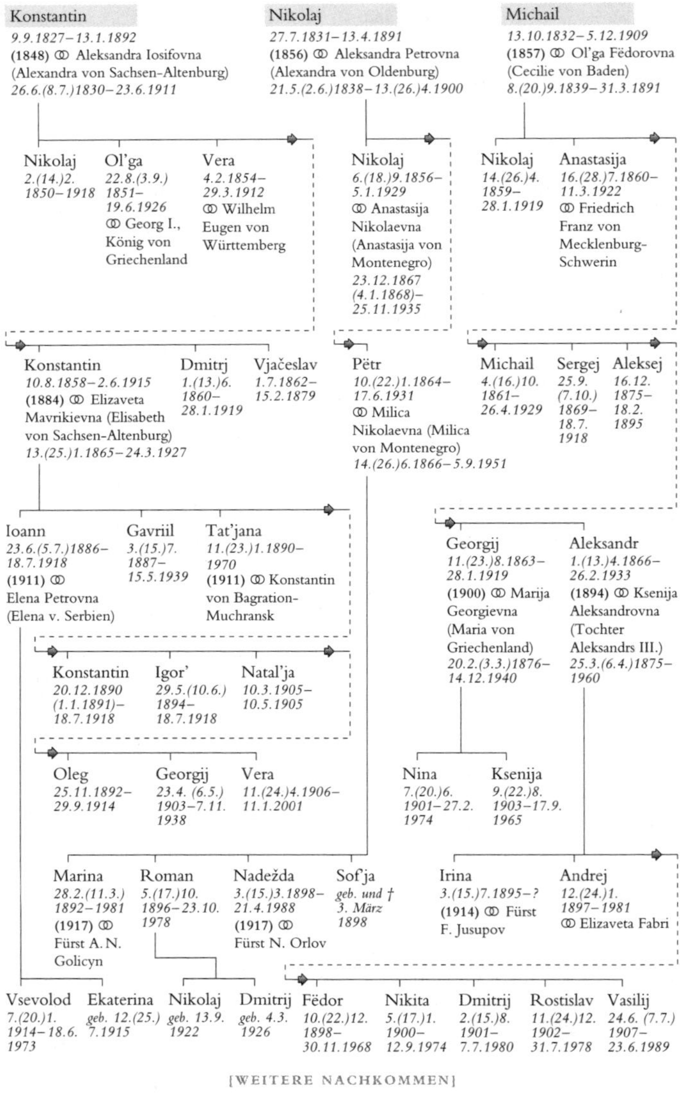

Stammtafel 6: Konstantinoviči, Nikolaevči, Michailoviči

Literaturverzeichnis

Das Literaturverzeichnis enthält eine Auswahl wichtiger dem Thema zugrunde liegender sowie weiterführender Titel, wobei in der Auflistung neueren Werken – nach Möglichkeit – der Verzug vor älteren eingeräumt wurde. Die Verflechtung der Dynastiegeschichte der Romanovs mit der allgemeinen historischen Entwicklung im Russischen Reich erfordert dabei Angaben zu beiden Entwicklungssträngen. Aus Platzgründen konnten keine Aufsätze in das Verzeichnis aufgenommen werden, einzige Ausnahme ist ein im Text zitierter Beitrag. Auch auf die umfassende Nennung von Quellen musste verzichtet werden, sie können größtenteils aus den Anmerkungsapparaten der genannten Literaturtitel erschlossen werden.

Nach zwei übergreifenden Rubriken zu Beginn sind die Literaturangaben den Kapiteln des Buches zugeordnet. Auf die westsprachlichen folgen russische Literaturangaben, jeweils nach Autor bzw. Herausgeber – falls nicht vorhanden: nach dem Titel – geordnet.

0. Nachschlagewerke, Handbücher und übergreifende Darstellungen zur Geschichte Russlands

ASCHER, A.: *Geschichte Russlands*, Essen 2005 (original Oxford 2002); BEYRAU, D.: *Militär und Gesellschaft im vorrevolutionären Rußland*, Köln 1984; BOHN, T.M./NEUTATZ, D. (HG.): *Studienhandbuch Östliches Europa*, Bd. 2, *Geschichte des Russischen Reiches und der Sowjetunion*, Köln 2002; CHUBAROV, A.: *The Fragile Empire. A History of Imperial Russia*, New York 1999; DMYTRYSHYN, B. (Hg.): *Imperial Russia. A Source Book, 1700–1917*, Fort Worth ³1990; DUKES, P.: A History of Russia, c. 882–1996, Durham ³1998; EVTUHOV, C./GOLDFRANK, D./ HUGHES, L./STITES, R.: *A History of Russia. Peoples, Legends, Events, Forces*, Boston 2004; FREEZE, G.L. (Hg.): *Russia. A History*, Oxford 1997; HARTLEY, J.: *A Social History of the Russian Empire 1650–1825*, London 1999; GOEHRKE, C./HELLMANN, M./LORENZ R. U.A.: *Fischer Weltgeschichte*, Bd. 31, *Russland*, Frankfurt/Main 1973; HAUMANN, H.: *Geschichte Russlands*, München 1996; HELLMANN, M./ZERNACK, K./

Schramm, G. u.a. (Hg.): *Handbuch der Geschichte Russlands*, 6 Bde. in mehreren Lieferungen, Stuttgart 1976ff.; Hösch, E.: *Geschichte Russlands. Vom Kiever Reich bis zum Zerfall des Sowjetimperiums*, Stuttgart 1996; Hösch, E./Grabmüller, H.-J.: *Daten der russischen Geschichte. Von den Anfängen bis 1917*, München 1981; Hosking, G.: *Russland. Nation und Imperium 1552–1917*, Berlin 2003; Kappeler, A.: *Russland als Vielvölkerreich. Entstehung, Geschichte, Zerfall*, München 1992; Keep, J.L.H.: *Soldiers of the Tsar. Army and Society in Russia, 1462–1874*, Oxford 1985; Kessler, W.: *Rußland-Ploetz. Russische und sowjetische Geschichte zum Nachschlagen*, Freiburg ^{3}1992; Kochan, L./Keep, J.: *The Making of Modern Russia. From Kiev Rus' to the Collapse of the Soviet Union*, London ^{3}1997; Leontovitsch, V.: *Geschichte des Liberalismus in Rußland*, Frankfurt/Main ^{2}1974; Lincoln, W.B.: *Sunlight at Midnight. St. Petersburg and the Rise of Modern Russia*, New York 2000; Linke, H.-G.: *Geschichte Russlands. Von den Anfängen bis heute*, Darmstadt 2006; Longley, D.: *The Longman Companion to Imperial Russia, 1689–1917*, Harlow 2000; Moss, W.G.: *A History of Russia*, 2 Bde., New York 1997; Perrie, M./Lieven, D./Suny, R.G. (Hg.): *The Cambridge History of Russia*, 3 Bde., Cambridge 2006; Pipes, R.: *Rußland vor der Revolution. Staat und Gesellschaft im Zarenreich*, München 1977 (original London 1974); Pushkareva, Natalia: *Women in Russian History. From the Tenth to the Twentieth Century*, Armonk 1997; Ragsdale, H.: *The Russian Tragedy. The Burden of History*, Armonk 1996; Raeff, M.: *Imperial Russia 1682–1825. The Coming of Age of Modern Russia*, New York 1971; Raeff, M.: *Plans for Political Reform in Imperial Russia, 1730–1905*, Englewood Cliffs 1966; Raeff, M.: *Understanding Imperial Russia. State and Society in the Old Regime*, New York 1984; Riasanovsky, N.V.: *A History of Russia*, New York ^{6}2000; Rieber, A: *Merchants and Entrepreneurs in Imperial Russia*, Chapel Hill 1982; Schmidt, C.: *Russische Geschichte 1547–1917*, München 2003; Seton-Watson, H.: *The Russian Empire 1801–1917*, Oxford 1967; Stökl, G.: *Russische Geschichte. Von den Anfängen bis zur Gegenwart*, Stuttgart ^{6}1997; Vernadsky, G. (Hg.): *A Source Book for Russian History. From Early Times to 1917*, 3 Bde., New Haven 1972; Torke, H.-J. (Hg.): *Lexikon der Geschichte Rußlands. Von den Anfängen bis zur Oktober-Revolution*, München 1985; Westwood, J.N.: *Endurance and Endeavour. Russian History 1812–2001*, Oxford 2002; Wieczynski, J.L. (Hg.): *The Modern Encyclopedia of Russian and Soviet History*, 60 Bde., Gulf Breeze 1976ff.

Bol'šaja rossijskaja ėnciklopedija, bislang 6 Bde. erschienen, Moskau 2005ff.; Janin, V.L. (Hg.): *Otečestvennaja istorija. Istorija Rossii s drevnejšich vremën do 1917 goda*, bislang 3 Bde., Moskau 2004ff.; *Sovetskaja istoričeskaja ėnciklopedija*, 16 Bde., Moskau 1961ff.; Šilov, D.N.: *Gosudarstvennye dejateli Rossijskoj Imperii 1802–1917. Biobibliografičeskij spravočnik*, St. Petersburg 2001; ZAJONČKOVSKIJ, P.A. (Hg.): *Spravočniki po istorii dorevoljucionnoj Rossii. Bibliografičeskij ukazatel'*, Moskau ²1978.

I. Nachschlagewerke und Sammelbiographien zu den Romanovs

BAIN, R. N.: *The First Romanovs (1613–1725). A History of Muscovite Civilisation and the Rise of Modern Russia under Peter the Great and his Forerunners*, London 1905; CHAVCHAVADZE, D.: *The Grand Dukes*, New York 1990; EGAN, D.R./EGAN, M.A.: *Russian Autocrats from Ivan the Great to the Fall of the Romanov Dynasty. An Annotated Bibliography of English Language Sources to 1985*, Metuchen 1987; JENA, D.: *Die russischen Zaren in Lebensbildern*, Graz 1996; JENA, D.: *Die Zarinnen Rußlands (1547–1918)*, Augsburg 2003; KISTE, J. V.D.: *The Romanovs 1818–1959. Alexander II of Russia and His Family*, Phoenix Mill 1998; LINCOLN, W.B.: *The Romanovs. Autocrats of All the Russias*, New York 1981; RALEIGH, D.J./ISKENDEROV, A.A. (Hg.): *The Emperors and Empresses of Russia. Rediscovering the Romanovs*, Armonk 1996; *Das Russland der Zaren. Photographien von 1839 bis zur Oktoberrevolution*, Berlin 1989; THIEBAUD, J.-M.: *Les Romanov*, Paris 1998; TORKE, H.-J. (Hg.): *Die russischen Zaren 1547–1917*, München ³2005; WORTMAN, R.S.: *Scenarios of Power. Myth and Ceremony in Russian Monarchy*, 2 Bde., Princeton 1995/2000; ZEEPVAT, C.: *The Camera and the Tsars. A Romanov Family Album*, Phoenix Mill 2004; ZEEPVAT, C.: *Romanov Autumn. Stories from the Last Century of Imperial Russia*, Phoenix Mill 2000.

ANISIMOV, E.V.: *Ženščiny na rossijskom prestole*, St. Petersburg 1997; BOCHANOV, A.N.: *Russkie samoderžcy 1801–1917*, Moskau 1993; BOCHANOV, A.N.: *Serdečnye tajny doma Romanovych*, Moskau 2007; ČIŽOVA, I.B.: *Pjat' imperatric. Petersburgskaja kul'tura XVIII veka*, St. Petersburg 2002; FEDORČENKO, V.I.: *Rossijskij imperatorskij dom i evropejskie monarchii*, Krasnojarsk 2006; GREBEL'SKIJ, P.CH./MIRVIS, A.B.: *Dom Romanovych. Biografičeskie svedenija o členach carstvujuščego doma, ich predkach i rodstvennikach*, St. Petersburg 1992; KAMENSKIJ, A.B.: *Ot Petra I do Pavla I. Reformy v Rossii XVIII veka. Opyt celostnogo analiza*, Moskau 2000; KONJAEV, N.M.: *Pervye Romanovy. Zagadki i mify dinastii*, Moskau 2002; KUZMIN, JU.A.: *Rossijskaja imperatorskaja familija 1797–1917. Bibliografičeskij spravočnik*, St. Petersburg 2005; MILLER, A.: *Imperija Romanovych i nacionalizm*, Moskau 2006; PČELOV, E.V.: *Romanovy. Istorija dinastii*, Moskau 2003; *Russkaja starina. Žizn' imperatorov i ich favoritov na materialach publikacij žurnalov „Russkij archiv“ i „Russkaja starina“*, Moskau 1992; TKAČEV, I.G.: *Dinastija Romanovych*, Moskau 1998; VASECKIJ, N.A.:

Ženščiny Rossijskoj korony, Moskau 1994; VOLKOV, E.V./KONJUČENKO, A.I.: *Russkie imperatory XIX veka v svidetel'stvach sovremennikov i ocenkach potomkov*, Čeljabinsk 2003; ŽUKOVIČ, N.P.: *Rossija i Romanovy. Rossija pod skeptrom Romanovych. Očerki iz russkoj istorii za vremja s 1613 po 1913 god*, Moskau 1992 (original St. Petersburg 1913).

II. Eine neue Dynastie und der Anbruch der Neuzeit in Russland: Die Romanovs im 17. Jahrhundert (1613–1682)

BASARAB, J.: *Pereiaslav 1654. A Historiographical Study*, Edmonton 1982; BUSHKOVITCH, P.: *Religion and Society in Russia. The Sixteenth and Seventeenth Century*, Oxford 1992; CRUMMEY, R.O.: *Aristocrats and Servitors. The Boyar Elite in Russia, 1613–1689*, Princeton 1983; DIXON, S.: *The Modernisation of Russia 1676–1825*, Cambridge 1999; DUKES, P.: *The Making of Russian Absolutism 1613–1801*, London ²1990; DUNNING, C.: *Russia's First Civil War. The Times of Troubles and the Founding of the Romanov Dynasty*, University Park 2001; FUHRMANN, J.: *Tsar Alexis. His Reign and His Russia*, Gulf Breeze 1981; KIVELSON, V.A.: *Autocracy in the Provinces. The Muscovite Gentry and Political Culture in the Seventeenth Century*, Stanford 1996; KOLLMAN, N.S.: *By Honor Bound. State and Society in Early Modern Russia*, Ithaca 1999; LONGWORTH, P.: *Alexis, Tsar of All the Russias*, New York 1984; MICHELS, G.B.: *At War with the Church. Religious Dissent in Seventeenth-Century Russia*, Stanford 1999; O'BRIEN, C.B.: *Muscovy and the Ukraine. From the Pereiaslavl Agreement to the Truce of Andrusovo, 1654–1667*, Berkeley 1963; SCHEIDEGGER, G.: *Endzeit. Russland am Ende des 17. Jahrhunderts*, Bern 1999; STEVENS, C.B.: *Soldiers on the Steppe. Army Reform and Social Change in Early Modern Russia*, DeKalb 1995; SKRYNNIKOV, R.G.: *The Time of Troubles. Russia in Crisis, 1604–1618*, Gulf Breeze 1988; TORKE, HANS-JOACHIM: *Die Staatsbedingte Gesellschaft im Moskauer Reich. Zar und Zemlja in der Altrussischen Herrschaftsverfassung 1613–1689,* Leiden 1974.

ANDREEV, I.L.: *Aleksej Michajlovič*, Moskau 2003; DEMIDOVA, N.F./MOROZOVA, L.E./PREOBRAŽENSKIJ, A.A.: *Pervye Romanovy na rossijskom prestole*, Moskau 1996; ILOVAJSKIJ, D.I.: *Otec Petra Velikogo. Car' Aleksej Michajlovič Romanov*, Moskau 1996; KOZLJAKOV, V.N.: *Michail Fëdorovič*, Moskau 2004; MOROZOVA, L.E.: *Rossija na puti iz Smuty. Izbranie na carstvo Michaila Fëdoroviča*, Moskau 2005; SEDOV, P.V.: *Zakat moskovskogo carstva. Carskij dvor konca XVII veka*, St. Petersburg 2006; SKRYNNIKOV, R.G.: *Michail Romanov*, Moskau 2005; SKRYNNIKOV, R.G.: *Russkaja istorija IX-XVII vekov*, St. Petersburg 2006; STAŠEVSKIJ, E.D.: *Očerki po istorii carstvovanija Michaila Fëdoroviča*. Bd.1.

Moskovskoe obšcestvo i gosudarstvo ot načala carstvovanija Michaila Fëdoroviča do ėpochi Smolenskoj vojny, Kiev 1913; Ul'janovskij, V.: *Smutnoe vremja*, Moskau 2006; Vasenko, P.G.: *Bojare Romanovy i vocarenie Michaila Fëdoroviča*, St. Petersburg 1913.

III. Vom Moskauer Zarentum zum Russländischen Kaiserreich: Pëtr I. und seine Zeit (1682–1725)

Anderson, M.S.: *Peter the Great*, Harlow ^{2}1995; Bushkovitch, P.: *Peter the Great*, Lanham 2003; Bushkovitch, P.: *Peter the Great. The Struggle for Power, 1671–1725*, Cambridge 2001; Cracraft, J.: *Peter the Great Transforms Russia*, Lexington ^{3}1991; Cracraft, J.: *The Petrine Revolution in Russian Culture*, Cambridge 2004; Cracraft, J.: *The Revolution of Peter the Great*, Cambridge 2003; Dixon, S.: *The Modernisation* (siehe II.); Dukes, P.: *The Making* (siehe II.); Hughes, L.: *Peter the Great. A Biography*, New Haven 2002; Hughes, L. (Hg.): *Peter the Great and the West. New Perspectives*, Houndmills 2001; Hughes, L.: *Russia and the West. The Life of a Seventeenth-Century Westernizer, Prince Vasily Vasil'evich Golitsyn (1643–1714)*, Newtonville 1984; Hughes, L.: *Russia in the Age of Peter the Great*, New Haven 1998; Hughes, L.: *Sophia. Regent of Russia 1657–1704*, New Haven 1990; Kamenskij, A.B.: *The Russian Empire in the Eighteenth Century. Searching for a Place in the World*, Armonk 1997; LeDonne, J.P.: *Absolutism and Ruling Class. The Formation of the Russian Political Order 1700–1825*, New York 1991; Massie, R.K.: *Peter der Große. Sein Leben und seine Zeit*, Frankfurt/Main 1984 (original New York 1980); Peterson, C.: *Peter the Great's Administrative and Judicial Reforms. Swedish Antecedents and the Process of Reception*, Stockholm 1979; Wagner, J.V./Bonwetsch, B./Eggeling, W. (Hg.): *Ein Deutscher am Zarenhof. Heinrich Graf Ostermann und seine Zeit 1687–1747*, Essen 2001; Wittram, R.: *Peter I. Czar und Kaiser*, 2 Bde., Göttingen 1964.

Anisimov, E.V.: *Car' i gorod. Petrovskij Peterburg*, St. Petersburg 2004; Anisimov, E.V.: *Vremja petrovskich reform*, Leningrad 1989; Burlaka, D.K. (Hg.): *Pëtr Velikij: pro et contra. Ličnost' i dejanija Petra I v ocenke russkich myslitelej i issledovatelej*, St. Petersburg 2003; Cvetkov, S.Ė.: *Pëtr Pervyj 1672–1725*, Moskau 2005; Lavrov, A.S.: *Regenstvo carevny Sof'i Alekseevny*, Moskau 1999; Molčanov, N.N.: *Diplomatija Petra velikogo*, Moskau ^{3}1990; Molčanov, N.N.: *Pëtr I*, Moskau 2003; Pavlenko, N.I.: *Pëtr I*, Moskau 2000; Pavlenko, N./Drozdova, O./Kolkina, I.: *Soratniki Petra*, Moskau 2001; Pisar'kova, L.F.: *Gosudarstvennoe upravlenie Rossii s konca XVII do konca XVIII veka. Ėvoljucija bjurokratičeskoj sistemy*, Moskau 2007; Pogosjan, E.A.: *Pëtr I – architektor rossijskoj istorii*, St. Petersburg 2001; Serov, D.O.: *Administracija*

Petra I, Moskau 2007; VLADIMIRSKAJA, N.S. (Hg.): *Pëtr Velikij – Reformator Rossii,* Moskau 2001.

IV. Dynastische Wirren und Machtkämpfe: Pëtrs Nachfolger (1725–1761)

ANISIMOV, E.V.: *Empress Elizabeth. Her Reign and Her Russia*, Gulf Breeze 1995; BAIN, R.N.: *The Daughter of Peter the Great. A History of Russian Diplomacy and of the Russian Court under the Empress Elizabeth Petrovna 1741–1762*, Westminster 1899; BRENNAN, J.F.: *Enlightened Despotism. The Reign of Elisabeth 1741–1762*, New York 1987; DIXON, S.: *The Modernisation* (siehe II.); DUKES, P.: *The Making* (siehe II.); DUPONT, P.: *Catherine, Anna, Elisabeth. Pouvoir, influence de trois impératrices dans la Russie du XVIIIe siècle (1725–1762)*, Paris 2000; KAMENSKIJ, A.B.: *The Russian Empire* (siehe III.); KAPLAN, H.H.: *Russia and the Outbreak of the Seven Years' War*, Berkeley 1968; LEDONNE, J.P.: *Absolutism* (siehe III.); MEEHAN-WATERS, B.: *Autocracy and Aristocracy. The Russian Service Elite of 1730*, New Brunswick 1982; RICE, T. T.: *Elisabeth von Rußland. Die letzte Romanow auf dem Zarenthron*, München 1970; WAGNER, J.V./BONWETSCH, B./EGGELING, W. (Hg.): *Ein Deutscher* (siehe III.).

ANISIMOV, E.V.: *Anna Ioannovna*, Moskau 2004; ANISIMOV, E.V.: *Elizaveta Petrovna*, Moskau 2002; ANISIMOV, E.V.: *Rossija bez Petra*, St. Petersburg 1994; KRIČEVCEV, M.V.: *Kabinet Elizavety Petrovny i Petra III. Istoričeskij očerk*, Novosibirsk 1993; KURUKIN, I.V.: *Biron*, Moskau 2006; PAVLENKO, N.I.: *Anna Ioannovna. Nemcy pri dvore*, Moskau 2002; PAVLENKO, N.I.: *Elizaveta Petrovna. V krugu muz i favoritov*, Moskau 2005. PAVLENKO, N.I.: *Pëtr II*, Moskau 2006; PISARENKO, K.: *Povsednevnaja žizn' russkogo dovra v carstvovanie Elizavety Petrovny*, Moskau 2003; PISAR'KOVA, L.F.: *Gosudarstvennoe upravlenie* (siehe III.).

V. Absolutismus, Aufklärung und Expansion: Die deutschen Erben der Dynastie (1761–1796)

ALEXANDER, J.T.: *Catherine the Great. Life and Legend*, New York 1989; BAIN, R.N.: *Peter III. Emperor of Russia. The Story of a Crisis and a Crime*, Westminster 1902; BARTLETT, R./HARTLEY, J.M. (Hg.): *Russia in the Age of the Enlightenment*, London 1990; CRONIN, V.: *Katharina die Große. Eine Biographie*, Düsseldorf 1978 (original Glasgow 1977); DIXON, S.: *Catherine the Great*, Harlow 2001; DIXON, S.: *The Modernisation* (siehe II.); DONNERT, E.: *Katharina II. Die Große. Kaiserin des Russischen Reiches*, Regensburg 1998; DUKES, P.: *Catherine the Great and the Russian Nobility. A Study Based on the Materials of the Legislative Commission of 1767*, Cambridge 1967; DUKES, P.: *The Making* (siehe II.); GEYER, D.: *Gesellschaft als staatliche Veranstaltung. Bemerkungen zur Sozialgeschichte der russischen Staatsverwaltung im 18. Jahrhundert*, in: Jahrbücher für Geschichte Osteuropas 14, 1966, S. 21–50; HÜBNER, E./ KUSBER, J./NITSCHE, P. (Hg.): *Russland zur Zeit Katharinas II. Absolutismus, Aufklärung, Pragmatismus*, Köln 1998; KAMENSKIJ, A.B.: *The Russian Empire* (siehe III.); KUSBER, J.: *Eliten- und Volksbildung im Zarenreich während des 18. und in der ersten Hälfte des 19. Jahrhunderts. Studien zu Diskurs, Gesetzgebung und Umsetzung*, Stuttgart 2004; LEDONNE, J.P.: *Absolutism* (siehe III.); LEDONNE, J.P.: *Ruling Russia. Politics and Administration in the Age of Absolutism 1762–1796*, Princeton 1984; LEONARD, C.S.: *Reform and Regicide. The Reign of Peter III of Russia*, Bloomington 1993; MADARIAGA, I. DE: *Catherine the Great. A Short History*, New Haven 2002; MADARIAGA, I. DE: *Politics and Culture in Eighteenth-Century Russia*, London 1998; MADARIAGA, I. DE: *Russia in the Age of Catherine the Great*, New Haven 1981; NEUMANN-HODITZ, R.: *Katharina die Große*, Reinbek bei Hamburg [7]2000; PALMER, E.: *Peter III. Der Prinz von Holstein*, Erfurt 2005; RANSEL, D.: *The Politics of Catherinian Russia. The Panin Party*, New Haven 1975; ROUNDING, V.: *Catherine the Great. Love, Sex and Power*, London 2006; SCHARF, C. (Hg.): *Katharina II., Russland und Europa. Beiträge zur internationalen Forschung*, Mainz 2001; WHITTAKER, C.H.: *Russian Monarchy. Eighteenth-Century Rulers and Writers in Political Dialogue*, DeKalb 2003.

BABIČ, I.B./BABIČ, M.B./LAPTEVA, T.A. (Hg.): *Ekaterina II. Annotirovannaja bibliografija publikacij*, Moskau 2004; BURLAKA, D.K. (Hg.): *Ekaterina II: Pro et contra. Antologija*, St. Petersburg 2006; KAMENSKIJ, A.B.: *„Pod seniju Ekateriny...“. Vtoraja polovina XVIII v.*, St. Petersburg 1992; KAMENSKIJ, A.B.: *Žizn' i sud'ba imperatricy Ekateriny velikoj*, Moskau 1997; MYL'NIKOV, A.S.: *„On byl nepochož na imperatora...“ Imperator Pëtr III*, St. Petersburg 2001; MYL'NIKOV, A.S.: *Pëtr III. Povestvovanie v dokumentach i versijach*, Moskau 2002; OMEL'ČENKO, O.A.: *„Zakonnaja monarchija“ Ekateriny II*, Moskau 1993; PISAR'KOVA, L.F.: *Gosudarstvennoe upravlenie* (siehe III.); PROSKURINA, V.JU.: *Mify imperii. Literatura i vlast' v ėpochu Ekateriny II*, Moskau 2006.

VI. Späte Höhepunkte absolutistischer Herrschaft: Vom überregulierten Policeystaat zum „nikolaitischen System“ (1796–1855)

CHAPMAN, T.: *Imperial Russia 1801–1905*, London 2001; CURTISS, J.S.: *Russia's Crimean War*, Durham 1979; DIXON, S.: *The Modernisation* (siehe II.); FLYNN, J.T.: *The University Reforms of Tsar Alexander I.*

1802–1835, Washington 1988; GOLDFRANK, D.: *The Origins of the Crimean War*, London 1994; GRIMSTED, P.K.: *The Foreign Ministers of Alexander I. Political Attitudes and the Conduct of Russian Diplomacy*, Berkeley 1969; HARTLEY, J.: *Alexander I.*, London 1994; KAGAN, F.W.: *The Military Reforms of Nicholas I. The Origins of the Modern Russian Army*, Houndmills 1999; LINCOLN, W.B.: *In the Vanguard of Reform. Russia's Enlightened Bureaucrats, 1825–1861*, DeKalb 1982; LINCOLN, W.B.: *Nicholas I. Emperor and Autocrat of All the Russias*, DeKalb 1989; MARTIN, A.M.: *Romantics, Reformers, Reactionaries. Russian Conservative Thought and Politics in the Reign of Alexander I*, DeKalb 1997; MCCONNELL, A.: *Tsar Alexander I. Paternalistic Reformer*, New York 1970; MCGREW, R.E.: *Paul I of Russia, 1754–1801*, Oxford 1992; MOON, D.: *Russian Peasants and Tsarist Legislation on the Eve of Reform. Interaction between Peasants and Officialdom, 1825–1855*, Houndmills 1992; ORLOVSKY, D.T.: *The Limits of Reform. The Ministry of Internal Affairs in Imperial Russia, 1802–1881*, Cambridge 1981; PALMER, A.: *Alexander I. Der rätselhafte Zar*, Frankfurt/Main 1994 (original London 1974); POLUNOV A.IU.: *Russia in the Nineteenth Century. Autocracy, Reform, and Social Change, 1814–1914*, Armonk 2005; RAEFF, M: *The Decembrist Movement*, Englewood Cliffs 1966; RAEFF, M.: *Michael Speransky. Statesman of Imperial Russia 1772–1839*, The Hague ²1969; RAGSDALE, H. (Hg.): *Paul I. A Reassessment of His Life and Reign*, Pittsburgh 1979; RAGSDALE, H.: *Tsar Paul and the Question of Madness. An Essay in History and Psychology*, Westport 1988; RIASANOVSKY, N.V.: *Nicholas the First and Official Nationality in Russia*, Berkeley 1974; SAUNDERS, D.: *Russia in the Age of Reaction and Reform 1801–1881*, London 1992; SCHIEMANN, T.: *Geschichte Russlands unter Kaiser Nikolaus I.*, 4 Bde., Berlin 1904ff.; TARLE, E.V.: *Napoleon's Invasion of Russia, 1812*, New York 1971; ZUBOW, V.: *Paul I. Mensch und Schicksal*, Stuttgart 1963.

ARCHANGEL'SKIJ, A.N.: *Aleksandr I*, Moskau 2000; ČIŽOVA, I.B.: *Imperatrica Marija Fëdorovna*, St. Petersburg 2001; DOLGICH, E.V.: *K probleme mentaliteta rossijskoj administrativnoj ėlity pervoj poloviny XIX veka. M.A. Korf, D.N. Bludov*, Moskau 2006; EROŠKIN, N.P.: *Rossijskoe samoderžavie*, Moskau 2006 ; FILIN, M.D. (Hg.): *Imperator Nikolaj pervyj*, Moskau 2002; GAFIFULLIN, R.R. (Hg.): *Imperatrica Marija Fëdorovna*, Pavlovsk 2000; KIBLICKIJ; J. (Hg.): *Careubijstvo 11 marta 1801 goda*, St. Petersburg 2001; KUČERSKAJA, M.A.: *Konstantin Pavlovič*, Moskau 2005; MIRONENKO, S.V.: *Samoderžavie i reformy. Političeskaja bor'ba v Rossii v načale XIX v.*, Moskau 1989; OBOLENSKIJ, G.L.: *Imperator Pavel I.*, Moskau 2001; PESKOV, A. M.: *Pavel I.*, Moskau 1999; PISAR'KOVA, L.F.: *Gosudarstvennoe upravlenie* (siehe III.); *Russkij Gamlet. Semën Andreevič Porošin, Aleksandr Borisovič Kurakin: Velikij Knjaz' Pavel Petrovič*, Moskau 2004; RUŽICKAJA, I.V.: *Zakonodatel'naja dejatel'nost' v carstvovanie imperatora Nikolaja I*, Moskau 2005; SKOR-

OBOGATOV, A.V.: *Cesarevič Pavel Petrovič. Političeskij diskurs i social'naja praktika*, Moskau 2005; SKOROBOGATOV, A.V.: *Pavel Pervyj v rossijskoj istoričeskoj literature*, Kazan' 1999; SOROKIN, JU.A.: *Pavel I. Ličnost' i sud'ba*, Omsk 1996; ŠIL'DER, N.K.: *Imperator Aleksandr I. Ego žizn' i carstvovanie*, 4 Bde., St. Petersburg 1897f.; TARASOV, B.N. (Hg.): *Nikolaj pervyj i ego vremja*, 2 Bde., Moskau 2000; TOMSINOV, V.A.: *Arakčeev*, Moskau 2003; TRET'JAKOV, N.S. (Hg.): *Pavel Petrovič. Velikij Knjaz'. Imperator*, Pavlovsk 2001; VYSKOČKOV, L.V.: *Imperator Nikolaj I. Čelovek i gosudar'*, St. Petersburg 2001; VYSKOČKOV, L.V.: *Nikolaj I.*, Moskau 2003.

VII. Die Dynastie am Scheitelpunkt: Die Großen Reformen der russischen Autokratie (1855–1881)

BABEROWSKI, J.: *Autokratie und Justiz. Zum Verhältnis von Rechtsstaatlichkeit und Rückständigkeit im ausgehenden Zarenreich 1864–1917*, Frankfurt/Main 1996; BENECKE, W.: *Militär, Reform und Gesellschaft im Zarenreich. Die Wehrpflicht in Russland 1874–1914*, Paderborn 2006; CHAPMAN, T.: *Imperial Russia* (siehe VI.); DALY, J.W.: *Autocracy under Siege. Security Police and Opposition in Russia 1866–1905*, DeKalb 1998; EKLOF, B./BUSHNELL, J./ZAKHAROVA, L. (Hg.): *Russia's Great Reforms, 1855–1881*, Bloomington 1994; EMMONS, T.: *The Russian Landed Gentry and the Peasant Emancipation of 1861*, Cambridge 1967; EMMONS, T./VUCINICH, W.S. (Hg.): *The Zemstvo in Russia. An Experiment in Local Self-Government*, Cambridge 1982; FIELD, D.: *The End of Serfdom. Nobility and Bureaucracy in Russia, 1855–1861*, Cambridge 1976; GATRELL, P.: *The Tsarist Economy, 1850–1917*, New York 1986; HEILBRONNER H.: *The Administrations of Loris-Melikov and Ignatiev, 1880–1882*, Diss. Univ. of Michigan 1954; KIPP, J.W.: *The Grand Duke Konstantin Nikolaevich and the Epoch of the Great Reforms, 1855–1866*, Diss. Pennsylvania State Univ. 1970; KNUTSON, G.D.: *Peter Valuev. A Conservative's Approach and Reactions to the Reforms of Alexander II.*, Diss. Univ. of Kansas 1971; LIEVEN, D.: *Russia's Rulers under the Old Regime*, New Haven 1989; LINCOLN, W.B.: *The Great Reforms. Autocracy, Bureaucracy, and the Politics of Change in Imperial Russia*, DeKalb 1990; LINCOLN, W.B.: *In the Vanguard* (siehe VI.); MACEY, D.A.J.: *Government and Peasant in Russia, 1861–1906. The Prehistory of the Stolypin Reforms*, DeKalb 1987; MCCAULEY, M./WALDRON P.: *The Emergence of the Modern Russian State, 1855–1881*, Totowa 1988; MILLER, F.A.: *Dmitrii Miliutin and the Reform Era in Russia*, Charlotte 1963; MOSS, W.G.: *Russia in the Age of Alexander II, Tolstoy and Dostoevsky*, London 2002; MOSSE, W.E.: *Alexander II and the Modernization of Russia*, London 1992; OFFORD, D.: *Nineteenth-Century Russia. Opposition to Autocracy*, Harlow 1999; ORLOVSKY, D.T.: *The Limits of Reform* (siehe VI.); PEARSON, T.S.: *Russian Officialdom in Crisis. Autocracy and Local Self-Government, 1861–1900*, Cambridge 1989; PEREIRA, N.G.O.: *Tsar-Liberator: Alexander II of Russia, 1818–1881*, Newtonville 1983; POLUNOV A.IU.: *Russia* (siehe VI.); RENNER, A.: *Russischer Nationalismus und Öffentlichkeit im Zarenreich 1855–1875,* Köln 2000; SAUNDERS, D.: *Russia* (siehe VI.); SETON-WATSON, H.: *Der Verfall des Zarenreiches 1855–1914*, München 1954 (original London 1952); TROYAT, H.: *Zar Alexander II.*, Frankfurt/Main 1991; WALDRON, P.: *The End of Imperial Russia, 1855–1917*, Houndmills 1997; ZAIONCHKOVSKY, P.A.: *The Abolition of Serfdom in Russia*, Gulf Breeze 1978; ZAIONCHKOVSKY, P.A.: *The Russian Autocracy in Crisis, 1878–1882*, Gulf Breeze 1979.

CHRISTOFOROV, I.A.: *„Aristokratičeskaja" oppozicija Velikim reformam. Konec 1850 – seredina 1870-ch gg.*, Moskau 2002; ČERNUCHA, V.G.: *Vnutrennaja politika carizma s serediny 50-ch do načala 80-ch gg. XIX v.*, Leningrad 1978; DANIELJAN, G.G.: *General Graf Loris-Melikov. Ego žizn', voennaja i gosudarstvennaja dejatel'nost'*, Erevan 1997; EROŠKIN, N.P.: *Rossijskoe samoderžavie* (siehe VI.); ITENBERG, B.S./TVARDOVSKAJA, V.A.: *Graf M.T. Loris-Melikov i ego sovremenniki*, Moskau 2004; JUR'EVSKAJA, KNJAGINA [LAFERTE, VIKTOR]: *Aleksandr II*, Moskau 2004; LJAŠENKO, L.M.: *Aleksandr II ili istorija trëch odinočestv*, Moskau 2002; MOCARDO, V.I.: *Velikij Knjaz' Konstantin Nikolaevič Romanov*, Saratov 2004; NIKOLAEV, V.: *Aleksandr II. Biografija*, Moskau 2005 (original München 1986); OSIPOVA, M.N.: *Velikij russkij reformator fel'dmaršal D.A. Miljutin*, Moskau 2005; SEMANOV, S.N.: *Aleksandr II. Istorija Carja-Osvoboditel'ja, ego otca i ego syna*, Moskau 2003; TATIŠČEV, S.S.: *Imperator Aleksandr vtoroj. Ego žizn' i carstvovanie*, 2 Bde., Moskau 1996 (original St. Petersburg 1911); *Velikij Knjaz' Konstantin Nikolaevič*, St. Petersburg 2002; VORONIN, V.E.: *Velikij knjaz' Konstantin Nikoalevič. Stanovlenie gosudarstvennogo dejatelj*a, Moskau 2002.

VIII. Autokratische Restauration und gesellschaftlicher Wandel: Die letzten Romanovs auf dem Thron

ASCHER, A.: *P.A. Stolypin. The Search for Stability in Late Imperial Russia*, Stanford 2001; ASCHER, A.: *The Revolution of 1905*, 2. Bde., Stanford 1988ff.; BABEROWSKI, J.: *Autokratie und Justiz* (siehe VII.); BOKHANOV, A. U.A.: *The Romanovs. Love, Power and Tragedy*, London 1993; CHAPMAN, T.: *Imperial Russia* (siehe VI.); CLOWES, E.W./KASSOW, S.D./WEST, J.L. (Hg.): *Between Tsar and People. Educated Society and the Quest für Public Identity in Late Imperial Russia*, Princeton 1991; DAHLMANN, D./HIRSCHFELD, G.: *Vergangenes Russland. Bilder aus dem Za-*

renreich 1894–1918, Essen 1995; EMMONS, T.: *The Formation of Political Parties and the First National Elections in Russia*, Cambridge 1983; FERRO, M.: *Nikolaus II. Der letzte Zar*, München 1991; GATRELL, P.: *Government, Industry, and Rearmament in Russia, 1900–1914. The Last Argument of Tsarism*, Cambridge 1994; GATRELL, P.: *The Tsarist Economy* (siehe VII.); HÄFNER, L.: *Gesellschaft als lokale Veranstaltung. Die Wolgastädte Kazan' und Saratov (1870–1914)*, Köln 2004; HARCAVE, S.: *Count Sergei Witte and the Twilight of Imperial Russia. A Biogrpahy*, Armonk 2004; HEILBRONNER H.: *The Administrations* (siehe VII.); HERESCH, E.: *Das Zarenreich. Glanz und Untergang. Bilder und Dokumente von 1896 bis 1920*, München 1991; HUTCHINSON, J.F.: *Late Imperial Russia 1890–1917*, London 1999; KASSOW, S.D.: *Students, Professors, and the State in Tsarist Russia*, Berkeley 1989; KELLY, C./SHEPHERD, D. (Hg.): *Constructing Russian Culture in the Age of Revolution: 1881–1940*, Oxford 1998; LIEVEN, D.: *Nicholas II. Emperor of All the Russias*, London 1993; LIEVEN, D.: *Russia's Rulers* (siehe VII.); MANNING, R.T.: *The Crisis of the Old Order in Russia. Gentry and Government*, Princeton 1982; MASSIE, R.K.: *Nicholas and Alexandra. The Tragic, Compelling Story of the Last Tsar and His Family*, London 2000; PEARSON, T.S.: *Russian Officialdom* (siehe VII.); POLUNOV A.IU.: *Russia* (siehe VI.); PUTTKAMER, J.V.: *Fabrikgesetzgebung in Russland vor 1905. Regierung und Unternehmerschaft beim Ausgleich ihrer Interessen in einer vorkonstitutionellen Ordnung*, Köln 1996; ROGGER, H.: *Russia in the Age of Modernisation and Revolution 1881–1917*, London 1983; ROMANOW, PRINZ ROMAN: *Am Hof des letzten Zaren. Die glanzvolle Welt des alten Rußland*, München ²2005; SETON-WATSON, H.: *Der Verfall* (siehe VII.); VERNER, A.M.: *The Crisis of Russian Autocracy. Nicholas II and the 1905 Revolution*, Princeton 1905; WARTH, R.D.: *Nicholas II. The Life and Reign of Russia's Last Monarch*, Westport 1997; WALDRON, P.: *The End* (siehe VII.); WCISLO, F.W.: *Reforming Rural Russia. State, Local Society, and National Politics, 1855–1914*, Princeton 1990; WHELAN, H.W.: *Alexander III and the State Council. Bureaucracy and Counter-Reform in Late Imperial Russia*, New Brunswick 1982; ZAIONCHKOVSKY, P.A.: *The Russian Autocracy under Alexander III*, Gulf Breeze 1976; ZUCKERMAN, F.S.: *The Tsarist Secret Police in Russian Society, 1880–1917*, Houndmills 1996.

ALEKSANDR MICHAJLOVIČ, VELIKIJ KNJAZ': *Vospominanija*, Moskau 2004; BARKOVEC, O./KRYLOV-TOLSTIKOVIČ A.: *Neizvestnyj imperator Aleksandr III. Očerki i žizni, ljubvi i smerti*, Moskau 2002; BOCHANOV, A.N.: *Imperator Nikolaj II*, Moskau 1998; ČERNUCHA, V.G. (Hg.): *Aleksandr Tretij. Vospominanija, Dnevniki, Pis'ma*, St. Petersburg 2001; DANILOV, JU.N.: *Velikij Knjaz' Nikolaj Nikolaevič*, Moskau ²2006; EROŠKIN, N.P.: *Rossijskoe samoderžavie* (siehe VI.); FEDOROV, B.G.: *Pëtr Stolypin: „Ja verju v Rossiju". Biografija P.A. Stolypina*, 2 Bde., St. Petersburg 2002; GANELIN, R.Š.: *Rossijskoe samoderžavie v 1905 gody.*

Reformy i revoljucija, St. Petersburg 1991; GOGOLEVSKIJ, A.B./KOVALEV, B.N. (Hg.): *Russkij konstitucionalizm. Ot samoderžavija k konstitucionno-parlamentskoj monarchii*, Moskau 2001; IVANOVA, N.A./ŽELTOVA, B.P.: *Soslovno-klassovaja struktura Rossii v konce XIX – načale XX veka*, Moskau 2004; IL'IN, S.V.: *Vitte*, Moskau 2006; SACHAROV, A.N. (Hg.): *Rossija v načale XX* veka, Moskau 2002; TUMANOVA, A.S.: *Samoderžavie i obščestvennye organizacii v Rossii 1905–1917 gody*, Tambov 2002; *Velikij Knjaz' Aleksandr Aleksandrovič. Sbornik dokumentov*, Moskau 2002.

IX. Das Ende der Autokratie: Erster Weltkrieg und russische Revolution

Zum Ende der Autokratie siehe auch die unter VIII. genannten Titel. Aus der überaus reichen Literatur zu Revolution und Sowjetstaat können an dieser Stelle nur ganz wenige, ausgewählte Hinweise als mögliche Einstiegspunkte gegeben werden. Auf russische Angaben wird daher in dieser Rubrik verzichtet.

ALTRICHTER, H.: *Kleine Geschichte der Sowjetunion 1917–1991*, München [2]2001; ALTRICHTER, H.: *Rußland 1917. Ein Land auf der Suche nach sich selbst*, Paderborn 1997; ALTRICHTER, H.: *Staat und Revolution in Sowjetrussland 1917–1922/23*, Darmstadt [2]1996; BONWETSCH, B.: *Die russische Revolution 1917. Eine Sozialgeschichte von der Bauernbefreiung 1861 bis zum Oktoberumsturz*, Darmstadt 1991; FUHRMANN, J.T. (Hg.): *The Complete Wartime Correspondence of Tsar Nicholas II and the Empress Alexandra. April 1914–March 1917*, Westport 1999; HASEGAWA, T.: *The February Revolution. Petrograd, 1917*, Seattle 1981; HILDERMEIER, M.: *Geschichte der Sowjetunion 1917–1991. Entstehung und Niedergang des ersten sozialistischen Staates*, München 1998; HILDERMEIER, M.: *Die Russische Revolution 1905–1921*, Frankfurt/Main 1989; HOLQUIST, P.: *Making War, Forging Revolution. Russia's Continuum of Crisis, 1914–1921*, Cambridge 2002; KATZER, N.: *Die weiße Bewegung in Russland. Herrschaftsbildung, praktische Politik und politische Programmatik im Bürgerkrieg*, Köln 1999; KENEZ, P.: *A History of the Soviet Union from the Beginning to the End*, New York 1999; LUKS, L.: *Geschichte Russlands und der Sowjetunion. Von Lenin bis Jelzin*, Regensburg 2000; MALIA, M.: *Vollstreckter Wahn. Russland 1917–1991*, Stuttgart 1994; PIPES, R.: *Die Russische Revolution*, 3 Bde., Berlin 1992f.; SERVICE, R.: *A History of Twentieth-Century Russia*, Cambridge 1997; STEINBERG, M.D./KHRUSTALËV, V.M.: *The Fall of the Romanovs. Political Dreams and Personal Struggles in a Time of Revolution*, New Haven 1995; WADE, R.A.: *The Bolshevik Revolution and Russian Civil War*, Westport 2001; WADE, R.A.: *The Russian Revolution, 1917*, Cambridge [2]2005.

Personenregister

Erläuterungen: Mit den Begriffen „Carevič"/„Carevna" werden im Register alle Söhne/Töchter von Zaren und Kaisern vor dem Thronfolgegesetz von 1797 bezeichnet, die – aus verschiedenen Gründen – den Thron nicht bestiegen haben. Der Begriff „Cesarevič" dagegen findet im Register nur bei **Thronfolgern** nach dem Thronfolgegesetz von 1797 Anwendung, die ebenfalls den Thron nicht bestiegen haben. Alle anderen Abkömmlinge der Romanovs nach dem erwähnten Thronfolgegesetz werden als „Großfürsten" und „Großfürstinnen" geführt, sofern sie nicht Kaiser wurden. Eingeheiratete Mitglieder der Dynastie sind als solche kenntlich gemacht.
Für die Mitarbeit bei der Erstellung des Registers gebührt meiner Frau Svitlana Stadelmann herzlicher Dank.